★ 适合9至10岁 ★

U0741175

探索与发现

TANSUO YU FAXIAN

主 编 李凤君

1

上海教育出版社
SHANGHAI EDUCATIONAL
PUBLISHING HOUSE

编 委 会

广泛阅读，可以提高阅读理解力；

广泛阅读，可以丰富知识，开阔视野；

广泛阅读，可以提升思维力、鉴赏力；

广泛阅读，可以促进人的精神成长。

新编的读本，包括古诗文经典诵读、优秀作品专题阅读和整本书阅读，是落实课内外阅读一体化的优质资源。

捧起这套读本读起来，你会越来越享受阅读，你的一生一定会因为阅读而精彩！

崔峦

用阅读涵养仁心慧思，
让你变得聪明善良、独特、
宽广，更富想象和创造力。

　　　　　　　　　　谢子民

发现美，学会爱，表达自己。
在阅读和写作中不断进步！

　　　　　　　王一梅

阅读是开启美
好人生的钥匙
赵丽宏
庚子九月

为自己读书
为美好读书
肖复兴
庚子冬末

读经典的书
做优秀的人
　　　　　陈晖

幻想，从现实起飞

　　　　　刘海栖

目录

经典诵读

专题阅读一

范文阅读

组文阅读

专题阅读二

范文阅读

田园，宁静、恬淡而优美，阳光明媚，星月清朗，湖水透明，山林茂密。在田园里，人们种豆生火，阅读倾听，享受安静孤独，寻觅生活真谛，洞察自然，感悟人生。

让我们随着本组古诗文走进乡村，抓住关键语句，感受其中描绘的朴实的田园风光和恬静的田园生活，并通过诵读把诗文表达的情感展现出来。

① 野望（节选）

[唐] 王绩

牧人驱犊①返，

猎马带禽②归。

相顾无相识，

长歌怀采薇③。

注释

① 犊：小牛，这里指牛群。

② 禽：鸟兽，这里指猎物。

③ 采薇：采摘野菜。薇，一种植物。相传周武王灭商后，伯夷、叔齐不愿做周的臣子，隐居首阳山，采薇而食，最后饿死。后以"采薇"代指隐居不仕。

译文

　　牧人驱赶着牛群回村，猎马带着诸多猎物归来。环顾四周没有认识的人，我长啸高歌，真想隐居在山冈！

2 稻 田

［唐］韦庄

绿波春浪满前陂①,

极目连云稉稏②肥。

更被鹭鸶千点雪③,

破烟④来入画屏飞。

注 释

①陂:池塘。

②稉稏:水稻的别称。

③千点雪:白鹭落入绿色水田中,如同千点雪花一样。

④破烟:穿过云雾。

译文

　　在春风的吹拂下,肥沃的稻田绿浪翻滚,直接云天。更有那数不尽的白鹭自由翱翔,穿过云雾向这画中飞来。

3 禾 熟

[宋] 孔平仲

百里西风禾黍①香，

鸣泉落窦②谷登场。

老牛粗了③耕耘债，

啮④草坡头卧夕阳。

注 释

① 禾黍：禾与黍。泛指黍、稷、稻、麦等粮食作物。

② 窦：此指水沟。

③ 粗了：大致了却。粗，粗略，大致。

④ 啮：咬。

译 文

　　阵阵秋风，送来了禾黍的芳香；淙淙泉水流入沟渠，打谷场上一片繁忙。大致完成了一年耕耘任务的老牛，闲适地卧在山坡上，嚼着草，沐浴着金色的夕阳。

❹ 客中①初夏

[宋] 司马光

四月清和②雨乍晴，

南山当户③转分明。

更无柳絮因风起，

惟有④葵花向日倾。

注 释

① 客中：旅居他乡作客。
② 清和：天气清明而和暖。
③ 南山当户：正对家门的南山。
④ 惟有：仅有，只有。

译 文

初夏四月，雨后初晴，天气清明和暖，正对家门的南山被雨洗过，更为青翠。眼前没有随风飘扬的柳絮，只有葵花向着太阳开放。

5 蒹葭 （节选）

jiān jiā

《诗经》

蒹葭苍苍②，白露为③霜。

所谓④伊人，在水一方。

溯洄⑤从⑥之，道阻且长。

溯游从之，宛⑦在水中央。

注 释

① 蒹葭：蒹和葭都是芦苇。

② 苍苍：茂盛的样子。

③ 为：凝结成。

④ 所谓：所说的。

⑤ 溯洄：逆流而上。下文"溯游"指顺流而下。

⑥ 从：追寻。

⑦ 宛：宛然，好像。

译文

河边芦苇青苍苍，深秋露水结成霜。意中之人在何处？就在河水那一方。逆着水流去找她，道路险阻又漫长。顺着水流去找她，仿佛在那水中央。

⑥ 螳螂捕蝉，黄雀在后

园中有树，其上有蝉，蝉高居悲鸣①饮露，不知螳螂在其后也；螳螂委身曲附②，欲取蝉，而不知黄雀在其傍③也；黄雀延颈④，欲啄螳螂，而不知弹丸⑤在其下也。

注释

① 悲鸣：古人认为秋蝉鸣声悲切。
② 委身曲附：缩着身子紧贴树枝，弯起前肢。附，同"跗"，足背。
③ 傍：旁边。
④ 延颈：伸长脖子。延，伸长。
⑤ 弹丸：弹弓铁丸。这里指拿弹弓的人。

译文

园子里有棵树，树上有只蝉，这只蝉高踞枝头悲切地鸣叫，饮食露珠，却不知螳螂在它的身后。螳螂弯曲前肢，要去捕蝉，却不知黄雀在它旁边。黄雀伸长脖子要去啄食螳螂，却不知手拿弹弓铁丸的人正在它的下面。

乡村意趣

　　乡村，如一幅巨型的山水画，让人心旷神怡。雨后，天空一碧如洗，走进田间，就可以闻到大地所散发出的泥土的芬芳。乡村，是童年的乐园，处处飘荡着我们嬉戏的笑声，处处有我们儿时玩耍的印记。

　　阅读本组文章，抓住关键语句，想象画面，体会作者表达的思想感情。

① 田园乐（其四）

[唐] 王维

萋萋^①春草秋绿，
落落^②长松夏寒。
牛羊自归村巷，
童稚不识衣冠^③。

"春草秋绿""长松夏寒"，字里行间让我们感受到了作者对田园风光的喜爱。

从"牛羊自归"这四个字，我们可以感受到农家生活是多么宁静和谐。

注 释

① 萋萋：草木茂盛的样子。
② 落落：形容松树高大不凡的姿态。
③ 衣冠：指官绅。古代官员都以穿戴的衣帽来表明官位的高低。

译 文

茂盛的春草，在秋天还呈现出生机勃勃的绿色。高大挺直的松树，在夏季给人们带来清凉。牛羊无须人们驱赶，自己会回到村落。孩子们天真烂漫，不认识达官显贵。

② 四时田园杂兴（组诗）

[宋] 范成大

春日田园杂兴

高田二麦①接山青，
傍水低田绿未耕②。
桃杏满村春似锦，
踏歌③椎鼓④过清明。

从"踏歌椎鼓"四个字，可见村民过清明时的场景。

秋日田园杂兴

静看檐蛛结网低，
无端妨碍小虫飞。
蜻蜓倒挂蜂儿窨，
催唤山童为解围。

读了《秋日田园杂兴》，眼前仿佛浮现了蜻蜓、蜜蜂被蜘蛛网所挡而无法自由飞行的画面。

冬日田园杂兴

放船闲看雪山晴，
风定⑤奇寒晚更凝⑥。
坐听一篙⑦珠玉碎⑧，
不知湖面已成冰。

"坐听一篙珠玉碎"一句运用比喻的修辞手法，让我们感受到竹篙碰碎薄冰的声音非常清脆。

注 释

① 二麦：大麦、小麦。
② 绿未耕：南方稻田，冬天休耕，种植紫云英，春耕时壅入土中，作为绿肥。绿，是说草长得很茂密，犁入田中，丰收有了保证。
③ 踏歌：以足踏地为节奏歌唱。
④ 椎鼓：用小木槌击鼓。
⑤ 风定：风停住了。
⑥ 凝：寒气凝聚。
⑦ 篙：竹篙。
⑧ 珠玉碎：这里指冰块被打碎时发出的声音。

译文

春日田园杂兴

高处麦田里青青的大麦和小麦从远处望去正和山上的草色连成一体，低处的水田里依然是绿草如茵，看来还不到耕种的时节。整个村子数不清的桃树、杏树繁花似锦！农人们聚在一起，打着鼓、唱着歌度过清明节。

秋日田园杂兴

静静地看着蜘蛛结网檐下，因网结得太低，无缘无故地妨碍了小虫飞翔。蜻蜓被倒挂在网上，蜂儿也受到了限制，只能催促孩童为它们破网解围了。

冬日田园杂兴

乘着船儿远望雪后的山峦，风已定，寒更凝，晚来奇寒尤甚。忽然听到一篙入水，发出了一阵如珠玉碎裂般清脆的声音，原来这时湖面已结成一层薄冰。

③ 清平乐·检校①山园②，书所见③

［宋］辛弃疾

"闲看"一词透露出作者轻松愉悦、放任天真的心境，以及对儿童的怜爱与呵护。

连云松竹，万事从今足。挂杖东家④分社肉⑤，白酒床⑥头初熟。 西风梨枣山园，儿童偷把长竿。莫遣⑦旁人惊去，老夫静处闲看。

注 释

① 检校：查看。

② 山园：指作者在灵山的住处。

③ 书所见：写下所见到的情景。

④ 东家：邻家。

⑤ 分社肉：古时的民间风俗，要在春秋两季祭祀土地神（社神）。祭祀时所供的肉称社肉，又叫福肉。祭礼结束后，将社肉分给各家，以求土地神降福。

⑥ 床：糟床，酿酒用具。

⑦ 莫遣：别让。

译 文

松树和竹林无边无际，仿佛和天边的云连着，从今天起，我对万事不再挂念，感到心满意足。挂着拐杖到邻家去分社肉，糟床上还有刚酿好的白酒。

秋风中，山园的梨、枣都成熟了，儿童偷偷地用竹竿打果子。不要让人惊吓了他们，我躲在僻静处悠闲地观看。

④ 小村深秋

张先震

村子四周的青山，由一色的翠绿变得色彩斑斓，各色的树叶，各色的野果，与常绿乔木依旧青翠的绿叶参差交错，远远望去，如一幅巨型的中国山水画，让人心旷神怡。驻足静静地看，会看到在斑斓的画中有跳动的彩色小点，那是猴子般矫健灵活的村童在采摘野果；侧耳凝神细听，还能听到他们的欢呼和嬉闹声。紫色的野葡萄，金黄的山梨，红彤彤的野柿子……大山热情地招待着孩子们，捧出所有的珍果，把孩子们喂得满嘴流汁，小肚滚圆。

山脚下的一丘丘稻田里，已割去稻子，只剩齐刷刷的稻茬儿静立，显得空旷宁静。田埂上依旧杂草繁茂，只是不再鲜绿，都已苍黄，使活动其上的翠绿的蚱蜢和螳螂

把村子四周的景色比作一幅巨型的中国山水画，我们的眼前也仿佛出现了那美丽的景色。

"紫色的""金黄的""红彤彤的"……写出了野果色彩鲜艳、种类繁多，好一派欣欣向荣的丰收景象啊！

特别醒目。在较宽大、杂草密生的田埂上，拨开杂草仔细观察，会看到一条不足一指宽的光滑的通道，上面有碎小的爪痕，那是田鼠走的道，田鼠出来觅食和回洞都走这条道。村里的孩子经验丰富，捕鼠都是先找到这些"鼠道"，再在鼠道上安鼠笼和鼠套。每隔几丘稻田，就有一个稻草堆散乱伏在田里，这是村人收回谷子扔弃的稻草。几场秋雨过后，这些稻草逐渐腐烂，生出了丛丛鲜嫩的稻草菇，引得村姑村童前来采摘。

此段描述的内容很有画面感，你可以根据相关的语句画出相应的图画吗？

村东头是一大片菜园，一个园子紧挨一个园子，都用篱笆围着。菜园里不再姹紫嫣红，品种已不多，只有白菜、萝卜等几种家常菜，但依旧满满当当，不空一畦^{qí}。每个菜园的角落，都有个瓜架，瓜架上躺着一两个冬瓜或南瓜。这是特意留着做种的，要等到瓜藤彻底枯萎才摘回家。菜园里已没有春夏两季的蜂鸣蝶舞，只偶尔飞来一两只鸟雀，停在篱笆上鸣叫几声，又展翅飞去。

村子中央的晒谷坪上，偌大的一个坪不留一块空隙，一席席一區區晒满了谷子、豆子、花生。坪四周的屋檐下，每隔不远就有一位老人坐在竹椅上，一边剥着花生、豆荚，一边看场，防止家禽牲畜进场糟蹋晾晒物。坐得近的，便拉起了家常，说到家里的丰收、晚辈的孝顺，满是皱纹的脸上便写满了欣慰与满足。

村西几户人家在打糍粑，浓浓的糯米香远远地就闻到了。村里的习俗，每年秋季收回了新谷，都要用新糯米打糍粑吃，名为"尝新"，意为庆贺丰收。每家屋里都热闹非凡，满是乡亲，男男女女，纯朴的脸上都露着灿烂的笑靥。春种夏耘秋收，农人最重要的三道活都收了尾，每个人心里都轻松而惬意。

一条清澈的小溪，缓缓淌着穿村而过。溪岸上，两棵粗壮的柿树高耸入云。满树的柿子，都被孩子们摘吃了，只剩树梢留

用夸张的修辞手法，写出了柿树高的特点，我们眼前仿佛出现了那棵高大的柿树。

着几个，孩子们摘不着，红彤彤的若小灯笼高挂，供给鸟儿们啄吃。

秋阳仍暖，但已不烈，静静地照着，整个村子温暖而宁静。

总结全文，点明村子"温暖而宁静"的特点，表达了作者对村子的喜爱之情。

驻足	矫健	惬意
色彩斑斓	参差交错	心旷神怡
高耸入云	姹紫嫣红	蜂鸣蝶舞
清澈的小溪	粗壮的柿树	灿烂的笑靥

⑤ 年年依旧的菜园（节选）

迟子建

外祖母家有一片很大很大的菜园。春天一到，最先种上的是菠菜、生菜和白菜，之后种香菜、水萝卜和土豆，再之后种那些爬蔓(wàn)的植物：豆角、倭瓜(wō)、黄瓜等。当然，如果弄到茄子秧、西红柿秧和辣椒秧，它们也一定会被恰到好处地栽种在园子里，那时候菜园中蔬菜的品种可就丰富多彩了。

外祖母对外祖父说："你去给园子锄锄草。"

我便跟着外祖父到园子中锄草。

外祖父对外祖母说："你去园子里给我弄点葱来蘸(zhàn)酱。"

我便跟着外祖母到园子中拔葱。

我常常在帮助外祖父锄草的时候将苗

"最先""之后""再之后"表明了时令蔬菜的种植顺序，说明"我"平时观察细致，体现了"我"对菜园的热爱。

·17·

也锄了下来。我也往往在帮外祖母拔葱的时候将葱根断在土里。

我总是帮倒忙，但外祖父和外祖母从不责备我，我太爱菜园了。

菜园中不总种菜，也种花。花种在边边角角的地方，有步步高、胭粉豆、地瓜花、爬山虎，当然种得最多的要数扫帚梅了。只要花一开，蜜蜂和蝴蝶也就来了。绿油油的菜地衬托着紫白红黄的花朵，看上去美极了。

如果看厌了菜园的景致，当然还可以走出院子到自留地去。自留地的面积可要比菜园大多了，它大多种苞谷和麦子。我喜欢啃青苞谷吃，那滋味甜丝丝的，感觉是在吃糖，可又比糖的味道柔和多了。而我喜欢麦子并不喜欢它的果实，我喜欢麦芒，那些像胡子茬儿一样的麦芒可以用来挠痒痒。

太阳下山了，菜园中还散发着阳光留下的余温，待到月亮升起的时候，菜园完

作者把青苞谷的味道描写得很细致，我们的嘴里好像也有了甜甜的味道。

全是另外的景致了。分不清哪里是花，哪里是菜，只见月光像泉水一样倾泻下来，把那些开花的和不开花的植物全都镀上一层银光。这时候蜜蜂和蝴蝶都不见了，只是听得见水边青蛙的叫声，像是在歌颂月夜下菜园的美景。而当天色微明，菜园中的植物沾染了浓重的露水，太阳忽然跃出山顶将露珠照散的时候，农人们也就下田干活了。

外祖父和外祖母都是农民。农民是土地真正的主人。我扯着外祖父的手时，感觉那手是粗糙而荒凉的；我扯着外祖母的手时，感觉那手也是粗糙而荒凉的。外祖父摆弄那些农具的时候，我便也跟着摆弄；外祖母给地施肥时，我便也跟着施肥。

我不喜欢谷子，外祖母就说："谷子是粮食啊，人是靠它才活命的啊！"我就渐渐喜欢上了谷子。

外祖父说："别小看我这片菜园和自留地，它可以养活城里的几十条人命呢！"

作者把月光比作倾泻的泉水，生动形象地写出了月光的动态美，我们的眼前也仿佛出现了那月光下美丽的菜园，感受到了作者对月下菜园的喜爱和赞美之情。

"粗糙而荒凉"是外祖父和外祖母饱经沧桑、辛苦劳作的写照。正是因为他们的勤劳，才有了这物产丰富的菜园啊！

6 "风扇"记趣

向 辉

天气渐渐转凉，我又记起了阔别已久的"风扇"。

那是一个圆圆的山谷，有斜斜的开阔地，四周群山绵延，远远看去像一个很大的扇面。一条恰似扇柄的小溪从山谷间潺潺（chán）流过，而后便纵身跃下石崖，奔向遥远的大海。因这里特别的地理特征和它夏季的凉爽怡人，家乡人美其名曰"风扇"。

夏日里，"风扇"常带我感受凉爽。"风扇"的水清清的、甜甜的、凉凉的，伴着微风从山沟里流出，由于地势高低不平，地表形成了一洼一洼的水凼（dàng），宛如山林中一只只可爱的"眼睛"。阳光透过树梢，给水面洒上星星点点的亮光，鱼虾们相互追逐，水波一层一层轻轻荡漾开去，

读了第二自然段，我们眼前仿佛出现了这个山谷的样子，也知道了家乡人把这个地方称为"风扇"的原因。

"水凼"是指一种有水的小坑。把"水凼"比喻成眼睛，形象生动，突出了水凼的清亮。

有时鱼虾静立水中，它们也仿佛陶醉于美妙的山水了。这时，我会迫不及待地脱鞋下水……在这里，我不仅可以同鱼虾尽情游戏，还可以倾听石蛙"梆梆梆"的喝彩声，听娃娃鱼讲古老的童话……

"风扇"最诱人的还是它的吃的。春天的三月泡，夏天的葛绊虫，秋天的猫眼串、马奶果……即使到了隆冬，也会有一簇簇冻菇菌在古树上等着我们。记得一个冬日，父亲从"风扇"采了一网兜冻菇菌，滑滑的，鲜嫩可口。就着它，我吃了三大碗饭还嫌少，肚子却早胀成了个大皮球。

不过，最让我念念不忘的要数夏天的葛绊虫了。我来到"风扇"，手持柴刀，披荆斩棘。绕开藤刺的牵绊，钻进灌木丛，仔细打量眼前的葛藤，津津有味地数着它们身上的"疙瘩"——这可是葛绊虫精心打造的"卧室"。陶醉其中的我常常忘记了身上的道道红痕、衣服上被刺破的洞眼。

抓住葛藤，劈下一大捆，磕磕绊绊地

文章主体部分分别从"风扇"带给"我"凉爽、带给"我"美食两个方面说明"风扇"是"我"的乐园。

抱着钻出来，到阴凉处，放下藤条儿，坐在冰凉的石板上，撕开藤条儿，就可见一条条肥蚕似的葛绊虫害羞地蠕动着。它们白白胖胖，极其柔嫩，用指头一触，那身体软酥酥的。我小心翼翼地捏出它们，放进一只早已准备好的带盖的杯中。

一大捆葛藤剥完了，杯子也快盛满了。它们在杯中挨挨挤挤，那傻乎乎的样子真可爱。

累了，我就敞开衣襟^{jīn}躺在石板上。风从四面八方涌来，像凉凉的小手抚摸着我的腋窝、肚皮……这时，耳边传来了娃娃鱼"呜哇呜哇"的吟唱，还有石蛙"梆梆梆"的伴奏。听着，听着，我都要进入梦乡了。

该想想葛绊虫的吃法了。先烤着吃，用铁勺盛上一些，放在火塘里，慢慢地煨^{wēi}，一边用筷子轻轻地翻动，熟一只夹上来吃一只，那鲜美的味道，想想都垂涎欲滴。

剩下的用油炸，将葛绊虫倒进烧热的油锅里，加盐，轻轻翻炒，待将葛绊虫炸

"吟唱""伴奏"形象地说明了"风扇"带给"我"的童年的乐趣。

到膨胀焦黄时出锅。这样做出来的葛绊虫鲜嫩、香脆，还带着咸味儿。

就这么美美地想着、想着……"风扇"，我童年的乐园，我真想回去看看。

阅读链接

娃娃鱼，即中国大鲵，是中国特有的物种，因叫声似小孩啼，故俗称"娃娃鱼"。它的头宽而扁，眼小口大，体形粗壮，皮肤较光滑，四肢短小。游动时主要靠摇动躯干和尾巴前进。栖息于山谷清澈的溪流中，以鱼、蛙、虾等为食。是现存最大的两栖动物。

7 邀　请

郭　风

我们住的村子，叫松坊村。这里的山很高，树林子很密。

这里是南方的高山地带，有很多青色的松树，有很多桂树。请到我们村里来吧。请到松坊村做客。

你喜欢雪吗？这里十一月便开始下雪了。雪覆盖着我们的荞麦田和紫云英地。雪覆盖着村前的石桥。

过了桥，是一条石路；这是一条古老的驿路①。这石路上，走过我们红军的队伍。

来吧。我们一起踏雪过桥，沿着这条驿路向前走，沿着这条红军曾经走过的道路向前走。请到我们这里来吧。

要是到了夏天，你能够到我们这里来，

全篇以"季节"贯穿，展现了村庄不同时令的美景，阅读中试着找找其他关于季节的提示性语句吧。

---

① 驿路：古代传递政府文书等用的道路。

该多么好！

夏天的日子里，午后，或是到了近晚，这里常会下一阵骤雨。

骤雨降落在松树林里。骤雨降落在桂花树上。骤雨降落在石桥下的溪里；雨点落在溪流上面，开放了好多好多珍珠般的泡沫的花。

一阵骤雨过去了。

天上还有未散的煤烟似的雨云。太阳又出来了；看啊，有一道虹，挂在青色的松树林的林梢，挂在蓝色的天边。

要是到了夏天，你能够到我们松坊村来，有多么好。你就带一把雨伞，冒着夏天午后的骤雨到我们村里来吧！

我们村里有一座石桥。

一阵骤雨过去了。天上还有未散的烟般的云，石桥下面的溪水已经开始涨了。我要告诉你，过了不到三小时，溪里的水又会回到原来的水位。我要告诉你，村子前的溪滩上，有好多好多鹅卵石。一阵骤

作者运用比喻的修辞手法，把水花比作珍珠，生动形象地描绘出了雨点落在溪流中的样子。

作者把深黄色、深红色的石蒜花比喻为这些颜色的灯，这样写让即使没见过石蒜花的我们也能想象出它们盛开在鹅卵石间的样子。

雨过去了，溪滩上的鹅卵石给雨水洗得非常明净。我要告诉你，正当夏收时节，从溪滩上的鹅卵石间，开着那么多深黄色的和深红色的石蒜花，像一盏盏深黄色的灯和一盏盏红灯。

请到我们村里来吧。

我们村里的溪，叫松坊溪。溪上有石桥，还有一个渡口。

有一条渡船，系在溪滩的木桩上。我会划渡船，也会在溪上划竹筏。

你喜欢坐渡船吗？请到我们这里来吧。我们一起搭渡船过溪。过溪后，我们一起到树林子里去打柴。听说，当年红军经过我们村子里时，便在村前的渡口搭了渡船和竹筏过溪去。

那是一九三一年，听说，红军曾经路过我们这里；那是在五月的一个深夜，一阵骤雨刚刚过去，有一队红军渡过我们村里的松坊溪……

请到我们这里来吧。我们一起搭渡船

过溪去。当年红军路过村里时，曾经在溪上搭过渡船呢。

我想，要是春天到来时，你能够到我们这里来，有多么好。四月，是春天里最美好的月份。

四月，山上的花都开了。四月，山上的杜鹃花都开放了。有红的杜鹃花，有白的杜鹃花，有黄的杜鹃花。

作者运用排比的修辞手法来表现杜鹃花色彩丰富的特点。

还有，在山坡上，在松树下，草兰在四月里也都开花了。

要是你到我们村里来时，刚好是清明节，我们便一起搭竹筏到附近的煤山垄去。在煤山垄，正在钻探新的煤矿；在煤山垄，有采煤工人的墓。我们一起采些野花，采些杜鹃花和草兰，放在矿工的墓前。

来吧。请到我们村里来，不论是花开的四月，不论是春天，还是下雪的日子，请到我们村里来。

作者再次发出邀请，让我们感受到他对村子由衷的喜爱之情。

8 抢春水①

吴　然

作者运用排比的修辞手法，写出了春水的美，表达了对春水的喜爱之情。

春天来了，山尖尖的冰雪融化了。

漂载着野花，漂载着山草和林苔的清香，漂载着喜悦和云彩的影子，泉水在山箐(qìng)里响起来了！

这是春水在响，这是一年一度的春水在山箐里响，在山箐里唱！

哦，就在立春那天清晨，我们到村后的山箐里去"抢春水"，去抢那融化了高山的阳光，融化了绿色的风，融化了鹰的飞翔和小鸟的歌唱，从密密的树缝里流出来的春水了！

这是和山村一样古老的风俗啊！

春水抢回来，煨香茶、煨蜂蜜米花茶，老人喝一盅，孩子们也喝一盅，大家都喝

---

① 抢春水：云南一些少数民族地区的风俗。

一盅。再用春水给婴儿洗澡，给老人熬药……春水啊，新鲜的、甘甜的、圣洁的水！据说，抢到春水，这一年就会勤勤快快、逗人喜欢；据说，喝了春水，这一年就会平平安安、万事如意。

难怪要抢春水啊。

鸡叫头遍，阿妈就把我和哥哥喊醒。提上水罐，提上一篮子青松毛，再提上一串鞭炮，我和哥哥去抢春水了。

山村还没有醒来。星星们累了，稀疏了，连挂在老槐树枝丫上的那几颗，也要滑落了。因为早晨的清冷，我打了个寒战。村后的山林黑得神秘，幽幽的星光又给它镀了一层清亮的光泽。一只鸟儿叫了，在很远的地方，似乎有很多脚步声……

突然，山箐里响起了鞭炮声，噼啪、噼啪，脆响！

"抢到春水了！""抢到春水了！"叫喊声、笑声、说话声，热闹了寂静的山箐。啊！居然还有比我们更早的！我和

这一自然段写出了春水的作用，表达了人们对美好生活的向往。读了这一自然段，我们知道人们为什么去抢春水了。

这句话写出了村民们抢到春水的热闹情景，读一读，试着把他们当时的心情通过朗读体现出来。

哥哥跑了起来。

原来是喜翠、阿兴、得旺他们！

伙伴们嬉笑起来，我和哥哥赶紧舀春水，赶紧点燃鞭炮，赶紧大声叫喊："抢到春水了！抢到春水了！"

啊！水罐里装满了春水，装满了笑声和叫喊声，还装满了第一抹晨光和朝霞。一路撒着绿油油的青松毛，撒着春天湿润的芬芳，我们走出山箐，把春水抢回家了……

这个排比句的运用很有特色，水罐里除了能装具体的"春水"，还能装"笑声""晨光"等，阅读时请仔细品味。

⑨ 四月，柑子开花的时候

刘湛秋

四月，柑子开花的时候，风也变甜变软了。

整个山坡，沟边，河畔，灌满那清香沁人的气息。风慢慢地吹着，像用蒲公英的绒球挠着你的脸，像展开柳丝的枝条，搂着你的脖子。然后在你面前，打开一瓶淡淡的蜜酒。

四月，柑子开花的时候，漫山的白花是那样清新美丽。

土黄的山坡一冬是黯淡无光的，此刻变成了碧绿的海洋。在习习的微风中，荡开丝丝的涟漪，而白色的柑子花，恰似一朵朵细碎的浪花，它向着湛蓝的天空，向着呢喃的燕子和黄鹂，诉说着春天的消息。

四月，柑子开花的时候，穿花衣的姑

作者运用比喻的修辞手法，生动形象地写出了风吹在身上的感觉。读到这里，我们也仿佛感觉到那轻柔的风正慢慢地吹在我们身上。

读第四自然段，我们眼前仿佛出现了碧绿的草地、白色的柑子花、湛蓝的天空，真是一幅优美的图画啊！我要美美地读一读。

娘们在绿叶中闪动。

她们忙着喷药、施肥，还有剪枝。她们手脚那样小心，生怕碰掉一朵花，因为那就是秋天一个金黄的柑子呀！清甜的柑子花香，把她们的歌声也染甜了。

四月，柑子开花的时候，我们的心也在开花，吐露着我们幸福生活的芬芳。

"染"字更加突出了柑子花芬芳馥郁、花香袭人的特点。

阅读链接

猜谜语

黄里透红小圆坛，
兄弟抱团住中间，
盖上薄薄白棉被，
闻着清香入口甜。

走进小小的山村，可以欣赏山林的美景，品尝水果的香甜，还可以跟着作者一起享受山里的时光……阅读本组文章，继续体味优美语言，进一步学习作者表达思想感情的方法，并试着写一写自己喜欢的某个地方，表达出自己的感受。

① 山里的时光

李 李

姥姥说过，"人越长大越爱回忆过去"。是的，看着课间操场上奔跑的孩子们，我想念那段时光。可惜没有时光机，所以我只好晒晒那段回忆。

我的童年有花香有鸟语，有山上的樱桃树和杏子树，有秋天满树的栗子香，还有雪地里那群可爱的人。小时候最喜欢在姥姥家蹭吃蹭喝，一不小心就会过上数月，吃了樱桃吃杏子。每次妈妈来接我回家，都会上演一场哭戏。这时候，姥姥总会笑着说："乖，不哭了，等明儿个再来。"妈妈说，那时候的我嘴巴很甜，整天扭着小屁股姥姥长姥姥短，把姥姥逗得哈哈大笑。现在想想，我的哭闹是不舍，姥姥看似平淡的一句安慰又何尝不是呢？

姥姥家三面环山，只有一条通往村里的蜿蜒小路，路的两旁都是野花。旁人眼中的穷乡僻壤，对我来说却是"人间天堂"，现在亦是如此。

春天，漫山遍野都是粉色的，微风拂过，带来一阵阵淡淡的樱花香。山间小道上都是来赏樱花的人，村里的老人们会拿出自己的"压箱宝"，拿个马扎坐在树下聊天、卖山货。而我，自然就和姐姐坐在地上，我抓着野灵芝，姐姐捧着山鸡蛋，我们玩"过家家"的游戏。

夏天，山里的瓜果都排队成熟。樱桃红了，姥姥就牵着我，我拿着小篮子去樱桃园。每次我都让姥姥给我扯一个挂满"小红灯"的树枝，拿到手张嘴就吃。杏子黄了，姥姥会拿着小梯子给我们摘杏吃，树底下是仰着头伸着小手的馋猫们，张嘴只说："给我，给我，给我！"

秋天，路两旁的野菊花开了，山里的栗子也熟了。那长长的竹竿是姥姥打栗子的秘密武器，我和姐姐在地上铺好布后立马躲到一边，咧着嘴拍着手看"栗子雨"。对了，还有满山的野枣子可以吃。

冬天，下雪了，整个村庄都银装素裹——厚厚的雪，深深的脚印，还有高大挺拔的雪松。小伙伴们都戴着棉手套，身上穿成了球不说，脸上还"缠着"一条围脖，只露出俩眼睛，在雪地里打滚儿。姥姥是个有心人，每次都会给我和姐姐在手上套个塑料袋，再给我们戴手套，那时特别讨厌这种操作，长大后才明白她老人家的苦心。真想回到小时候，攒^{cuán}一个大雪球轻轻地打在姥姥的背上，拉着她和我们一起在雪地里画画，回家后，用手套里的那双小热手给她搓搓冻红的耳朵。

无忧无虑的童年时光，因为有姥姥的陪伴才完整；懵^{měng}懵懂懂的童年时光，因为有姥姥的存在才发光；天真无邪的童年时光，因为有姥姥，回忆才美好。

一年四季都有关于姥姥的回忆，真好！没有时光机，那我就时常晒晒回忆。

❷ 山　村

汤素兰

四面都是高山，山村在高山之中。孩子望着那些山，心想，山已经把天顶住了，天空就这么大吧？世界就这么大吧？

山村里没有大块的平地，村民们的房屋不能集中修建，只能各自依了山势，在缓坡处傍山而立。所以，山村的房子都背靠大山，藏在竹林里，躲在山道的臂弯中。你站在山路上，常常看不见房子，只能看到炊烟从山坳里冒出来。

有炊烟的地方，就有人家。有人家的地方，往往也有山塘。

山高林密，峡谷深翠，山涧里常有清泉流淌。平日，泉流在草地上滑过，在山坡泥土中浸润，水的流淌是无声的。但一场雨后，山坡流下来的水都汇入涧中，山涧里顿时热闹起来，哗哗喧响，颇有气势。人们在房前屋后找一个地势低洼处，把溪涧堰塞起来，筑一道堤坝，涧水累积，天长日久，便成了山塘。

山塘不大，或圆或方，或深或浅。你若站在山顶往下看，看到山塘像天上的仙女随手扔下的梳妆镜，落在各处山弯，在太阳下面闪闪发光。

山塘里养了鱼。鱼虽不多，却是家里待客的上等菜肴。家里来客人了，女人忙着端茶倒水，安顿客人，男人从屋里找出一张小小的渔网，在院子里把网一丝一缕扯弄清楚，挽在手腕上，围着山塘走一圈，找个树荫遮蔽的角落，一网撒下去，捞上来三两条鱼——有鲫鱼、鲤鱼，还有一尾活蹦乱跳的草鱼。把鱼拿在手里掂掂分量，留下分量最重的那一尾，其余两条又随手抛入山塘中。鱼在空中划出一条银白的弧线，在山塘中溅起几朵水花，迅速摆动鱼尾，潜入水中。

女人剖了鱼，或者红烧，或者水煮，一股鱼香从铁锅里升腾起来，随了炊烟，飘荡在山村的上空，连住在另一个山坳里的人家也闻得到。

太阳从西山落下去，月亮从东山升起来。山村的夜晚来临了。从初夏到晚秋，山村的夜晚充满了虫声和蛙鸣，是热闹的。到了冬天，虫儿噤声，山里的黄麂却不耐寂寞，常在静夜里跑到人家的房前屋后，发出短促的鸣叫。看家的狗听到了，如临大敌，"汪汪汪"一阵狂吠。一家的狗吠了，全村的狗呼应，吠声一阵接一阵，常常要吵上半个小时，山村才又重新安静下来。

山村的早晨是公鸡叫醒的。不知谁家的公鸡伸长脖子，"咯——个——歌——"叫一声，像是歌手在打山歌前试一试嗓子。片刻之后，另一家的公鸡准备对歌了，于是，也试一试嗓子："咯——个——歌——"接着，第三家、第四家、第五家……公鸡们的山歌擂台开始了，唱的是同一首歌，但调子的高低各不相同。

在热闹的歌声中，东方现出鱼肚白，慢慢地，红光出现在天际，把东方天空中白色的云都染成了彤红色，隆重而庄严，像金碧辉煌的舞台上一道绛紫的帷幕。一只看不见的巨手把帷幕撕开，一轮红日跳出东方，万丈光芒顿时把山村照得通亮。

在霞光中，背书包的孩子沿着弯弯的山道去上学，一路上呼朋唤友，调皮的黄狗、黑狗、花狗也跟着孩子们一起跑。

有一天早晨，一个孩子在上学的路上走着走着，突然不走了。他抬起头看着前面、后面、左面、右面的山，问同学们：

"山的那边有什么呢？"

"什么也没有吧。"一个孩子说，"你看，山顶都够到天了，那儿就是天边。"

"山的那边还是山。"另一个孩子说。

"不是的，山的那边是海。"第三个孩子说。

首先提问的那个孩子发出倡议："我们爬到山顶上去看一看吧！"

山太高，太陡，平时大人不允许孩子们爬到山上去玩。孩子们呢，每天一打开家门就望见山，望见太阳和月亮每天从东边的山头升起来，落入西边的山脊，他们很早就想要爬到山顶去看一看啦。

孩子们朝山上爬去。他们攀着树枝，揪住藤蔓，从陡峭的山崖爬向更陡的山崖。

孩子们终于爬上了山顶。

站在山顶上，他们看到了山的那边。

山的那边并不是海，也不是山。山的那边是沿着山坡散开的一道道山岭，山岭的缓坡处，一座座房子藏在山弯里、山坡旁，一口口山塘像一块块镜子，在房前屋后闪闪发光。

原来，山的那边跟山的这边一样，也是一个小小的山村。

山村的那边，有一座更大更高的山，山脊仿佛顶住了天空。

孩子们转过身来看山下自己的村庄，看见自己家的房子都变得小小的，依偎在山的怀抱中，像山的孩子，看见一口口水塘散落在山弯里、田垄旁，像孩子裤兜里的小镜子。

孩子们站在山顶上，向山那边那个陌生的山村大声喊：

"哟嗬——嗬——"

"哟嗬——嗬——"空荡荡的山谷发出回声。

"哟嗬——嗬——""哟嗬——嗬——"

孩子们喊得更起劲了。他们想，也许在远处的山上，也有一群孩子为了知道山那边是些什么而爬到山顶上，这会儿也站在山顶上，朝着这边大声呼唤呢。

山涧里的水沿着溪流，就能流出大山。山村的村口有一条溪流，那是山村各处山涧的水汇聚成的。村口的路沿着溪流蜿蜒而去。孩子们沿着这条路，就能一路听着叮咚的泉水声，一路走出山村，走向外面的大世界。

然而，无论山村的孩子走去了哪里，山村都在默默注视着他。当他再回来时，山村依然站在原地，第一个迎接他。而山村四面的那些山，就像坐标，高高地立在那儿，举起手臂，让山村的孩子永不迷失方向。

阅读链接

　　汤素兰，中国当代作家，创作出版儿童文学作品60余部，曾获得全国优秀儿童文学奖、宋庆龄儿童文学奖、冰心儿童文学新作奖大奖、陈伯吹儿童文学奖等奖项。代表作有《笨狼的故事》《小巫婆真美丽》《阁楼上的精灵》等。

❸ 春天吹着口哨

刘湛秋

沿着开花的土地，春天吹着口哨，从柳树上摘一片嫩叶，从杏树上掐一朵小花，在河里浸一浸，在风中摇一摇，于是，欢快的旋律就流荡起来了。

哨音在青色的树枝上旋转，它鼓动着小叶子快快地成长。

风筝在天上飘，哨音顺着孩子的手，顺着风筝线，升到云层中去了。

新翻的泥土闪开了路，滴着黑色的油，哨音顺着铧犁的镜面滑过去了。

啊，那里面可有蜜蜂的嗡嗡？可有百灵鸟的啼啭^{zhuàn}？可有牛的哞^{mōu}叫？

沿着开花的土地，春天吹着口哨，从柳树上摘一片嫩叶，从杏树上掐一朵小花，在河里浸一浸，在风中摇一摇，于是，欢快的旋律就流荡起来了。

它悄悄地掀开姑娘的头巾，从她们红润润的唇边溜过去。

　　它追赶上了马车，围着红缨的鞭子盘旋。

　　它吻着拖拉机的轮带，它爬上了司机小伙子的肩膀。

　　啊，春天吹着口哨，漫山遍野地跑，在每个人的耳朵里，灌满了一个甜蜜的声音——早！

活动一

美好的时光总是让人记忆深刻。《山里的时光》一文，作者把对童年的留恋锁定在对姥姥的回忆中。你能按时间顺序找一找作者与姥姥在一起时发生的趣事吗？可以通过提炼关键词句的方式，分别写下来。

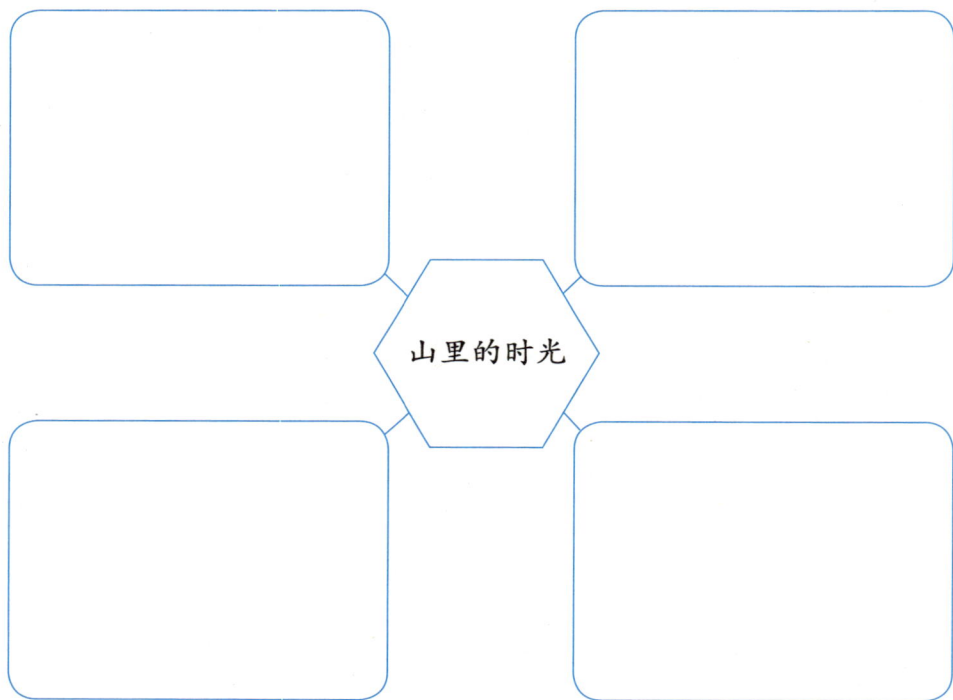

山里的时光

活动二

我们跟随作者一起回忆了山里的时光，领略了山村生活的宁静。请各小组选择一篇喜欢的文章，找一找体现作者思想感情的语句，写在下面的书签上。

找到的语句：

从中体会到的思想感情：

活动三

这三篇文章分别写了乡村的美景和趣事，相信你也欣赏过很多地方的美景。请先跟同学们讲一讲，再仿照文中某个段落写一写自己喜爱的地方，表达出自己的真情实感。

① 乡村（节选）

［俄国］屠格涅夫

六月里最后的一天。周围是俄罗斯千里幅员——亲爱的家乡。

整个天空一片蔚蓝。天上只有一朵云彩，似乎是在飘动，似乎是在消散。没有风，天气暖和……空气里仿佛弥漫着牛奶似的东西！

云雀在鸣啭，大脖子鸽群咕咕叫着，燕子无声地飞翔，马儿打着响鼻、嚼着草，狗儿没有吠叫，温驯地摇尾站着。

空气里蒸腾着一种烟味，还有草香，并且混杂一点儿松焦油和皮革的气味。有的植物已经长得很茂盛，散发出它那浓郁的好闻的气味。

作者调动嗅觉去感受乡村独特的美，表达了对田园的喜爱之情。

一条坡度和缓的深谷。山谷两侧各栽植数行柳树，

它们的树冠连成一片，下面的树干已经龟裂。一条小
溪在山谷中流淌。透过清澈的涟漪，溪底的碎石子仿
佛在颤动。远处，天地相交的地方，依稀可见一条大
河的碧波。

沿着山谷，一侧是整齐的小粮库、紧闭门户的小
仓房；另一侧，散落着五六家薄板屋顶的松木农舍。
家家屋顶上，竖着一根装上椋鸟巢的长竿子；家家门
檐上，饰着一匹铁铸的扬鬃奔马。粗糙不平的窗玻璃，
辉映出彩虹的颜色。护窗板上，涂画着插有花束的陶罐。
家家农舍前，端端正正地摆着一条结实的长凳。猫儿
警惕地竖起透明的耳朵，在土台上蜷缩成一团。高高
的门槛后面，清凉的前室里一片幽暗。

我把毛毯铺开，躺在山谷的边缘。周围是整堆整堆
刚刚割下、香得使人困倦的干草。机灵的农民，把干
草铺散在木屋前面：只要再稍稍晒干一点，就可以藏
到草棚里去！这样，将来睡在上面有多舒服！

孩子们长着卷发的小脑袋，从每一堆干草后面钻出
来。母鸡晃动着鸡冠，在干草里寻觅种种小虫。白唇
的小狗，在乱草堆里翻滚。

留着淡褐色卷发的小伙子们，穿着下摆束上腰带的

干净衬衣，蹬着沉重的镶边皮靴，胸脯靠在卸掉了牲口的牛车上，彼此兴致勃勃地谈天、逗笑。

圆脸的少妇从窗子里探出身来。不知是由于听到了小伙子们说的话，还是因为看到了干草堆上孩子们的嬉闹，她笑了。

另一个少妇伸出粗壮的胳膊，从井里提上一只湿淋淋的大桶……水桶在绳子上抖动着、摇晃着，滴下一滴滴闪光的水珠。

我面前站着一个年老的农妇，她穿着新的方格子布裙子，蹬着新鞋子。

在她黝黑、精瘦的脖子上，绕着三圈空心的大串珠。花白头发上系着一条带小红点儿的黄头巾，头巾一直遮到已失去神采的眼睛上面。

但老人的眼睛有礼貌地笑着，布满皱纹的脸上也堆着笑意。也许，老妇已有六十多岁了……就是现在也可以看得出来：当年她可是个美人啊！

她张开晒黑的右手五指，托着一罐刚从地窖里拿出来的、没有脱脂的冷牛奶，罐壁上蒙着许多玻璃珠子似的水汽；左手掌心里，老妇拿给我一大块还冒着热气的面包。她说："为了健康，吃吧，远方来的客人！"

雄鸡忽然啼鸣起来，忙碌地拍打着翅膀；拴在圈里的小牛犊和它呼应着，不慌不忙地发出哞哞的叫声。

"瞧这片燕麦！"传来我马车夫的声音。

啊，俄罗斯自由之乡的满足、安逸、富饶！啊，宁静和美好！

（张守仁　译）

> "忙碌""呼应""不慌不忙"，作者运用拟人的修辞手法，让笔下的动物更加惹人喜爱。

阅读链接

阅读屠格涅夫的《乡村》，我们就仿佛置身于俄罗斯的乡村，天空、鸽群、马儿、狗儿、山谷、农舍、孩子……这些事物经过作者的描绘，在我们面前如铺展开的一幅美丽、宁静的自然画卷。全篇充满着作者对俄罗斯深深的爱。

② 失去的草篮

徐 鲁

我有过一只小小的美丽的草篮。那是爷爷亲手为我编织的，用他那温暖而粗大的双手，用故乡柔软的柳条儿编织成的。那是一个静静的春夜，我坐在院子里，望着那遥远的红色的小月亮，寻找着我熟悉的星星。爷爷低声说："不要光看天上的星星，你该知道地上的事情了。"说着就用镰刀仔细地削着柳条儿，默默地编起草篮来……

后来我才懂得，爷爷为我编织的，不仅是一只小小的草篮，而是一个勤劳又善良的庄稼人对于自己的乡土深沉的眷恋，以及对于孩子们最纯朴的爱与希望。

草篮编好了，爷爷说："拿着吧，想装什么就装什么。"从此，那只小小的草篮，便成了我最好的伙伴。提着它，我走过了许多个春天和秋天，走过了我整个童年，认识了我的祖祖辈辈生生不息的广阔的乡土：我们绿色的田野和山岗，我家乡的每一条道路。小小的草篮，曾装过悄悄死去的小蜜蜂和我为它采来的新鲜的花瓣；装过秋后仅有的榆钱儿和苦苦菜；装过妈妈留给我的唯一一个煮熟的土豆——那是贫穷的年月里最美味的东西！

写草篮带给"我"的美好回忆，表达了"我"对家乡、对童年的怀念之情。

我爱我的草篮。多少年后，当我怀着丰收的喜悦，再次走过故乡金秋的田野，或者在一个静谧(mì)的月夜，沿着故乡的小路向村庄里走着，在月光下幸福地跳过一摊摊美丽又安静的积水……我才明白，我的那只草篮，它所装过的便是我生命最初的最珍贵的爱、欢乐和幸福——那属于我童年的全部的记忆，我贫穷而艰辛的故乡大地那时候唯一力所能及的赠予。如今，我已不再年轻了。岁月也使我失去了那只伴我一起经历过风吹日晒的草篮，那只草篮，连同那些岁月，连同我勤劳而善良的爷爷——故乡的大青山，成了他最后的安息地……还有那些童年的伙伴——我最初的欢乐和忧愁的见证人，你们都在哪里呢？

"我"怀念的不只是草篮，更是童年的快乐时光和"我"所热爱的故乡。

我深深地怀念那只草篮。同

时，我也在想，将来，不远的将来，我也要做爷爷的，那时我也应该为后来的孩子们编织一些小小的草篮啊！我还相信，将来的孩子们的草篮里，将不只装有蒲公英、小野菊和彩色的小石子，也不只装有美丽的画片和积木。它应该装进更美更多的幻想和愿望——一些我们当年不曾有过的，那是只有未来的孩子们才拥有的东西啊！

为了这个愿望，我正努力工作着，像我的爷爷当年一样，用自己全部的深情、智慧和力量。我仿佛听到了新一代的孩子们的脚步声正从我的窗外匆匆奔过，提着他们各自金色的草篮，奔向属于他们的丰沃的田野。

这是"我"的想象，想象在"我们"这一代人的努力下，新一代的孩子们奔向美好未来的情景，表达了"我"对未来的美好祝愿。

3 小小山村

金 波

你爱我们这山环水绕的小山村吗？

它那么小，即使你走进群山的怀抱，也不容易发现它。它坐落在深深的山谷里。

当你在峡谷里行走时，你会听见鸡的鸣叫、狗的吠声，还有孩子们的歌声和山村小学的铃声。你走进那山道口，你就能看见它——我们美丽的小山村。

> 鸡鸣、狗吠、歌声、铃声……听着这些声音，我们脑海中就会出现小山村的热闹景象。

村里，路面是用石头铺的，房屋是用石头盖的，围墙是用石头砌的，猪窝、鸡舍也是用石头垒的。

家家户户像贴在半山腰上，一座房子一层楼。那儿，牛羊在山上放牧，清泉在檐下流淌。

> "贴"字形象生动，联系过年时贴窗花的经历，联想到房子由低到高建在山腰上，紧紧依偎着大山，一层层，一排排，多美呀！

我们小小的山村，像一颗珍珠，别在大山的衣襟上。
我想，你会爱我们这小小的山村的。

日积月累

雨过山村

〔唐〕王建

雨里鸡鸣一两家，

竹溪村路板桥斜。

妇姑相唤浴蚕去，

闲着中庭栀子花。

④ 故乡的芦苇（节选）

长江口外，东海之滨，有一个绿色的美丽的小岛。那就是我的故乡。

二十几年在北国的大城市里工作，我常常想念我远在南方的故乡。

生我养我的故乡啊，你给我留下多少梦幻般的缤纷的记忆！

——你密如蛛网的、纵横交错的清清亮亮的小河；

那灿若彩星的、叫不出名儿的、各种各样芬芳的野花；

那望去像铺撒一方方碎金似的油菜花；

那朗朗秋空下熠熠耀目的、洁白如云的棉花……

然而，多年来尤其令我梦牵魂绕、永远不能忘怀的，却是故乡的芦苇。

是的，就是那些看来似乎很不起眼的、朴实无华的芦苇。一片片，一簇簇，碧生生，绿油油，迎着轻风，摇曳着修长的清玉似的秀枝，远看犹如一朵朵绿色的轻云，在地平线上飘拂着，给乡村平添几分恬静和飘逸。

几乎所有的河沟、小湖、池塘，都有绿色的芦苇掩映着。

每年，当春风刚刚吹谢雪花，故乡的芦苇就迫不及待地从还未褪尽寒意的泥土里探出尖尖的靛青色的脑袋。它长得很快。要不了多少日子，它就可以长到几尺高，快活地舒展出它那扁平的狭长的叶子。

——到这时候，我和小伙伴们最喜欢摘一片芦叶，熟练地卷成小小的哨子，放在嘴边，吹出各种悦耳的乐音。孩子们为这美妙的音乐所陶醉，在亮晶晶的小河边，在碧青青的草地上，快乐地奔跑着，忘情地呼唤着……

我们还喜欢用芦叶折成绿色的芦叶船。手巧的伙伴，还会从旧火柴盒上剪下小片片，当作舵，安在小船的尾部，还用香烟盒里的锡纸做成小小的银色的帆叶。我们一个个光着小脚丫，蹲伏在河滩上，小心翼翼地各自把小船移到水面上。"开船啰！开船啰！"于是，在一片欢呼雀跃声中，绿色的"船队"便满载着我们纯真的幻想之花，顺流而去……

在那星月交辉的夏夜，我最喜欢带着弟弟到芦苇丛中抓纺织娘。纺织娘通体透明，头上长着两根细长的触须，身上裹着两片薄薄的玻璃纸似的羽翼。我们把捉到的纺织娘小心地放进小竹笼子里，怕它们饿，就塞进几朵金红色的南瓜花。然后将笼子挂在蚊帐架上，任纺织娘用好听的歌声伴我们进入甜蜜的梦乡……

啊，故乡的芦苇！因为你给过我不少童年的欢乐，所以我对你一直怀有一种特殊的亲切之感。每每想起你，我就会沉浸在童年美好的回忆之中……

随着年龄的增长、阅历的加深，我对故乡的芦苇，又逐渐加了一层钦佩以至崇敬——

它几乎无所不在。凡有人烟之处，就有它蓬勃的生命。

它不喜欢单个儿相处，而总是集丛而生。无论什么时候，总是根根相连，叶叶相依，互为提携，相亲相爱，结成一个绿色的集体，因此再猛再烈的风也刮不倒它。

作者和小伙伴们在芦苇边做了哪些事情？对芦苇，他表达了怎样的思想感情？

5 乡村的瓦

冯 杰

乡村的瓦大都呈蓝色，那种蓝不是天蓝也不是海蓝，是近似土蓝；我们乡下有个词说得准确——"瓦蓝"。这个词属于瓦的专利。

在我的印象里，瓦是童年的底片，能冲洗出乡村旧事。

瓦更像是乡村房子披在身上的一面带羽的蓑衣，在苍茫乡村没有开始也没有结束的雨的清气里飘浮。若在雨日来临时刻，瓦会更显出自己独到的神韵与魅力。雨来了，那一颗颗大雨珠子，落在片片房屋的羽毛上，胆子大的会跳起，多情的会悄悄滋润到瓦缝；最后才开始从这件蓑衣上滑落，从屋脊上，再过渡到屋檐。浩浩荡荡穿越雨瓦的通道，下去，回归大地，从而完成一方方瓦存在的全部意义。

瓦有对称之美，任何人看到乡村的瓦，都会想到一个成语，叫"鳞次栉比"，如观黄河的鱼鳞与母亲的梳篦。瓦在骨子里是集体主义者，它们总是紧紧地扣着，肩并肩，再冻再冷也不松手。在冬天，它们能感到彼此的体温，像肌肤相亲的爱人，贴得密不透风，正团结在月亮缓缓上升的乡村里。

当瓦还没有走上屋顶，生命里的"籍贯"一栏早就被填上了，是两个粗拙的字，叫"乡村"，像一个孩子或者老人用颤巍巍的笔所写。是的，瓦更是一种对乡村的坚守。在瓦的记忆里，所有的飞鸟都是浪子与过客，都是浮云与苍狗。

籍贯属于乡村的瓦有一天走进城市，它晕头转向，无所事事，毫无用途。城市里的幻影夜色与霓虹拒绝它。有一片瓦迷路了，它被开往城市里的一辆大卡车用来垫上面的器物，最后被拉向城市，当它完成自己的使命时，又被远远地抛弃在公路边。有些人就爱过河拆桥，瓦看看身上"籍贯"一栏，早已被风的手擦模糊了。

瓦上的风景只有一种，那就是"瓦松"，我们那里叫"蓝瓦精"。这称呼多气派啊！那些一棵棵站在瓦上的小小生灵，因为听风观雨的缘故，已经一位位聪明成精了。且慢，它们还是"乡间郎中"呢。乡村药谱如是说：瓦松，又名瓦莲草、向天草，清热解毒。我小时候得过恶性疟疾，久不见愈，姥姥就从旧屋顶上采到几棵瓦松，炖汁连服，止住了。

小时候我常在梦里想到，那些瓦松站在我外祖母的屋脊上，跷着脚丫，在我不知不觉的夜半时刻，正一颗颗摘星呢。那一柄北斗七星的长勺低低地垂落下来，一如在汲瓦松上一颗颗透清的露珠。终于，一不小心，有两颗最大的掉下来，缓缓地，落在我的眼角。

当我的灵魂有一天回归大地，就请在上面扣上小小的一方瓦，有你瓦的余温，还有你瓦的纹络。这一方故乡的小房子，泥与水组合的小房子，草气上飘摇的小房子，你罩着我，像谁夜半耳语：

"睡吧，孩子。这叫归乡。"

探索与发现

同学们，当我们津津有味地看着《侏罗纪公园》系列科幻电影，感叹着恐龙世界的逼真与神奇时，你有没有想过，大自然中还有许多奥秘等待我们去探索、去发现。这些探索与发现不仅能为我们解开谜团，也会促进科技的发展与人类的进步。

学贵有疑。阅读本组文章时，同学们要大胆地提出自己不懂的问题，并试着用各种方法解决它。

① 黄 河 象

刘后一

在北京自然博物馆的古生物大厅里，陈列着一具大象的骨架，这就是古代黄河象骨骼（gé）的化石。这具大象骨架高四米，长八米，除了尾椎（zhuī）以外，全部是由骨骼化石安装起来的。看，前面是三米多长的大象牙，接着是头骨和下颌，甚至连很难发现的舌骨也保存着。在一百多块脚趾（zhǐ）骨中，连三四厘米长的末端趾骨也没有失掉。古代黄河象的骨架能够这样完整地被保存下来，在象化石的发现史上是很少见的。人们站在骨架前面，似乎看到一头大象正昂首阔步向前跑。

科学家假想这具黄河象化石的来历。两百万年前的一天，碧空万里无云，太

通过作者列举的数字"四米""八米""三米多""三四厘米"，我们形象地感受到黄河象化石的高大与完整。

阳炙烤着大地，荒草丛似乎要燃烧起来。几棵栎树呆立不动，一群一群的羚羊和鸵鸟走来走去。一条弯弯的小河缓缓地向东南流去。

一群黄河象，在一头老象的带领下，扑踏扑踏地从远处走来了。疲劳和干渴把它们折磨得有气无力。一望见前边有条小河，它们就高兴地跑起来。

老象跑在前头，最先来到河边。它伸长了鼻子去吸河水。可是水位很低，它够不着，只好又往前走了一步。它想，要是跨进水里，美美地喝一顿，再洗个澡，那才凉爽呢！但老象没想到，它的右脚正好踩在一块椭圆形的石头上，石头往下一陷，它抬起的左脚来不及往回收，一下子就踏进河里，踩在河底的淤泥上，深深地陷了进去。

又烂又软的淤泥怎么承受得住这样重的老象呢？不一会儿，老象身子一侧，栽进河里。它使劲挣扎，但是越挣扎身

联系文章的最后一个自然段，我们能明白科学家推测老象深陷淤泥的依据。联系上下文理解内容，是一种很好的阅读方法。

子越往下陷。它抬起头呼救，但是水立刻向它的嘴里猛灌进去。紧跟在后边的象群，惊恐地望着在淤泥里挣扎的老象，它们吓得顾不上喝水，回头四散逃跑。

陷在淤泥里的老象终于不能动弹了。

日子一天天过去，老象被冲积的泥沙掩盖起来。它的尸体腐烂了，骨骼和象牙却慢慢地变成了石头一样的东西。两百万年过去了，大地发生了巨大的变化：往日的草原升成了高原，一座座山岭耸出了地面，一条新的大河又从老象安息的地方流过。

读到这里，试着用自己的话说说黄河象化石的形成过程。

1973 年的春天，甘肃省的一些农民在这里挖掘沙土，忽然发现沙土中有一段洁白的象牙。他们立即向当地政府报告。后来，人们在当地政府的指挥下进行挖掘。化石全部露出来了，人们可以清楚地看到，一头大象的骨架斜斜地插在沙土里，大象的脚踩着石头。从它站立的姿势，可以想象出它当时失足落水

那一瞬间的情景，从它各部分骨头互相
关联的情况，可以推断出它死后没有被
移动过。

阅读链接

　　北京自然博物馆是新中国依靠自己的力量建设的第一
座大型自然历史博物馆，占地15000余平方米，博物馆设
有恐龙公园、动物——人类的朋友、植物世界以及人之由
来等陈列厅。在北京自然博物馆中，有来自全国各地采集
的众多标本，小到植物花粉，大到恐龙化石。许多标本在
国内乃至国际上都是独一无二的。在这里，你将置身于神
秘的自然世界，解开关于自然的种种谜团。

② 琥珀珠

刘兴诗

海潮卷着雪白的浪花，一阵阵冲到沙滩上。

潮水退了，沙滩上留下许多美丽的贝壳、海藻和珊瑚沙。这是大海爷爷的礼物，每天都有不少冲带到沙滩上。

一个孩子跑来，他要挑选一个最好的纪念品，放进爱科学小组的展览室。

白色的海螺，太平凡了；红色的珊瑚沙，可惜已破碎了；五彩斑斓的扇贝，外表虽美丽，却没包含什么寓意……

忽然，一颗透亮的黄色珠子映进了他的眼睛。它是这样的浓黄，黄得像晚秋浸过霜的菊花瓣；又是这样的透明，太阳光一照，整个珠子都变得亮晶晶的。它具有一个水滴状的外形，仿佛是大海刚洒下的

作者把"透亮的黄色珠子"比作"晚秋浸过霜的菊花瓣"和"大海刚洒下的一滴泪珠"，珠子的颜色和形状马上出现在我们眼前，让人感觉美丽又精致。

· 66 ·

一滴泪珠。

奇怪的是，这颗黄得透亮的珠子里还有一只小蜜蜂。是谁的巧手描绘的吗？不！它不是假的。头儿，腿儿，薄薄的翅膀，全是好好的。

好像一阵微风吹来，翅膀还会轻轻扇动似的。

孩子感到很奇怪。这是一颗罕见的珍珠，还是海龙王王冠上的宝石？为什么里面藏着一只小蜜蜂？难道海底真有一个百花争艳、蜂蝶纷飞的神秘花园？

"不，它不是珍珠，也不是海底的宝石。"海水波荡着，在孩子耳畔轻声絮语，"这是一颗琥珀。关于它，有一段故事……"

三千万年前，这儿有一个小岛，岛上长满了青翠的松林，还有许多好看的花。这儿的花蜜有一种奇妙的作用：谁要是伸出舌头尝一下，老人立刻就能变得年轻，垂死的病人也能马上恢复健康。那时，在很远的地方，有一群蜜蜂，酿了许多花蜜，

作者用一系列的疑问句过渡，可以激起人们的阅读兴趣。

丰富的联想让这篇科普文章更生动有趣。我们在写文章时，也可以展开丰富的联想与想象哟。

日子过得非常快活，想不到有一群凶恶的马蜂飞来，抢了它们的花蜜，占据了它们居住的蜂巢。小蜜蜂英勇地抵抗，虽然最后赶走了敌人，但许多蜜蜂都牺牲了。有的受了重伤，生命危在旦夕。

一只小蜜蜂打听到这儿有奇妙的花蜜，可以挽救伙伴们的生命，便飞来寻找。

从家乡到海边，很远很远。要飞过三十三座高山，九十九条大河。天上有许多捕食昆虫的鸟儿，树枝上挂着一幅幅陷阱似的蜘蛛网。一不小心，就会丢掉性命。

小蜜蜂为了搭救伙伴，日夜不停地飞，飞过许多积雪的高山和宽阔的大河。它机智地钻进云雾，躲开鸟儿锐利的眼睛；绕过暗沉沉的树林，避开一张张预兆不祥的蜘蛛网，终于飞到了海边。这时它已经累得筋疲力尽了。

迅疾的海风比山风更猛烈，汹涌的海面比大河更宽阔。从来没有一只小昆虫敢往这儿飞，只有矫健的海鸥才能在这儿自

通过作者对小蜜蜂要飞过"三十三座高山，九十九条大河"的描述，我们更形象地体会到小蜜蜂从家乡到海边的遥远，这里用夸张的手法写小蜜蜂遇到的困难，更能突显出小蜜蜂想挽救伙伴生命的决心与坚忍不拔的意志。

由地翱翔。这时，我卷起一阵波浪，在下面呼唤它："回去吧！小蜜蜂，海风会把你吹下来的。"

"不！"它扇着翅膀回答说，"我要去采岛上的花蜜，只有它才能挽救伙伴的生命。"

"你歇一会儿吧！瞧你已经快要没有力气了。"我又卷起一阵比先前更大的波浪，水声哗哗地警告它。

"不！时间快要来不及了，我要赶在死神前面采好花蜜飞回故乡。"它昂着头用力飞着，越飞越高，终于飞到小岛上，采到了救命的花蜜。

可是，就在它往回起飞的刹那间，不小心撞上了一棵老松树，恰巧一脑袋撞进沿着树干往下淌的一滴松脂里。又黏又稠的松脂粘住了它细弱的腿儿和薄薄的小翅膀，它用尽了气力也挣扎不出来。我远远看见这件不幸的事，心里非常着急，连忙鼓起一排巨浪，冲到松树脚下的岸滩上，

此处的语言描写表现了小蜜蜂的执着与勇敢，读来让人不禁心生敬佩。

情节险象环生，跌宕起伏，作者把小蜜蜂采蜜的过程描写得既细致又精彩，吸引我们继续往下读。

放声呼喊："小蜜蜂，快吸一口花蜜！你就会重新飞起来……"

透明的黄色树脂沿着松树干往下流淌。我的话来不及说完，小蜜蜂就被完全包进去了。树脂慢慢滴落下来，落进树边的沙地里。经过了许多年月，终于凝成了这颗亮光闪闪的琥珀。

又过了许多年月，海岸慢慢坍塌，整个小岛连同那颗包裹着小蜜蜂的琥珀珠，一起落进了我的怀抱。我怀恋着这只勇敢的小蜜蜂，始终把它珍藏在心底。今天你来寻找纪念品，就吐出来送给你……蓝色的大海翻滚着，吟唱着，潮水一阵阵地冲上沙滩，仿佛奏起了动人的音乐，还在歌唱三千万年前的那只小蜜蜂。

孩子把这颗黄澄澄的琥珀珠拾起来，放在手掌上仔细观看。

"是的，这是一件有意义的纪念品，既有科学研究的价值，又歌颂了勇敢的牺牲精神。我要把它送到爱科学小组的展览室里去。"

这篇文章与一般的科学小品文不一样。它是通过大海给小孩子讲的生动故事来说明琥珀珠形成的过程，如童话一般，让我们读起来更觉得生动有趣。

③ 鸟类不认恐龙做祖宗了

波 音

鸟类起源于恐龙？一些科学家说："不，一些恐龙起源于鸟类！"

在飞机发明之前，人类只能站在地面，羡慕地看着鸟类自由自在地翱翔于蓝天之上，心中充满了疑惑："这些长着翅膀的家伙是怎么出现的呢？"

这个问题其实困扰了人类几千年。随着科学的发展，关于鸟类的起源，逐渐形成了两大派别。一派是恐龙派，认为鸟类起源于恐龙，最早由英国著名科学家、进化论的提倡者赫胥黎提出，他发现小型的兽脚类恐龙与始祖鸟在身体构造上有许多相似之处。现在看来，鸟类骨骼中空、构造轻巧，颈椎较长，的确与一些兽脚类恐龙相近。

"一些"用词准确，说明不是所有的恐龙都起源于鸟类，而是只有一部分。

更让恐龙派坚持己见的事情是带羽毛的恐龙的发现。最近一些年，古生物学家发现了许多带羽毛的恐龙，特别值得一提的是，在中国辽宁西部发现的恐龙和鸟类化石，似乎表明恐龙和鸟类的亲缘关系很近，也许鸟类真的是从小型兽脚类恐龙一步步演化而来的。

"似乎"一词使表达更加准确，说明恐龙和鸟类的亲缘关系很近，但是证据不足，还不敢确定。

另一派是槽齿类派，认为鸟类并非起源于恐龙，而是起源于另一类非常古老的爬行动物——槽齿类。槽齿类动物中的一些种类是两足行走的，骨骼也非常纤细，部分骨骼中空，眼眶很大，这些都和鸟类的特征很相似。槽齿类派一度在关于鸟类起源问题上占据过上风，但是自从带羽毛的恐龙被发现之后，这一派的声音就被压制下去了，目前大部分古生物学家都是恐龙派。

两大派系观点绝非空穴来风，皆有理有据。

但是，恐龙派一直有几个不好解释的难点。比如，鸟类最重要的特征是羽毛，而从生物进化的角度看，羽毛显然是从动物的鳞片变化而来的，比如企鹅的翼、鸵鸟的脚部、始祖鸟头部的羽毛都呈现出鳞片状。羽毛的结构很复杂，如果要从其他动物身上的鳞片进化成鸟类身上的羽毛，肯定需要相当长的时间。这样推算一下，鸟类的起源非常古老，比大部分兽脚类恐龙生活的时代可能还要早！

这就出现了问题，最早的鸟即始祖鸟出现在侏罗纪，比那些兽脚类恐龙生活的晚白垩纪要早 7000 万年，鸟类不可能起源于比自己年代更晚的动物吧？恐龙派难以解释这个问题，只能含糊地辩解，一个人就算是死了的时候，也可能会有个远房叔叔才出生，鸟类与兽脚类恐龙可能有共同的祖先，这个共同的祖先也是恐龙类。

最近鸟类学家的研究给了恐龙派又一沉重打击。美国俄勒冈州立大学的学者研究了鸟类的股骨，也就是我们俗称的大腿骨，发现这部分骨骼往往被固定得很死，所以鸟类在地面奔跑的时候，实际上更多

一次次地论证，一次次地质疑，一次次地推翻过去的观点，这就是科学探索精神。

地利用了膝盖的弯曲，而不是股骨的移动来协调运动状态。相反，许多陆地动物，比如大象、狗、蜥蜴、人类以及已经灭绝的恐龙，大腿骨是有很大的"活动空间"的，能够随着运动状态而移动。

这个发现和鸟类起源有什么关系呢？关系可大了。我们知道，爬行动物是冷血动物，而鸟类是温血动物，在正常活动状态下，鸟类的需氧量是同等大小的爬行动物的20倍，这就要求鸟类的肺非常强大，有气囊一样的结构，能够高效地进行气体交换。如果鸟类的大腿骨也像爬行动物的大腿骨那样灵活，在剧烈运动时鸟类的肺就很容易破裂。正是由于鸟类的大腿骨固定得很死，还有肌肉限制其活动，鸟类的肺部气囊才得到了保护，不会因为大腿骨活动幅度过大而造成肺部破裂，进而导致鸟类的死亡。

这个发现表明，鸟类几乎不可能起源于爬行动物兽脚类恐龙，两者在肺部结构

通过比较，说明鸟类和爬行动物的需氧量存在巨大差距，为下文介绍"鸟类几乎不可能起源于爬行动物兽脚类恐龙"提供了依据。

和大腿骨结构上的差异太大了，一点点的改动可能就很致命。

新的发现支持了过去被打压的槽齿类派的观点，鸟类可能起源于比恐龙还古老的爬行动物，比如说槽齿类，这一古老的物种可能分别演化出了恐龙类、鸟类和鳄类。所以鸟类和许多兽脚类恐龙有相似之处，这只是因为它们都起源于槽齿类，有共同的祖先，并不表示鸟类起源于恐龙。

此外，大量早期鸟类化石的发现，对于槽齿类派也不都是坏消息。比如人们发现，早在晚侏罗纪，鸟类就已经出现了分异，出现了许多种类，这说明鸟类的祖先生活在更早的时期。而且早期鸟类化石的头骨特征很原始，它们肯定起源于很古老的爬行动物，而不是后来才繁盛起来的恐龙。

鸟类学家还进一步提出，不仅恐龙不是鸟类的祖先，实际上有些"恐龙"甚至可能起源于鸟类！

"可能"一词表明只是猜测，还不确定，体现了文章语言的准确性。

举世哗然：
全世界都很震惊。

言过其实：
话说得过分，超过了实际情况。

把这两个词语积累下来吧。

在反复质疑与求证中，科学家才能为我们解开一个又一个谜团。

此言一出，举世哗然。但鸟类学家说这话并非言过其实，他们还是有证据支持的。就拿迅猛龙来说吧，它只有火鸡般大小，是肉食性的，身上长有羽毛，爪子十分尖利。迅猛龙和鸟类有许多共同的特征，因此长期以来人们把它看成是鸟类起源于恐龙的证据之一。但是鸟类学家质疑，迅猛龙其实更像是一只鸟，而不是一只恐龙，从结构上看，说迅猛龙起源于鸟类，比说它起源于恐龙更合情理。其他的一些小型的"带羽毛恐龙"和迅猛龙的情况类似，我们也许应该称呼它们是"似恐龙的鸟类"，它们可能都起源于古老的鸟类。

当然了，起源于鸟类的这部分"恐龙"并不多，绝大部分恐龙还是起源于古老的爬行动物，也许它们也是起源于槽齿类动物。

为什么那些起源于鸟类的"恐龙"和真正的小型兽脚类恐龙的结构、习性相近呢？鸟类学家解释说，这是因为那些鸟类进化成了在陆地上跑的猛禽后，由于生存环境与小型兽脚类恐龙类似，因此在身体结构上也趋近于后者了，进化出许多适应陆地生存的功能结构，让人们误以为它们是恐龙，其实它们仍是如假包换的鸟类。

如果鸟类学家的研究站住了脚，也许我们对于恐龙和鸟类的分类就要重新调整一下了，一些原本属于恐龙家族的成员，将认鸟类为自己的同类，而鸟类则不该把恐龙认作祖先了。

④ 翅膀，为了天空的进化（节选）

江　珊

文章一开头就引用著名生物学家达尔文有关物种进化的观点，使文章的表达很严谨。

物竞天择，适者生存。达尔文说过，优胜劣汰是地球生物生存和演变的基本规则。几亿年下来，很多古老的生物都已经灭绝了，可有一些物种经过多重演化、繁衍生息后，却进化出不同种类的后代。

研究表明，翅膀其实是大自然赋予动物生存和延续的法宝，会飞的动物在进化和生存方面有诸多优势。在残酷的进化中，大自然一次又一次地发明了各种各样的翅膀，小到昆虫，大到翼龙，许多动物都能从飞行中受益。

翅膀有什么机密？

小标题的运用，使文章结构非常清晰明了。

昆虫是自然界中最敏捷的飞行者，它们可以在空中盘旋，还可以向后飞行，短时间内能非常快地加速。最近，科学家们终于揭开了它们高超的飞行技术背后的秘密！

越小的飞行昆虫，其飞行机制越复杂。躯体小可不一定是一个优势，因为躯体小的同时翅膀也小。那么，小翅膀的升力如何而来呢？为了能够在空中飞行或停留，昆虫必须快速地扇动自己的小翅膀，但这会导致神经系统的脉冲跟不上翅膀的节奏；对比来看，大型飞虫，如蝴蝶或大黄蜂，它们每一次翅膀的扇动只需要一个神经脉冲，所以能够更好地保持神经信号和肌肉的同步。因此，对于较小的昆虫来说，对翅膀的控制要复杂得多。

除了引起更快的翅膀扇动，小昆虫还进化出了其他的躯体优势。比如，与其他部位的肌肉相比，翅膀周围的肌肉纤维组织非常对称，这样有助于增强翅膀的冲击力，并能利用空气中局部压力的变化来提高自身的升力，在向后飞行和在空中盘旋等方面都会做得更好。

"脉冲"指电流或电压的短暂的起伏变化，也指变化规律类似电脉冲的现象。

翅膀与人类发明

翅膀可不仅仅能造福鸟类，它们对于人类的发明创造同样重要！

西维森马普鸟类研究所的尼尔斯·拉腾伯格最近发表声明，鸟类在飞行时可以睡觉，甚至可以达到理想的快速眼动睡眠阶段。研究表明，它们是通过一次只用一边大脑半球睡眠的方式来做到这一点的。恰好，由于人类睡眠不足在当今社会是一个日益严重的问题，尼尔斯希望能通过研究鸟类的睡眠方式，给人类提供一个更好的解决睡眠不足的方法。

荷兰瓦格宁根大学的科学家们在改造无人机机翼时，也受到了昆虫的飞行稳定性的启发。对果蝇翅膀的研究发现，在翅膀受到严重损伤的情况下，它们依然可以通过改变翅膀扇动的频率在空中飞翔。按照这个原理，科学家们已经设计并制造出了一款具有特定功能的机翼，和果蝇的翅膀一样，即使受到了损伤，仍然可以在空

这是一个过渡句，既概括了前文的意思，又引出了下文的内容，使得本文层层深入。

中飞翔。

另外，对蝙蝠的飞行形态及其翅膀的结构进行研究，有助于可变形微型飞行器的创新设计。

蝙蝠翼既不同于大多数昆虫的轻质"膜＋脉"结构，也不同于鸟类的"羽翼"结构，而是由上肢骨骼和翼膜构成的"翼身一体化"构造。蝙蝠的翼由超过40个独立的关节和附在其上的一张柔软的薄膜组成，因此自由转换方式可多达30种，即翼的变形极大。

受到了这些启发，英国南安普敦大学和帝国理工学院的科学家成功地设计出了一种新型薄膜可变的机翼，利用这种机翼可以制造出微型无人机，并且还可以飞得更高。

大自然永远是人类进步的"导师"！

⑤ 纳米技术走进生活（节选）

杨 璐

现在我们已经进入一个人人都需要纳米技术的时代。许多早期科幻小说中所描述的纳米技术已经实现，只不过是以我们不易察觉的方式，比如它是智能手机或者其他各种设备的组件的材料。纳米技术已经悄然渗透到了我们生活的各个方面，成为我们日常生活中的一部分。

如今，从防晒霜、衣服、汽车、太阳镜到电脑和显示屏，纳米技术的应用无处不在。比如，防晒霜通常含有二氧化钛和氧化锌的纳米颗粒，两者都是高度紫外线吸收剂。有些衣服中也添加二氧化钛和氧化锌来抵御紫外线，同时在衣服中添加二氧化硅纳米粒子用于防水，添加银纳米粒子用于抗菌。2016 年，中国研究者制成了

我们可以上网查一查生活中有哪些物品采用了纳米技术。

一种布，这种布并不是阻断紫外线，而是吸收紫外线并将它转化为电能。美国加州大学的研究者发明了一种隐形的布，这种布使用金纳米粒子来使物体周围的光重新分布，达到隐形的效果。

随着我们对纳米工程的了解更加深入，纳米技术将对我们的生活产生更多的影响。例如，我们正在拓宽纳米管的应用范围。纳米管和量子点一样，目前科学家正在深入探索它在医学方面的应用，不仅可用于诊断和药物输送，而且还可以用作"纳米海绵"。纳米管在人体内很快会被自然排出，因此，当用作纳米海绵时，它会将毒素带出体外。

另外，研究人员也在探索纳米管清理溢油和净化水，纳米管可以与污染物结合，然后使用专门针对其纳米结构的过滤器将其去除。纳米技术未来的发展趋势包括：纳米机器人、纳米传感器、癌症治疗、遗传疗法、疏水材料、食品行业和农业等。

通过作者举出的多个事例，我们对纳米技术有了更深刻的了解。

⑥ 徜徉在人体里的小小机器人（节选）

杨 璐

在 1966 年上映的美国科幻电影《神奇旅程》中，几位美国医生和潜水艇被缩小到比红细胞还小，并通过血管被送入大脑，来清除堵塞大脑的血块，最后成功拯救了一名科学家的生命。

从这部电影中，我们不难看出，用微型机器人治病的设想早就出现了。在过去，这种想法只能出现在科幻作品中，然而随着科技的发展，微型机器人植入人体的畅想也许马上就要实现了。不久的将来，当我们在医院看病时，医生不需要开药和做手术，而是往我们的身体里注射微型机器人。这些机器人可以自由地在人体内穿行，疏通被斑块堵塞的动脉，进行活体组织检查，或者从内部治疗肿瘤。

真希望这种微型机器人能早日问世，为人类造福。

理想的医用微型机器人的大小和人类细胞差不多，相比于传统的医疗手段，比如外科手术和导管插入等，微型机器人几乎不会造成人体组织损伤。通过瞄准体内特定目标、定向给药，微型机器人也可以大大减少药物的副作用。

虽然医用微型机器人的好处多多，不过真的实现它可没那么容易。微型机器人和传统机器人的最大差别在于它们的体积非常小。"微小"的体积是一把双刃剑，在带来优点的同时，也受到了严重的限制。由于注射到人体里的微型机器人的体积太小，无法轻易集成任何电源、传感器或计算机电路。一些大型机器人拥有的优点，比如运动能力和人工智能等，微型机器人都很难具备。我们试想前面提到的微缩潜水艇，由于跟细胞差不多大小而无法安装电机，潜水艇的螺旋桨也就毫无用处，而且出于对人体组织的保护，传统的机械驱动（如水下螺旋桨推进器）也不能应用在

把微型机器人的大小和人类细胞进行比较，我们就知道它有多"微小"了。

体内机器人上。在浓稠的血液中，潜水艇如何前进就成了最大的问题。

另外，在微小的尺度，与表面积相关的效应更加明显，这也进一步限制了微型机器人的运动。任何物体都有体积和表面积，表面积与体积的比例很重要。一般情况下，物体越小，这个比例就会越大。因此，在微观尺度上，与表面积成正比的效应（比如空气阻力）影响更大，而与体积相关的效应（比如重力和惯性）所起的作用较小。例如，一些昆虫的体积很小，表面积与体积之比较大，它们可以从高处坠落而安然无恙，因为昆虫下降时受到空气阻力的影响较大，因此，它们下落时的最终速度会大大降低。

通过昆虫的例子，我们就能明白体积小给微型机器人带来的挑战了。

除了体积小带来的挑战，微型机器人的生物可降解性和生物相容性也是关键问题。因为微小的异物不应该永久地留在人体内，不能让它们引起严重的免疫反应，所以任何进入人体的材料都需要经过严格的筛选。

　　为了使微型机器人有更好的应用效果，科学家希望能够让一群机器人共同工作，就像蚁群一样。例如，多个微型机器人共同协作，可以携带更多的药物进入人体。然而实现微型机器人的合作仍面临挑战，现在的磁场控制技术不能单独地指挥机器人分别运动，所有机器人都受同一个大磁场控制。目前，科学家正在研究小范围驱动的微型电磁场技术，希望在未来能够协调控制多个微型机器人。

　　当我们能够完美地控制和移动微型机器人时，下一阶段的挑战就是让机器人执行各种复杂的任务了。目前微型机器人只能做一些简单动作，比如推动、抓住物体。为了完成预想的医疗任务，微型机器人的操作能力必须得到提升。

　　随着微型化技术的进步，在不太遥远的将来，由微型机器人组成的团队会在血管中游动，探索身体的各个角落，并在行进中运送治疗药物、修复细胞。

文中通过列举多个例子，让我们明白了微型机器人要"徜徉"在人体里，还需要多方面的探索与研究才能实现。

⑦ 中国 "嫦娥奔月" ①

彭　昕

　　在中国传说中，嫦娥本是后羿之妻。后羿是射下九个太阳的英雄，西王母因此赐给他不老仙药，以赞其功。但后羿不舍得吃，交由妻子嫦娥保管。后羿有个徒弟觊觎^{jì yú}②仙药，逼嫦娥交出仙药，嫦娥情急之下自己吞下仙药，之后飞升至月亮之上。

　　中国自 2004 年启动 "嫦娥工程"，就是寓意将实现载人登月，载人登月的时间定在 21 世纪 30 年代。而在此之前，月球探测一直在进行，为载人登月做准备。

　　到 2020 年 11 月为止，已经有 4 个 "嫦娥号" 探测器成功发射，有的只是做环月飞行，有的在月球表面登陆，有的还携带

同学们可以查阅更多的资料，对这 4 个 "嫦娥号" 探测器进行更深入的了解。

---

①本文选自彭昕的《月球君，我们又回来了，而且不走了哟！》，略有删改。
②觊觎：希望得到（不应该得到的东西）。

了"玉兔号"巡视器对月表进行了探索。其中最令全球瞩目的是"嫦娥四号"探测器在月球背面登陆，这是全球首次月背成功登陆。

最令人产生遐想的是，"嫦娥四号"探测器还携带了月球微生态系统，一个18厘米长的密封圆柱形容器中装进了4种植物的种子、酵母、果蝇卵，一台微型摄像机不断观察这些生物的变化过程。其中棉花种子还发了芽，但不久就在月球寒冷的环境中被冻死了。其他动植物则完全没有生命萌发的迹象。虽然这次失败了，但后续还将进行与生命有关的实验，这将为研究人类如何在月球上建立基地提供各种数据。

接下来，"嫦娥五号""嫦娥六号""嫦娥七号""嫦娥八号"等将会陆续登月，为载人登月并在月球建立基地做准备。

从"其中""不久""完全没有"等词语中，我们更能体会到月球探索的不易。

⑧ 嫦娥奔月 梦想启程

叶铁桥

2010年10月1日18时20分，乌云越来越密集，微雨开始零星地飘洒在大凉山峡谷腹地的一个小山谷里。

这个山谷的底部平原上，矗立着3个巨大的高架，"长征三号丙"运载火箭正承载着"嫦娥二号"卫星，高高地耸立在97米高的2号发射塔架旁。自"嫦娥一号"从这里奔月近3年后，我国第二颗月球探测卫星，终于也将从这里出发，去探寻38万公里外那美丽的月球。

虽有微雨，但准备工作如常。

记者从距离发射场大约1500米处望去，只见塔架旁人影绰绰，工作人员在做最后的准备工作。

西昌卫星发射中心的工作人员解释，

"近3年后""大约"等词语的运用，让语句表达更准确，请说说自己的阅读体会。

· 90 ·

这是在给火箭加注低温推进剂液氢，这项加注工作从火箭发射前 8 小时开始，一直要进行到发射前 5 分钟。这也是整个发射前准备工作中最关键、最危险的一项工作，稍有不慎就会导致灾难性后果。

有记者兴奋地喊："架子打开了！"看过去，果然，发射塔上的 4 个回转平台开始从上到下一一缓缓打开，托举着"嫦娥二号"卫星的"长征三号丙"火箭终于完全显露于眼前，颀长秀美的身姿，洁白、漂亮，整流罩上，中国探月工程的标志清晰可见。

这将是"长征"系列火箭的第 131 次飞行。雨势也越来越大了。

为打消记者的疑虑，现场的工作人员解释说，这样的雨并不影响发射，如果遭遇雷电天气才不能发射。

"30 分钟准备！"远远地，发射场有铿锵的声音传过来，在四面青山环绕的山谷间激荡。第二批技术人员迅速撤离了发

从"铿锵""激荡"两个词语可以感受到现场工作人员激动的心情。

射场。

"15 分钟准备！"最后一批技术人员也撤离了。

10 分钟准备……5 分钟准备……随着口令声不时传来，原来还在兴奋地喧闹着的现场观看人员越来越安静，一个个沉默地站着，紧紧地盯着谷底的发射塔。摄影记者举起相机，手指搭到快门上。

那一刻，时间似乎过得特别缓慢。

"1 分钟准备！"终于，01 号指挥员鄢利清洪亮有力的声音在山谷间回荡。只见扶持火箭的摆杆一个个打开，发射塔架上与火箭相连的各系统设备也迅速脱落，火箭距离点火升空已经进入了读秒阶段。

时间似乎凝固起来。"……5、4、3、2、1！"声音再次传来，现场观看的人员眼睛都不敢再眨，生怕错过这历史性的一刻。

"惊天动地""拔地而起"两个词语用得非常生动，让我们仿佛置身现场。

"点火！"声音刚落，一团耀眼的烈焰从火箭底部喷涌而出，伴随着震天的巨响。

火箭在惊天动地的呼啸声中拔地而起，

先是缓缓上升，渐渐地，姿态越来越轻盈，速度也越来越快，直指苍穹，越飞越高。

在人们的翘首仰望中，"长征三号丙"火箭拖着长长的火柱，开始微微倾斜，向东南方向飞去，在天空中划出一条长长的白色轨迹。仅 10 多秒工夫，火箭便钻入稠密的云雾层里，什么也看不见了，唯有那刺破空气时发出的低沉刺耳的噼啪声，还在天空轰鸣。

回望发射台，已是一片寂静，只有一团巨大的白烟慢慢飘散。

现场观看的人员仍然仰望着天空，希望能找寻到火箭的身影，久久无人说话。但是，除了能从厚厚的积云中听到低沉的噼啪声，什么都看不到。

随后，"星箭分离""成功入轨"的消息从北京飞行测控中心传来，人们情不自禁地欢呼起来。当得知又是"分秒不差，再次实现了'零窗口'发射"后，有记者由衷地感叹："真是太了不起了！"

读到这里，你一定也跟现场观看的人们一样，充满了激动的心情，真为我们的航天工作者感到骄傲啊！

当你们在欣赏日升月落、花开花谢，感受春暖冬寒的时候，有没有想过发生这一切的源头——"地球"是怎样诞生，又是怎样发展的呢？在这颗蓝色的神秘星球上发生过哪些不可思议的事情？……相信这些疑问会吸引你们去探究。

阅读本组文章时，要主动思考并试着提出自己的问题，通过请教老师或同学解答疑问。

① 爬上陆地的鱼

刘兴诗

鱼也能上陆吗？这真是天大的怪事。让我们拉开历史的帷幕，来想象一场3亿多年前的怪有趣的演出吧！演员是鼎鼎大名的总鳍(qí)鱼。

请看，在一个干涸的河滩上，有一条怪模怪样的鱼儿在用力挣扎着。它有两个背鳍，拖着一条长长的尾巴，正费尽气力撑起它的胸鳍和腹鳍，在泥地上慢慢爬行着。每移动一步，都要张开嘴巴不住地喘气，真是困难极了。

这是在死亡线上的挣扎，它不得不拼命往前爬啊！因为小河干涸了，河滩上没有一滴水，如果不赶快爬上陆地，找到一个新的溪流和水池，一脑袋扎进水里，它就要被太阳无情地晒死。爬啊，只有拼命往前爬，才有希望找到新的生活环境。它可不是为了晒日光浴才爬到陆地上来的。鱼没有水，就只有死路一条了。

许多总鳍鱼在爬行中干渴死了，却有一些幸运儿终于取得了胜利，把种族延续下去；一代又一代的总鳍鱼上岸爬行，渐渐生长出适合在陆地上生活的器官：腹鳍里长出了强壮的肢骨，可以像脚一样爬行；头上长了鼻孔，可以呼吸空气，使自己不会很快干死。顽强的总鳍鱼，终于适应了陆地上的生活环境。

总鳍鱼上岸是一件了不起的大事。多亏了当时的环境变化，逼迫它爬上陆地，才开创了个新纪元，以后逐渐产生了各种各样的陆地动物。说起来，它很有可能是陆地上所有的脊椎动物的祖先呢！

古生物学家原来以为总鳍鱼在7000多万年前的白垩纪就绝灭了。想不到后来在非洲东南部的深海里，捞起了一条活蹦乱跳的总鳍鱼，把人们吓了一跳。噢，它还是一种大海里的"活化石"呢！

❷ 化 石 吟

最早的鱼儿怎么没下巴？

最早的鸟儿怎么嘴长牙？

最早登陆的鱼儿怎么没有腿？

最早的树儿怎么不开花？

逝去万载的世界可会重现？

沉睡亿年的石头能否说话？

长眠地下刚苏醒的化石啊，

请向我一一讲述那奇幻的神话。

你把我的思绪引向远古，

描绘出一幅幅生物进化的图画；

你否定了造物主的存在，

冰冷的骸骨把平凡的真理回答。

肉体虽早已腐朽化为乌有，

生之灵火却悄然潜行在地下，

黑色的躯壳裹藏着生命的信息，

为历史留下一串珍贵的密码。

时光在你脸上刻下道道皱纹，

犹如把生命的档案细细描画，

海枯，石烂，日转，星移……

生命的航船从太古不息地向现代进发。

复原的恐龙、猛犸仿佛在引颈长吼，

重现的远古林木多么葱茏、幽雅，

啊，你——令人叹服的大自然，

高明的魔法师，卓越的雕刻家！

逝去万载的世界又重现，

沉睡亿年的石头说了话。

长眠地下刚苏醒的化石啊，

你讲的故事多么令人神往、惊讶！

③ 地球诞生的故事

刘兴诗

地球是怎样诞生的？

从前，人们说得很神秘。有人说它是上天创造的，有人说它是被盘古一斧头劈开的，这些说法都不对。

人们抛开了神话，开始研究地球诞生的真正原因。各有各的说法，有的也非常稀奇古怪。

18世纪后期，德国哲学家康德和法国科学家拉普拉斯认为，宇宙太空中原本有许多尘埃，由于引力作用，它们渐渐凝聚成一些大大小小的尘埃团，围绕着同一个中心旋转，后来就变成了太阳、地球和它的行星兄弟们。

法国博物学家布丰也来凑热闹，他认为地球是太阳和一颗彗星碰撞后，飞溅到太空中的物质冷却形成的。

他这一说，又引出了许多异想天开的说法。有人说，20亿年前有一个巨大的星球，从太阳上吸起一大串东西，变成了地球和其他各大行星；有人摇头说，不是这样的，是那个星球在太阳正反两面吸起两股气流，后来慢慢凝聚形成了一连串的行星；还有人摇头说，他们都说错了，是那个星球飞过来，擦了一下太阳，把太阳碰得团团转，甩出许多物质，生成了地球和其他行星。

这样的灾变学说还有很多，一下子说也说不完。

1944年，苏联地球物理学家施密特说，地球和各大行星是太阳从太空中抓来的"俘虏"。太阳穿过一团浓密的星云，把这个星云里的物质俘获过来，围着自己团团转，就形成了这些行星。

天文学家戴文赛的看法和他的有些相似，又有些不一样。他认为太阳系原本是一团星云，在自身引力作用下慢慢收缩，星云中心形成了原始太阳，星云外部形成了星云盘。周围的尘埃逐渐凝聚成为许多星子，形成了地球及其他行星。

④ 蚊子和无痛注射针

杨其媛

蚊子叮人吸血不算，还会传播疟疾等疾病，害人不浅。那么，这种讨厌的害虫是不是一无是处呢？其实也不尽然，只要人类足够用心、足够聪明，就能够从哪怕是害虫那里学到有益于人类的东西。就拿蚊子来说，它们叮人时人通常感觉不到疼痛。这给科学家以启示，他们据此研制出一种无痛注射针用来造福人类。

同样是"打针"，护士手中的注射器令许多人心惊肉跳，但蚊子从开始叮人到"功成身退"，全程都不会给人带来疼痛感。这是为什么呢？一开始，科学家认为蚊子在吸血时分泌了某种麻醉物质，但他们做了大量实验也没有找到这种神秘的麻醉物质。

后来，科学家另辟蹊径，决定从"针头"，也就是蚊子的口器上寻找答案。他们利用高速运动摄像机拍下蚊子吸血时的情形，再把画面放大、放慢，一遍又一遍地观察、分析。最终他们发现，蚊子吸血时首先微微振动锯齿状的小颚（è）在人们的肌肤上打孔，再伸出针状的上唇吸血。终于找到真相了，原来蚊子"打针"不疼在于它们拥有精巧的口器结构和独特的吸血方法。科学家模仿蚊子的口器，用硅酮（tóng）研制出一种非常先进的无痛注射针。这种无痛注射针非常细，由宽仅15微米的"小颚"和直径不过30微米的"上唇"组成。微米是非常小的长度单位，1微米相当于1毫米的千分之一，人的头发的直径通常在70微米左右，也就是说，这种针比我们的头发还要细。使用无痛注射针时，不能直接往身上扎，而要像蚊子那样，先通过振动锯齿状"小颚"在皮肤上扎开极微小的孔，然后利用中空的针状"上唇"吸出血液或注入药液。

　　相比传统的注射针，使用新型无痛注射针的力度只需前者的1/3，创口也小了许多，带来的疼痛感自然大为减轻，这对广大患者来说无疑是个福音。科学家并没有就此满足，而是将继续深入研究，希望发明出可以与蚊子口器媲（pì）美，让人在不知不觉中打完针的超级无痛注射针。

活动一

　　这组文章不仅描写生动，而且语言很准确，请你试着找一找文章中表述生动准确的词语或句子，并把它们抄写下来。

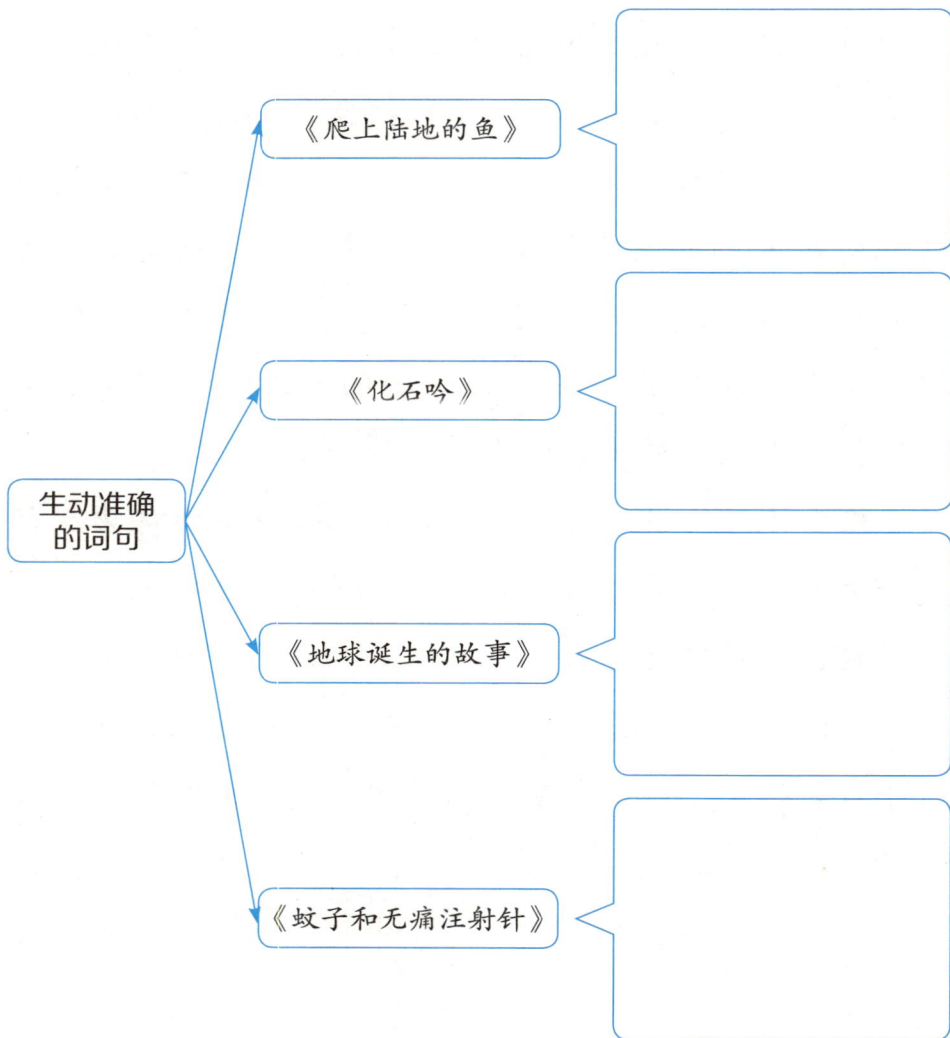

```
                                        《爬上陆地的鱼》  ┌──────────────┐
                                                        │              │
                                                        └──────────────┘

                                          《化石吟》      ┌──────────────┐
                                                        │              │
  ┌──────────┐                                          └──────────────┘
  │ 生动准确  │
  │ 的词句    │
  └──────────┘                            《地球诞生的故事》┌──────────────┐
                                                        │              │
                                                        └──────────────┘

                                        《蚊子和无痛注射针》┌──────────────┐
                                                        │              │
                                                        └──────────────┘
```

"学而不思则罔，思而不学则殆。"阅读文章后，请完成下表，梳理出文中所介绍对象的变化发展历程。

文章题目	探究对象	过程	结果
《爬上陆地的鱼》			
《地球诞生的故事》			
《蚊子和无痛注射针》			

活动三

"蚊子"和"无痛注射"看似毫无关联，科学家却能从蚊子身上得到启发，并发明了造福人类的无痛注射针，这是多么了不起啊！同学们，请展开联想和想象，把你想发明的物品写下来，可以说明它的样子及功能，注意用词的准确性。

我想发明的物品：

① 世界最高峰上的奇迹

叶永烈

一次综合性、多学科的科学考察，正在世界最高峰——珠穆朗玛峰进行着。

科学考察队古生物学考察小组的成员，在藏族翻身农奴的指点下，发现了两块化石：古代一种巨鸟或爬行类动物的脚印的化石，还有一种动物的脊椎骨化石。他们不畏艰险，跟踪追击，终于在悬崖上发掘到了三十来个蛋化石。其中一个被一种半透明、黄褐色、松香般的东西包住的蛋，特别引人注目。根据种种迹象，这窝蛋被初步断定为古代鸟类或爬行动物的蛋。不过，科学考察队员们最感兴趣的还是那只"松香蛋"。

"松香蛋"是怎么来的呢？据分析，情况可能是这样的：在一棵参天大树下，一个古代动物生了一窝蛋，从树上流出一大团

这里的"可能"一词可以删掉吗？作者为什么要用这个词？

树脂，把那个处于最低处的蛋团团包住，于是"松香蛋"就形成了。一检查，在整窝蛋中，那个"松香蛋"的确是处于地势最低的地方。

令人吃惊的是，用一种新的 X 射线——软 X 射线照射后，发现那"松香蛋"中还有一个非常完整的蛋黄。轻微摇动，那蛋黄也会轻轻晃动。这就是说，这个蛋由于外面包了一层"松香"，矿物质无法渗透进去，所以蛋的原状仍保持着——蛋壳内有蛋白，蛋白里还有蛋黄！

经过多学科综合考察和对有关文献资料的查阅，古生物考察小组提出了一个大胆的设想：也许能从这个"松香蛋"中孵化出古代动物来！

这里的"也许"表示猜测、设想，结果不敢确定，说明作者用词是相当准确的。

一场会战开始了。玉石雕刻厂的一位女士，像在琥珀上精雕细刻那样，打开了"松香"外壳，取出了一个光洁、青灰色的蛋。紧接着，孵鸡场的老农花了整整二十一天的时间，从蛋中孵化出了一个相貌古怪的动物：长头颈、大屁股、小脑袋，既像鸭子又不完全像鸭子——它浑身上下光秃秃，没一根羽毛，却拖着一根又长又细又圆的尾巴，长着四条短腿。根据对化石的研究和对动物外形的观察，考察队员断定它是一只小恐龙，还是一种过去从未发现过的新恐龙。于是，它被命名为"珠穆朗玛恐龙"。有人又给它取了个小名儿，叫作"朗朗"。

古生物考察小组的向导——一位藏族解放军战士自告奋勇地担任了饲养员。可是朗朗既不喜欢喝牛奶，对猪肉、鸡蛋、面包、米饭、大豆、饼干、竹笋和水果也不理不睬。看来，朗朗有可能喜欢吃海鲜。一试验，果然灵验，朗朗吃起海鱼、海虾、海带和紫菜来津津有味。吃着这些海鲜，朗朗长得很快，不到半个月，就长成水牛那么大。

可是，后来朗朗仿佛生病了，整天躺着不动，精神萎靡不振。有关同志和兽医进行了会诊，朗朗一切正常，它的病可能是水土不服产生的。这时，担任饲养员的藏族解放军战士提出：朗朗的脚像鸭脚那样趾间有蹼，说明它喜欢在水里游动；而且它又爱吃海鲜，会不会它本来就是生活在海洋中的？

研究人员总是不停地对研究对象进行提问、推测和求证，一步步地进行论证，从而证实自己的观点。

朗朗在海中果然如鱼得水，非常自在，一点病态也没有了。过了三个月，它变成了一个庞然大物，体重估计有近一百吨。

过去，人们只是依靠化石来推断恐龙的形象和习惯，现在研究工作者就可以直接对朗朗进行观察了。过去，人们总以为恐龙是陆生的，顶多只是喜欢泡在淡水湖泊中，现在朗朗的出现告诉人们，有的恐龙喜欢生活在海中。海水的密度比淡水大，海水的浮力也比淡水大，这就为巨型珠穆朗玛恐龙提供了适宜的环境。

然而，珠穆朗玛恐龙既然是海生的，那么它的蛋怎么会产在海拔八千多米的世界最高峰上呢？地质学考察小组的调查研究说明，珠穆朗玛峰地区本来并无高山，倒是一片海洋——喜马拉雅古海。珠穆朗玛恐龙就生活在这古海中，朗朗正是"山原是海，海变成山"的活见证。

朗朗活了两年多就死去了。这表明恐龙虽大，但由于消耗大，寿命并不长。朗朗死后，恐龙又在世界上绝迹了。

其实，这是一篇科幻小说。作者的想象力是不是很丰富？你也可以试着根据科学事实，发挥想象，创作一篇自己的科幻小说。

② 蜘蛛比人类还能吃①

陈华燕

人类处于食物链的顶端，简直是无所不吃，但说起吃的能力，不起眼的蜘蛛竟可以瞬间把人类比下去。瑞士和瑞典的科学家研究发现，全球的蜘蛛每年可吃掉4亿～8亿吨猎物，比人类有过之而无不及。研究人员通过分析65项已发表的研究的数据，首次估算出地球上7种生物群落(森林、草地、灌木地、农田、沙漠、城区和极地苔原地带)里的蜘蛛总质量约为2500万吨。大多数蜘蛛出现在森林、草地和灌木地，而农田、沙漠、城区和极地苔原地带依序次之。

接着，研究人员通过两种简单的方法来估算全球的蜘蛛一年能够捕食多少猎物。第一种方法是基于大多数蜘蛛每单位体重所需的食物量和各个生物群落每平方米的蜘蛛估计数量。第二种方法是基于野外观察到的蜘蛛捕食量和各个生物群落每平方米的蜘蛛估计

① 本文选自《科学画报》。

数量。

这两种方法估算的结果是，全球的蜘蛛每年捕食的猎物质量达4亿～8亿吨。4亿～8亿吨是什么概念？研究人员提供了

通过列数字和做比较，形象地说明了蜘蛛每年的捕食量是多么巨大，我们也更清楚地理解了第一段中所说的"瞬间把人类比下去"的意思。

一个直观的比较：人类每年消费的肉类（含鱼类）约为4亿吨，所有鲸类每年吃掉2.8亿～5亿吨食物，而所有的海鸟每年也就吃掉鱼类等食物7000万吨左右。根据估算，森林里和草地上的蜘蛛的捕食量占到全球所有蜘蛛年捕食量的95%。

全世界目前已知的蜘蛛约45000种，它们主要捕食各种昆虫等节肢动物。蜘蛛的巨大捕食量说明，蜘蛛是有害昆虫的重要天敌，对调控各类昆虫的种群密度有至关重要的作用。基于昆虫种类占地球所有已知物种超过50%的事实，蜘蛛对维持自然的生态平衡有实质性的贡献。

另外，这项研究发现，栖息在自然和半自然生境的森林和草地里的蜘蛛捕食的猎物量远比其他生物群落多，而农田蜘蛛的捕食量相对较小，因为过度管理的

农田不适合蜘蛛栖息。因此，如何改善农田环境以利于蜘蛛的栖息繁衍，从而提高蜘蛛对农田害虫的自然控制效果，这应该是科学家努力的研究方向。

阅读链接

猜谜语

小小诸葛亮，

独坐军中帐。

摆下八卦阵，

专抓飞来将。

3 在外星农场种地[1]

百 川

如果人类在月球和火星定居，该怎样解决吃饭问题呢？早期当然可以从地球运输食物，但这终究不是长久之计。最近一项研究指出，解决方案就在脚下：未来月球和火星上的移民可以直接用月球和火星的土壤来种植作物。

研究人员用三种土壤进行了作物种植实验，分别是普通的盆栽土、模拟的月球土和模拟的火星土。他们模拟的是第一代作物收获之后，再次种植的第二代作物的生长情况，以此考察月球和火星上的农业生产能否持续发展下去。

研究人员用切碎的黑麦草模拟第一代作物留下的有机质，将其与贫瘠的模拟土混合。同时，每个星期

文章用问句开头，设置悬念，吸引读者迫不及待地往下读。这是一种很好的写作方法。

---

[1] 本文选自《科学画报》。

向混合物中加入人类的排泄物——对外星农场来说，这是既方便又经济的肥料。研究人员种植了多种作物，包括黑麦、藜麦、萝卜、番茄、水芹、菠菜、芝麻菜、豌豆、各种葱等。结果显示：菠菜明显"水土不服"；葱类长势平稳，但速度较慢；藜麦虽然开了花，但没能结籽；而萝卜、黑麦、番茄、豌豆长得不错，长出了果实，结了籽。

让人惊喜的是，模拟土中长出的萝卜、水芹和黑麦的种子成功地发了芽。这表明，这些作物有望在月球和火星上一代代繁衍下去。

研究人员发现，地球土壤和模拟火星土所产出的生物量差不多，但模拟月球土产出的生物量低得多。看来，要想在月球上种植作物，人们需要对土壤做更多改造才行。

研究人员承认，他们进行的只是初步研究，排除了许多在月球和火星上种植作物的限制性因素；但是，他们的研究向人们展示了发展太空农业的可能性。团队的负责人说："当看到'火星土壤'中长出来的番茄变红时，我们激动极了。这意味着我们朝着可持续的农业系统又迈进了一步。"

要想在月球和火星上吃到新鲜蔬菜和水果，除了利用土壤种植，还有很多方法。例如：水培，也就是直接用水种植作物；还有气雾栽培，即用含有养料的气雾

阅读文章后，你有什么不理解的问题？尝试提出问题，并和同学们讨论一下吧！

栽培作物。不过，这两种方法需要将大量的基础设施、仪器和原材料运到月球和火星上，不仅会占用飞船上宝贵的空间，也需要不少的费用。如果能够在月球和火星上实现农业的可持续发展，人们就能轻装上阵，只需要带上各种作物的种子就可以了。

阅读链接

月球是环绕地球运行的天然卫星，本身不发光，因反射太阳光才被看见。月球的直径约为地球的1/4，质量为地球的1/81.3。月球南北两极可能有固态冰，但表面无液态水。基本上没有大气，故月面温度变化急剧，赤道处中午127℃，晚上最低达−183℃。

④ 意想不到的恐龙秘事（节选）

黄　慧

第一只恐龙是个小矮子

如果我们回到霸王龙、三角龙、梁龙还活着的时候，那么我们只能躲在黑暗的角落里生活，因为和这些恐龙比起来，我们太矮小了。但是如果这些恐龙的祖先来到现在，那么它们见到人类恐怕要绕道走了，因为它们可能比人类小很多——只有猫那么大！

目前始盗龙被认为是古老的恐龙之一，而在始盗龙出现之前还有一种被称为"恐龙形态类"的动物，其中包括生活在2亿多年前和猫差不多大的兔蜥。科学家认为恐龙形态类动物与原始恐龙之间有着密切的关系，它们的外形和大小应该非常相似。这是不是很让人惊讶？高大恐龙的祖先居然只有猫那么大！

恐龙的体温很复杂

晒太阳，体温升高，在冰天雪地里，体温骤降，这就是冷血动物，如蜥蜴、蛇等。而像人类这样的哺乳动物，体温就比较恒定，属于温血动物。那么，恐龙是冷血动物还是温血动物？这个问题科学家们争论了很久，但答案最终也没能统一。后来一些科学家又说，恐龙可能是中温动物。现代的金枪鱼、棱皮龟就属于中温动物，这种动物能利用体内能量控制体温，但不能像哺乳动物或鸟类那样保持体温恒定不变，当周围的温度骤降时，它们的体温也会随之有所变化。这就是说，恐龙的新陈代谢介于冷血的爬行动物和温血的鸟类之间。

这样的争论还会持续下去，不过我们也可以猜测一下，不同恐龙的体温会不会是不一样的？

最初的恐龙翅膀只是摆设

大多数恐龙的外皮都像鳄鱼或者蜥蜴一样，只有少数才像恐爪龙一样有羽毛。奇怪的是，长羽毛、有翅膀的恐龙居然不会飞，那么，它们带羽毛的翅膀是做什么用的？

起初恐龙身上长的是毛发，就像我们的头发一样，但是更粗，这可能起了保暖的作用。之后一些小型的食肉恐龙身上的毛发进化成了更宽的羽毛状，渐渐地变得像现代鸟类身上的羽毛。这些羽毛长在恐龙的双臂和腿部，后来双臂进化成了翅爪（长着爪子的翅膀）。不过，这些恐龙的翅膀还是不足以让它们飞起来，比如似鸟龙就飞不起来。所以恐龙有羽毛的翅膀只是吸引异性和吓唬敌人的工具。

恐龙会飞实属偶然

在侏罗纪中晚期，一些赫氏近鸟龙在树上活动，它们从一根树枝跳到另一根树枝上，突然有一天它们发现自己的翅膀扑扇时，居然能让自己长时间保持不落下地面，还能从树上滑翔到地面。经过长期进化，它们学会了飞行，将活动领域扩展到了空中。科学家猜测会飞的恐龙可能就是这样偶然进化来的。

恐龙的叫声不威猛

恐龙对着我们大吼，我们的耳朵会不会被震得嗡嗡响？可能不会。科学家通过扫描副栉龙的头骨，模拟出了这种动物的叫声，结果发现，副栉龙的喉咙和鼻子居然和它们头上那个奇怪的头冠是相连的。当它们想发出声音时，会让空气在头冠、鼻子和嘴巴之间流动，然后制造低频的"隆隆"声，这个声音我们听不到。

霸气的霸王龙的叫声总该很大了吧？科学家认为，大型恐龙可能不像人类一样有声带，它们的发声器官可能更像鸟类，所以它们平时可能闭着嘴，通过肺部的压力使脖子一鼓一鼓地发出"咕咕"的叫声。如果真是这样，那么愤怒的霸王龙再怎么大声叫，也只能发出"咕咕"声。

庞然大物居然只发出"咕咕"声，真是意想不到。

霸王龙的小手臂

成年霸王龙能长到 13 米，是高大威猛的食肉机器，但是它们的前肢却比一个成年人的身高还短，看起来很不协调。霸王龙的小短手是做什么用的？

霸王龙的前肢虽然很短，但是强壮有力，它们应该有特殊的用途，不然早就被淘汰了。有人认为它们短小的前肢在捕猎和对抗敌人时，能更灵活地控制对手；也有人认为，它们短小的前肢可以让它们在交配时更好地抓住配偶；另外，短小的前肢更便于将食物送入口中。

不过现在还没有最终的答案，也许在不久的将来，通过先进的计算机模拟，我们能发现这个霸王龙短小前肢作用的小秘密。

慈母龙家里的小秘密

慈母龙是一种很有爱的恐龙，科学家发现慈母龙很会规划建巢用地，它们会成群居住在一个地方，但是它们的巢穴之间会留出约7米见方的空地。这些空地是做什么用的呢？原来，这是为它们的后代留出的建巢地。它们的后代长大之后会在这些空地上建新的巢穴。

恐龙也会为自己的后代留出建巢地，难怪叫"慈母龙"。

另外，慈母龙的孵蛋方式很特别，它们在巢中放上一些植物，小慈母龙可能就是借助这些植物腐烂产生的热量孵出来的。所以相比于现代的鸟类，成年慈母龙即使在恐龙宝宝的孵化期，也有更多的自由时间。

最聪明的恐龙

恐龙虽然很大，但是它们看起来笨头笨脑的，那么最聪明的恐龙是哪一种？

伤齿龙被认为是最聪明的恐龙，伤齿龙的聪明主要表现在它们的捕猎方式上。霸王龙很厉害，但它们有时候也抓不到猎物，只能饿着肚子，因为它们通常单独作战。伤齿龙就不一样了，它们成群捕猎，互相配合。可以说，在伤齿龙的团队作战面前，没有一种动物能逃脱。此外，伤齿龙有不少特别之处，它们的爪子比人类的手指还灵活，牙齿像刀一样锋利，而且它们还有一双大眼睛，这说明它们可能具有夜视的能力，它们不局限于白天打猎，夜晚或许更是它们捕猎的良机。

混在恐龙堆里的假恐龙

翼龙用了1亿多年的时间才在天空占据主导地位。它们通常被认为是会飞的恐龙，但严格来说，翼龙并不是恐龙。翼龙是已知的最早进化出飞行能力的爬行动物，会飞的爬行动物这个身份让它们很特别。

首先，翼龙虽然被归于爬行动物，但它们是最不像爬行动物的爬行动物。为了适应飞行的需要，它们进化出恒定的体温，拥有较高的新陈代谢水平、发达的神经系统以及高效率的循环和呼吸系统。

其次，作为会飞的动物，翼龙与现代鸟类、蝙蝠这些会飞的动物竟然没有半点关系。翼龙没有真正的翅，体形比较大，因此不能灵活飞行，只能滑翔。在陆地上行走时，它们也与其他飞行动物很不同，它们通常用后肢和与翅膀相连的前肢四足爬行。想象一下，一只有翅膀的动物四脚着地爬行是不是很奇怪？

阅读链接

　　霸王龙也称"暴龙"。古爬行动物。牙齿锐利，具有超强的咬合能力。成年霸王龙体长约12~15米，重约6~8吨，为已知最大的食肉恐龙之一。在白垩纪晚期，几乎没有可与之抗衡的动物。

5 大象和绵羊能成为好朋友吗？

黄　慧

　　动物能认识"脸"吗？ 能，但不全都靠看"脸"。灵长类动物、昆虫可以看"脸"辨识其他个体，小象却是通过闻气味来辨认，有些动物还靠听对方的声音来辨别。

小象遇上绵羊

　　在南非的一个保护区内，野生动物救助人员发现了一头失去妈妈的小象，它只有 6 个月大。被发现时，它已经有 7 天没喝奶了。在野外，小象至少要喝两年母乳，而且在妈妈的保护下才能存活。救助人员把小象带回野生动物康复中心，但是它并不领情，躲在角落里，拒绝喝奶。救助人员决定为它找个伙伴，希望能让它振作起来。由于找不到其他大象，又鉴于曾有绵羊成功帮助过犀牛，于是他们找来了绵羊艾伯特。

　　看到艾伯特，小象很兴奋，不断追逐它。大象天性喜欢玩耍，经常互相追逐和推挤，这是它们交流感情的一种方式，就像我们和朋友玩游戏一样，这种行为能增进象群的团结。绵羊艾伯特对小象也很好奇，不到一天的时间，它们就偎依在一起休息，小象也第一次喝下了人类给它喂食的牛奶。

为了让小象能适应野生的生活，救助人员让它到野外散步、自己觅食、到泥坑"洗澡"。而艾伯特就像跟随羊群的羊一样跟着它，甚至一改绵羊不喜欢长途跋涉、只吃草的喜好，陪着小象散步、吃刺槐、在土里和泥里打滚，它们成了形影不离的好朋友。

是友谊还是互利

跨物种友谊并不罕见，比如，狗就是人类的好朋友。那么，动物会因为感情结交朋友吗？科学家对大鼠、山羊和狒狒等做过研究，发现它们可能也有感情，比如狒狒妈妈的孩子死了，狒狒妈妈也会悲伤。但科学家认为，动物的友谊可能并不是因为感情产生的，在特定的环境中，不同物种的动物会因为"互惠互利"，组成"联盟"。比如，狗帮助人类打猎、看家护院、陪伴主人，而人类为它们提供食宿和照顾，这使人类和狗的友谊得以维系。而在陌生的环境中，动物们会表现出紧张、压力大，处于这种环境的不同物种的动物会互相依赖以获得安慰，就像我们玩游戏时，为了完成任务，与陌生人组队一样。小象失去妈妈，绵羊从羊群中被带走，对于它们这些生活在群体中的动物来说，离开群体会使它们恐惧，因此它们看到其他动物时，即使不是同类，也会把对方当成依靠。

当然，动物找朋友也不随便，就像我们可能感觉和某个人更投缘，它们也会选择朋友。

《十万个为什么》

[苏联]米·伊林

推荐语

　　《十万个为什么》是家喻户晓的儿童科普文学作品，内容丰富多彩，堪称"小百科全书"，深受广大青少年的喜爱。本书将屋子内部分成六站，每到一站都会针对一些常见的事物提出问题，并用生动活泼的语言，深入浅出地将生活中的小秘密逐一道破。书中一个个新奇的知识，会让你感受到世界的五彩缤纷与千变万化。这是一本让你开阔视野、增长知识的科普读物。

　　如果你想知道水的秘密，如果你想了解火的作用，如果你在生活和学习中遇到疑问或难题……那就看看这本书吧！相信书中一定有你想要的答案！

作者简介

　　米·伊林是中国读者十分熟悉的苏联著名作家。他从小酷爱读书，喜欢大自然，喜爱科学实验。童年时期曾仔细观察和研究蚂蚁的生活情况，观察天空和星象。这一切，为他日后用文艺的手法、诗一般的意境创作科普作品打下了基础。他的代表作有《十万个为什么》《不夜天》《黑白》《自动工厂》等。米·伊林的作品作为优秀科普作品的典范，不仅对苏联科普文学做出了卓越的贡献，而且对中国作家的科普创作产生了很大的影响。

内容梗概

　　《十万个为什么》是一本科普书，内容包罗万象，融汇古今。在书中，作者提出了许多看似简单，却不那么容易回答的问题。比如：为什么我们要吃肉？什么材料最坚固又最不坚固？有没有硬的液体？不碎的玻璃是什么样的？这些小问题深深地吸引了作者，也会引起我们的深思。

　　这本书不仅内容有趣，语言也非常生动。作者以"为什么"的形式提出问题，用通俗生动的语言将抽象、深奥、枯燥的科学知识形象而浅近地表达了出来。

精彩片段

为什么穿上冰刀不能在地板上滑行？

　　我们总是会问："穿上冰刀为什么不可以在地板上滑行呢？"可能有人会说："原因是冰又滑又硬，但地板却不是很硬很滑。"但有一种又滑又硬的石板地，冰刀还是无法在上面滑行。

　　其实我们在滑冰的时候，脚下的冰会因为冰刀的压力融化，就会有一层水出现在冰刀和冰之间。这层水就是润滑剂，削弱了冰刀与冰之间的阻力。因此，我们可以在冰上滑行，而不能在地板上滑行。

一样的道理，冰川可以从山上滑下来。那是由于在冰的压力之下，和地面紧挨着的一层冰融化了，这样冰川就会从山坡上滑下来，仿佛你的冰刀可以在溜冰场上滑冰一样。

有没有不透明的水和透明的铁？

我们见到的水都是透明的，因为我们见到的只是薄层的水。海洋的深层是完全漆黑的，因为阳光不能透过那么厚的水。

事实上，不只薄薄的一层水是无色透明的，在所有物质中取一薄层，都像水一样透明，厚层的物质就不透明了。就拿我们生活中的透明玻璃来说，从它的侧面看过去，它就是不透明的。

有位科学家曾经做了一个实验。他做出了一片厚度仅仅有十万分之一毫米的铁片，这片铁片就像水一样无色透明。透过它，甚至能看清楚书页上最小号的字母。

后来，科学家也利用其他金属做出了这种无色透明的薄片。

怎样使肥皂泡工作?

我们应该记得洗衣服时总会用到一样东西，如果没有它，你就不能洗掉衣服上的污渍。这样东西到底是什么呢？它就是肥皂。

如果我们不用肥皂来洗衣服，一定不能把衣服洗干净。肥皂是污渍的敌人，就拿烟炱来说吧，它很不容易被洗掉。烟炱是一种非常小的颗粒，它有着很不规则、不平整的边缘。如果它钻进皮肤的纹理中就难以清除掉，但如果你用肥皂好好洗一下，肥皂泡就会向着烟炱小颗粒冲过去，连拉带拽地把它们从凹进去的纹理中拉出来。肥皂是如何做到这些的呢？

我们来探讨一下。泡沫多的肥皂与泡沫少的肥皂相比，哪一个洗衣服更干净呢？事实证明，用泡沫多的肥皂洗衣服更干净。由此证明衣服洗干净的程度在于泡沫的多少。

肥皂的泡沫可以把东西洗干净，那泡沫又是由什么组成的呢？

让我们好好观察一下肥皂的泡沫吧。这些泡沫是由无数个细小的肥皂泡组成的，这些小肥皂泡是被一层水膜包着的小空气球。就是这些小肥皂泡带走了烟炱颗粒。肥皂泡吸附着烟炱颗粒，一起被水冲掉了。

矿厂受到了肥皂泡的启示，就把这种方法用在选矿上。矿石和废石放到水中都会下沉，但如果把它们磨碎后放进泡沫里，粉末就会悬浮起来。小泡沫有很大力量，它能够让矿石和废石的粉末都浮到水面上，而废石颗粒不会一直悬浮在泡沫上，矿物颗粒却长时间地浮在泡沫上。因此，最后在水面上的就只有矿物颗粒。利用泡沫很容易就能把矿石和废石分开。

这也正是肥皂泡可以洗干净衣服的原因，同时这个原理也被聪明的人利用到其他行业之中。

水能不能炸毁房屋？

水看起来非常洁净、温柔，但我们却总是碰到水如同炸药一样爆炸的情况。换句话说，如果我们不好好处理的话，水的威力甚至比炸药更厉害。

有一次，水将一座五层高的楼房炸毁了，还炸死了23个人。怎么会发生这种事呢？原来有一个工厂建在这座大楼里。楼的底层有一个锅炉，锅炉很大，可以盛很多水。这次，锅炉工没有及时添水，导致锅炉里几乎没有水了，但炉子仍继续烧着火，此时锅炉壁已经被烧红了，锅炉工才忙着往锅炉里添水，冷水刚碰到烧得火红的锅炉壁就汽化成了水蒸气，因此，锅炉内聚集了非常多的水蒸气，锅炉壁承受不住这么大的压力，于是爆炸就发生了。

更严重的事也发生过。德国曾经有 22 个蒸汽锅同时爆炸。周边的房屋几乎全部被炸毁，有的蒸汽锅的碎片被炸到了距离爆炸地点 500 米以外的地方。由此可见水的威力真的不容小觑！

其实，在我们日常生活中，每天都会有几千个蒸汽锅爆炸，只是这种爆炸都很小，不那么可怕罢了。我们也常常会听到炉子里的劈柴发出噼里啪啦的声音，这就是劈柴中的水遇到高温变成水蒸气，冲破木头纤维而发出的声音。干透的劈柴在燃烧的时候是没有噼里啪啦的声音的。

（选自《十万个为什么》，南方出版社。译者田珍。）

阅读小贴士

　　阅读像《十万个为什么》这样的科普作品，你可能会遇到一些不理解的科学术语。这时候要运用学过的方法，试着去理解。对于个别不理解的内容也不必停止阅读，也许读完文章你就会豁然开朗。

　　读完后可以想一想：这本书讲得有道理吗？关于这个问题，有什么新的研究成果吗？可以查阅相关资料辅助阅读，这样会让你更深入地理解文中讲到的知识。

我伴你读

活动一　完成阅读计划表

阅读整本书需要长时间坚持。为了能坚持读完、读好《十万个为什么》，让我们列一张阅读计划表（如下表），对自己的阅读情况进行记录和评价吧。

阅读时间	阅读内容	自我评价
月　日		☆ ☆ ☆
月　日		☆ ☆ ☆
月　日		☆ ☆ ☆
月　日		☆ ☆ ☆
月　日		☆ ☆ ☆
月　日		☆ ☆ ☆
月　日		☆ ☆ ☆
月　日		☆ ☆ ☆
月　日		☆ ☆ ☆
月　日		☆ ☆ ☆

自我评价：
每天准时阅读：★☆☆　　完成阅读任务：★★☆
圈画批注摘录：★★★

活动二　发现生活中的奥秘

作者米·伊林在屋里走一圈，就发现了这么多的问题，生活中的奥秘真不少。你一定也有很多问题吧？选择 5 个问题写下来吧！

活动三　解答趣味问题

　　你真是一个善于思考的好孩子，选择"活动二"中你最感兴趣的一个问题，尝试通过观察、实验、查资料、请教别人等方式解答疑问，并把你对这个问题的解答写下来吧！

我的问题：

我的解答：

敬 启

　　为编好这本书，我们与收入本书的作品（含图片）作者进行了广泛联系，得到了各位作者的大力支持。在此，我们表示衷心的感谢。但是，由于个别作者地址不详，虽经多方努力，仍无法取得联系。敬请各位有著作权的作者尽快与我们联系，以便我们支付稿酬，并致谢忱！

　　我们还要感谢使用本书的师生们。希望你们在使用本书的过程中，能够及时把意见和建议反馈给我们，对此，我们深表谢意，并将给予一定奖励。让我们携起手来，共同完成本书的建设工作。

联 系 人：梁老师　刘老师

联系电话：010-58022100-6362

联系邮箱：ztxx2008@sina.com

网　　址：http://www.ywztxx.com

地　　址：北京市海淀区知春路7号致真大厦A座18层

图书在版编目（CIP）数据

探索与发现 / 李凤君主编. — 上海：上海教育出版社, 2021.12

ISBN 978-7-5720-0810-8

Ⅰ.①探… Ⅱ.①李… Ⅲ.①阅读课—小学—教学参考资料 Ⅳ.①G624.233

中国版本图书馆CIP数据核字（2021）第260866号

本书部分文字作品的版权由中国文字著作权协会代理及转付稿酬，电话：010-65978917，传真：010-65978926，E-mail：wenzhuxie@126.com

责任编辑　李光卫
封面设计　陈丽娟　王艺霖
著作权人　北京华樾教育科技有限公司

探索与发现

李凤君　主编

出版发行　上海教育出版社有限公司
官　　网　www.seph.com.cn
地　　址　上海市闵行区号景路159弄C座
邮　　编　201101
印　　刷　河北泓景印刷有限公司
开　　本　720×1010　1/16　印张 36
字　　数　400千字
版　　次　2021年12月第1版
印　　次　2021年12月第1次印刷
书　　号　ISBN 978-7-5720-0810-8/G·0626
定　　价　168.00元（全四册）

如发现质量问题，请向本社调换　　　021-64373213

探索与发现

TANSUO YU FAXIAN

主 编　李凤君

2

上海教育出版社
SHANGHAI EDUCATIONAL
PUBLISHING HOUSE

编 委 会

总 主 编 崔峦

主 　 编 李凤君

编　委

刘　珂　　马学军　　刘冰冰　　宋道晔　　江锡琴

王在英　　安　永　　万　静　　李凤君　　孙传文

王传贤　　黄学慧

编写人员

孙传文　　成莲莲　　赵先锋　　孙广林　　韩秋良

李翠芝　　王纪学　　张　娟　　纪海龙　　刘召亮

刘冰冰　　姚　焰　　张　莉

广泛阅读，可以提高阅读理解力；

广泛阅读，可以丰富知识，开阔视野；

广泛阅读，可以提升思维力、鉴赏力；

广泛阅读，可以促进人的精神成长。

新编的读本，包括古诗文经典诵读、优秀作品专题阅读和整本书阅读，是落实课内外阅读一体化的优质资源。

捧起这套读本读起来，你会越来越享受阅读，你的一生一定会因为阅读而精彩！

崔峦

用阅读滋养你的心灵，让你变得聪明善良、独特、宽广，更富智慧和创造力。

谢倩霓

发现美，学会爱，表达自己。在阅读和写作中不断进步！

王一梅

阅读是开启美好人生的钥匙

赵丽宏
庚子九月

为自己读书
为美好读书

肖复兴
庚子立冬

读经典的书
做优秀的人

陈苏

幻想，从现实起飞

刘岳军

目录

经典诵读

专题阅读一

组文阅读

自由阅读一

自由阅读二

专题阅读二

动物朋友

范文阅读

组文阅读

自由阅读

整本书阅读

　　古诗文彰显了中华优秀传统文化的博大精深和源远流长，其中不乏以花鸟虫鱼为吟咏对象的经典作品。诵读以下几篇古诗文，感受其抑扬顿挫的韵律、精简凝练的语言、高雅不俗的情趣、深刻精辟的哲理，并用心体会作者借助这些花鸟虫鱼抒发了怎样的感情。

1 咏 蚕①

［唐］蒋贻恭

辛勤得茧不盈②筐，

灯下缫丝③（sāo）恨更长。

著④（zhuó）处不知来处苦，

但贪衣上绣鸳鸯。

注 释

① 本诗选自《全唐诗》。作者蒋贻恭于唐末入蜀，并曾任大井县令。
② 盈：满。
③ 缫丝：把蚕茧浸在热水中，抽出蚕丝。
④ 著：穿衣。

译 文

　　辛辛苦苦地养蚕，所得的蚕茧还装不满一筐；深夜里剥茧缫丝，心中的恨意比丝更长。那些身穿绫罗绸缎的富贵人家，不知道养蚕缫丝是多么辛苦，他们只知道一个劲儿地贪恋绣在衣服上的鸳鸯图案。

② 鹭鸶

[唐] 郑谷

闲立春塘烟澹澹，
静眠寒苇雨飕飕^①。
渔翁归后汀沙^②晚，
飞下滩头更自由。

注释

① 飕飕：这里形容雨声。
② 汀沙：沙汀，指水边或水中的平沙地。

译文

　　春天里，鹭鸶时而悠闲地站立在烟波迷蒙的池塘边上，时而静卧在冷雨飕飕的寒苇丛里。渔翁回去后沙汀上雾色苍茫，鹭鸶又在无人来往的滩头自由自在地飞上飞下。

③ 北陂^①杏花

bēi

［宋］王安石

一陂春水绕花身，

花影^②妖娆各占春。

纵^③被春风吹作雪，

绝胜^④南陌^⑤碾成尘。

注 释

① 陂：池。这里指池边或池中小洲。
② 花影：花枝在水中的倒影。
③ 纵：即使。
④ 绝胜：远远胜过。
⑤ 陌：指道路。

译 文

一池春水多情地护绕着杏林，粉白色的杏花和水中的花影相映成趣，各以其风姿平分着春色。即使被春风吹得像雪花那样飘落在清澈的春水上，也胜过南边道路上的杏花凋落后被车轮马蹄碾成尘土。

4 鹦鹉

[明] 方孝孺

幽禽①兀自②啭佳音，

玉立雕笼万里心。

只为从前解言语，

半生不得在山林。

注 释

① 幽禽：这里指鹦鹉。
② 兀自：仍旧，还是。

译 文

　　被幽禁的鹦鹉仍然发出悦耳的鸣叫声，在雕饰的笼中亭亭玉立，心里却想着万里长空。只因为从前会说话，懂得人们的言语，所以被锁在笼中，后半生不能在山林中自由地生活。

扫码收听朗诵音频

⑤ 玄鸟①（节选）

《诗经》

天命玄鸟，

降而生商②，

宅③殷土芒芒④。

古⑤帝⑥命武汤⑦，

正⑧域彼四方。

注 释

① 玄鸟：燕子。燕色黑，故名玄鸟。

② 商：指商的始祖契。

③ 宅：居住。

④ 芒芒：同"茫茫"，广大的样子。

⑤ 古：从前。

⑥ 帝：天帝。

⑦ 武汤：指成汤，有武功，故称武汤。

⑧ 正：同"征"。

译文

　　天帝命令玄鸟，到人间生下商的始祖，居住在广阔无边的殷地。从前天帝命令武王成汤，征伐天下拥有四方。

6 翠鸟移巢

[明] 冯梦龙

翠鸟先高作巢以避患^①，及^②生子，爱之，恐坠^③，稍下^④作巢。子长羽毛，复^⑤益^⑥爱之，又更下巢^⑦，而人遂^⑧得而取之^⑨矣。

注释

① 避患：避免灾祸。患，灾祸。

② 及：到了……的时候。

③ 坠：落，掉下。

④ 稍下：稍微低一点。

⑤ 复：又，再。

⑥ 益：更加。

⑦ 下巢：把窝做低。

⑧ 遂：于是，就。

⑨ 之：指翠鸟的孩子。

译文

翠鸟先是把巢筑得高高的以避免祸患，等到它生了小鸟，翠鸟特别喜爱它们，唯恐它们从树上掉下来，就把巢筑得稍稍低了一些。等小鸟长出了羽毛，翠鸟更加喜爱它们了，又把巢筑得更低了一些，于是人们就把小鸟捉住了。

诗韵飘香

诗歌蕴含着诗人丰富的想象，浸染着诗人真挚的情感，以独特的艺术魅力使人沉醉。诵读现代诗歌，让我们徜徉于诗歌的海洋，体会其中的真情和温暖，感悟语言的魅力和人生的哲理。

① 飞鸟集（节选）

［印度］泰戈尔

1

夏天的飞鸟，飞到我窗前唱歌，又飞去了。

秋天的黄叶，它们没有什么可唱，只叹息一声，飞落在那里。

诗人把小鸟和落叶的形象表现得多么自然、清晰呀！

6

如果你因失去了太阳而流泪，那么你也将失去群星了。

这句富含哲理的诗，告诉我们要用乐观的态度看待失去的东西。

16

我今晨坐在窗前，世界如一个过路的人似的，停留了一会儿，向我点点头又走过去了。

160

雨点吻着大地，微语道："我们是你的思家的孩子，母亲，现在从天上回到你这里来了。"

（郑振铎　译）

阅读链接

《飞鸟集》是印度诗人泰戈尔的代表作之一，是一部富有哲理的格言诗集。共收入325首诗。郑振铎在翻译完《飞鸟集》后，形象地指出，这部作品"像山坡草地上的一丛丛的野花，在早晨的太阳光下，纷纷地伸出头来。随你喜爱什么吧，那颜色和香味是多种多样的"。

② 睡吧，小小的人

"睡吧，小小的人。"
明明的月照着，
微微的风吹着——一阵阵花香，
睡魔和我们靠着。

"睡吧，小小的人。"
你满头的金发蓬蓬地覆着，
你碧绿的双瞳微微地露着，
你呼吸着生命的呼吸。
呀，你浸在月光里了，
光明的孩子，——爱之神！

"睡吧，小小的人。"
夜的光，
花的香，

"睡吧，小
小的人"反复出
现了五次，形成
了鲜明的节奏，
多读几遍，感受
诗歌的韵律之
美。

母的爱，
稳稳地笼罩着你。
你静静地躺在自然的摇篮里，
什么恶魔敢来扰你！

"睡吧，小小的人。"
我们睡吧，
睡在上天的怀里：
他张开慈爱的两臂，
搂着我们；
他光明的唇，
吻着我们；
我们安心睡吧，
睡在他的怀里。

"睡吧，小小的人。"
明明的月照着，
微微的风吹着——一阵阵花香，
睡魔和我们靠着。

3 绿 叶

朦胧中一个个虚点，

茸毛与脉络那样纤细，

在春天的调色板上，

飘落雨水留下的痕迹。

枝头抽出第一片嫩叶芽，

幼儿微弱的呼吸，

它胆怯地试探着世界，

测量着空间的距离。

风是它永恒的保姆，

钢琴等待着森林交响曲，

生命，哪怕是细小到一片叶子，

也在顽强地展示着自己的力。

诗人运用拟人的修辞手法，把嫩叶芽当作娇嫩的幼儿来写，让人读来倍生怜爱之心。

我们从中能感受到细小的叶子在风雨中顽强生长的生命力。

❹ 秋　色

——芝加哥洁阁森公园里①

闻一多

诗人展开丰富的联想，运用恰切的比喻，把秋天的景物写得生动形象。找找诗中这样的描写，体会诗人所表达的情感。

紫得像葡萄似的涧水
翻起了一层层金色的鲤鱼鳞。

几片剪形的枫叶，
仿佛朱砂色的燕子，
颠斜地在水面上
旋着，掠着，翻着，低昂着……

肥厚得熊掌似的
棕黄色的大橡叶，
在绿茵上狼藉着。
松鼠们张张慌慌地
在叶间爬出爬进，
搜猎着他们来冬的粮食。

---

① 选入本书时略有删节。

成了年的栗叶
向西风抱怨了一夜，
终于得了自由，
红着干燥的脸儿，
笑嘻嘻地辞了故枝。

白鸽子，花鸽子，
红眼的银灰色的鸽子，
乌鸦似的黑鸽子，
背上闪着紫的绿的金光——
倦飞的众鸽子在阶下集齐了，
都将喙子插在翅膀里，
^{huì}
寂静悄悄地打盹了。

水似的空气泛滥了宇宙；
三五个活泼泼的小孩，
（披着橘红的黄的黑的毛绒衫）
在丁香丛里穿着，
好像戏着浮萍的金鱼儿呢。

诗人用拟人手法描写"栗叶"，增加了情趣。找找诗中其他运用拟人手法描写的事物，感受诗人丰富的想象。

诗中描绘了五彩缤纷的秋色。诗人分别是借助哪些具体事物表现这些色彩的？这样写秋色，表达了诗人怎样的情感？

⑤ 稠李树

诗人通过视觉、听觉、味觉、嗅觉，来表现春天里生机勃勃的稠李树的形象，我们则可以通过反复诵读、展开想象来感受树的形象和诗的韵律之美。

fù
馥郁的稠李树，

和春天一起开放，

金灿灿的树枝，

quán
像鬈发一样生长。

蜜甜的露珠，

顺着树皮往下淌；

留下辛香味的绿痕，

在银色中闪光。

suì
缎子般的花穗

在露珠下发亮，

cuǐ càn
就像璀璨的耳环，

戴在美丽姑娘的耳上。

在残雪消融的地方，
在树根近旁的草上，
一条银色的小溪
一路欢快地流淌。

稠李树伸开枝丫，
发散着迷人的芬芳，
金灿灿的绿痕
映着太阳的光芒。

小溪扬起碎玉的浪花，
飞溅到稠李树的枝杈上，
并在峭壁下弹着琴弦，
为她深情地歌唱。

比喻和拟人的运用，更增加了诗歌的情趣和美感。

（刘湛秋　茹香雪　译）

6 古 松

艾 青

诗人把古松当成一位老者来写，文字间饱含着诗人深深的敬意。古松给你留下了什么样的印象呢？

你和这山岩一同呼吸一同生存，
你比生你的土地显得更老，
比山崖下的河流显得更老。
你的身体又弯曲，又倾斜，
好像载负过无数的痛苦；
你的裂皱是那么深，那么宽，
而又那么繁复交错。
甚至蜜蜂的家属在里面居住，
蚂蚁的队伍在里面建筑营房，
而在你的丫杈间的洞穴里，
有着胸脯饱满的鸽子的宿舍——
它们白天就成群地飞到河流对岸的
平地上去。
也有着尾巴像狗尾草似的松鼠的家，
它们从你伸长着的枝丫

跳到另一棵比你年轻的松树上，

比小鸟还要显得敏捷。

你的头那样高高地仰着，

风过去时，你发出低微的呻吟，

一个捡柴的小孩站在下面向你看，

你显得多么高!

你的叶子同云翳^①掺和在一起，

白云在你上面像是你的披发，

一伙蚂蚁从你的脚跟到你的头上，

是一次庄严的长途旅行。

你的身体是铁质和砂石熔铸成的，

用无比的坚强领受着风、雨、雷、电的打击，

而每次阴云吹散后的阳光带给你微笑。

你屹立在悬崖的上面像老人，

你庇护这山岩，用关心注视我们的乡村；

你是美丽的——虽然你太苍老了。

从"坚强""微笑""屹立"等词语中，可以感受到古松坚强不屈的精神；从"庇护""关心"等词语中，可以感受到古松的奉献精神和崇高品格。

———————————

① 云翳：阴暗的云。

7 雨 景

朱 湘

诗人开头列举了不同的雨景，从"心爱的"一词可以读出诗人对雨景的喜爱。全诗既描写了雨景，又寄寓了人情，做到了情景交融。

我心爱的雨景也多着呀：
春夜梦回时窗前的淅沥；
急雨点打上蕉叶的声音；
雾一般拂着人脸的雨丝；
从电光中泼下来的雷雨——
但将雨时的天我最爱了。
它虽然是灰色的却透明，
它蕴着一种无声的期待。
并且从云气中，不知哪里，
飘来了一声清脆的鸟啼。

⑧ 寻梦者

梦会开出花来的，
梦会开出娇妍的花来的：
去求无价的珍宝吧。

在青色的大海里，
在青色的大海的底里，
深藏着金色的贝一枚。

你去攀九年的冰山吧，
你去航九年的旱海吧，
然后你逢到那金色的贝。

它有天上的云雨声，
它有海上的风涛声，
它会使你的心沉醉。

这首诗的结构很有意思，每一节的前两行都采用了叠句的形式。这样一方面能起到强调的作用，另一方面能让诗歌读起来具有鲜明的节奏感。

把它在海水里养九年，
把它在天水里养九年，
然后，它在一个暗夜里开绽了。

当你鬓发斑斑了的时候，
当你眼睛蒙眬了的时候，
金色的贝吐出桃色的珠。

把桃色的珠放在你怀里，
把桃色的珠放在你枕边，
于是一个梦静静地升上来了。

你的梦开出花来了，
你的梦开出娇妍的花来了，
在你已衰老了的时候。

这里的"金色的贝"和"桃色的珠"指的是寻梦者的梦想，诗人用比喻将抽象的梦想形象化了。

诗人的笔下，大千世界总是闪烁着灵性的光芒。让我们走进诗歌的王国，展开丰富的联想，想象诗歌描绘的情境，抓住关键词句体会诗人表达的情感。我们可以在清晰响亮、悦耳动听的朗读中，体会诗歌的节奏和韵味，还可以试着创编诗歌，做一回小诗人。

① 树的感觉

金 波

如果我能够变成一棵树

我会告诉你做树的幸福

当我还是一粒种子的时候

我躺在大地母亲的怀抱里

倾听着远方小河潺潺地流

流到了我的身边变成乳汁

我变成小树苗从土中站起

我变成了一棵树开始生长

我把空气过滤得无比清新

小鸟在我枝叶间筑巢歌唱

每天开始都是晴朗的早晨

我用翠绿抚慰你疲惫的心

告诉你，做树的那感觉十分美好

我拥抱着土地，土地也把我拥抱

阅读链接

　　金波，儿童文学作家、诗人。1935年生于北京。金波常以儿童的眼光观察世界，用天真烂漫的童心思考人生。他曾说过，坚持为孩子们写诗，是他永恒的快乐。他用至纯至善至美的诗歌与童话，滋养了无数读者。

② 海风的颜色

金 本

海风，
你是什么颜色的？

吹过海面，
你透着蓝色；
吹过小岛，
你透着绿色；
吹过帆篷，
你透着白色；
吹过沙滩，
你透着金色……

哦，
我听见你在说：
"人们的心情

是什么颜色，
我就是什么颜色的！"

日积月累

海水无风时，波涛安悠悠。

——［唐］白居易

长风破浪会有时，直挂云帆济沧海。

——［唐］李白

暗觉海风度，萧萧闻雁飞。

——［唐］王昌龄

元是昆仑山顶石，海风吹落洞庭湖。

——［唐］方干

③ 小 草

　　睡了的小草，
如今苏醒了！
立在太阳里，
欠伸着，揉她们的眼睛。

　　萎黄的小草，
如今绿色了！
俯仰惠风前，
笑眯眯地彼此向着。

　　不见了的小草，
如今随意长着了！
鸟儿快乐的声音：
"同伴，我们别得久了！"

　　好浓的春意啊！
可爱的小草，我们的朋友，
春带了你来吗？
你带了她来呢？

④ 这是一个坏天气……

〔德国〕海涅

这是一个坏天气，
刮风下雨又变成雪；
我坐在窗边向外望，
望着外边的黑夜。

一粒寂寞的微光闪闪，
它慢慢地向前摇摆；
是一个妈妈提着小灯
在那里晃过大街。

我相信，她购买了
鸡蛋、黄油和面粉：
她要给她的大女孩
烤一块蛋糕点心。

女孩在家里倒在靠椅上，

睡眼蒙眬地看着灯光；

金黄的卷发波浪一般

冲荡着甜美的面庞。

（冯至　译）

日积月累

冬天从这里夺去的，新春会交还给你。

只有宽广而聪慧的心灵始终能发现友爱之情。

反省是一面镜子，它能将我们的错误清清楚楚地照出来，使我们有改正的机会。

——海涅

活动一

　　读这四首诗歌，在诗中画出特别能体现作者丰富想象的句子，选一两句抄写在下面相应的花瓣内，并体会这些诗句表达的情感。

《树的感觉》

《海风的颜色》

《小草》

《这是一个坏天气……》

活动二

以这四首诗为例，和以往学习的古诗相比较，你发现现代诗歌有哪些特点？
写下来并和同学交流你的发现。

《树的感觉》

- 我发现现代诗每行的字数可
  以不一样多
- 我还发现······

《海风的颜色》

《小草》

《这是一个坏天气······》

　　仿照这四首诗中的一首，自己也尝试创作一首诗吧。可以和同学交流，说说这首诗表达了什么情感，其中自己最喜欢的是哪一句。

① 水 仙

田 间

像是一位女子，
pái huái
徘徊热河泉边。

zhuó
身着白色裙衫，
风吹起而姗姗。

手持一束白花，
正与泉水倾谈。

> 诗人展开了丰富的想象，把水仙花当成女子来写，写出了水仙花的动态及神韵之美。

❷ 小花的信念

顾　城

在山石组成的路上
浮起一片小花

它们用金黄的微笑
来回报石头的冷遇

它们相信
最后，石块也会发芽
也会粗糙地微笑
在阳光和树影间
露出善良的牙齿

有感情地朗读这首诗，说说小花的信念是什么，以及你从这首诗中受到怎样的启发。

③ 蒲 公 英

[捷克]切普捷科娃

太阳真阔气，
大把的金币
撒满一草地。
蒲公英啊遍地黄，
我采了一把握手上。
你瞧见了吗？
我还编了个花环
戴头上。

> 联系上下文，我知道这里的"金币"指的是蒲公英黄色的花。

等我一进咱家门，
妈妈几乎不敢相信，
原来我戴着一圈金灿灿的蒲公英。
她抬头朝天看了看，
还以为是暖和的太阳，
笑眯眯地来到了
咱们家。

> "还以为是暖和的太阳"，这样的写法多么新奇有趣！

（刘星灿 译）

④ 咏 水 仙

[英国] 华兹华斯

我好似一朵孤独的流云，

　　高高地飘游在山谷之上，

突然我看见一大片鲜花，

　　是金色的水仙遍地开放。

它们开在湖畔，开在树下，

它们随风嬉舞，随风波荡。

它们密集如银河的星星，

　　像群星在闪烁一片晶莹；

它们沿着海湾向前伸展，

　　通往远方仿佛无穷无尽；

一眼看去就有千朵万朵，

万花摇首舞得多么高兴。

粼粼湖波也在近旁欢跳，

诗人运用比喻、拟人的修辞手法，写出了一望无垠的水仙翩翩起舞的优美壮丽景色。反复朗读诗歌，你将被水仙花乐观向上的精神所感染。

却不如这水仙舞得轻俏；
诗人遇见这快乐的旅伴，

又怎能不感到欣喜雀跃；
我久久凝视——却未领悟
这景象所给我的精神至宝。

后来多少次我郁郁独卧，

感到百无聊赖心灵空漠；
这景象便在脑海中闪现，

多少次安慰过我的寂寞；
我的心又随水仙跳起舞来，
我的心又重新充满了欢乐。

（顾子欣 译）

5 繁星（节选）

一

繁星闪烁着——

　　深蓝的太空，

　　何曾听得见它们对语？

沉默中，

　　微光里，

　　　　它们深深的互相颂赞了。

五

黑暗，

　　怎样的描画呢？

心灵的深深处，

　　宇宙的深深处，

　　　　灿烂光中的休息处。

· 38 ·

二八

故乡的海波呵！

你那飞溅的浪花，

从前怎样一滴一滴的敲我的磐石，

　　现在也怎样一滴一滴的敲我的心弦。

三三

母亲呵！

撖开你的忧愁，

　　容我沉酣在你的怀里，
　　　　hān

　　　　只有你是我灵魂的安顿。

三八

井栏上，

　　听潺潺山下的河流——

　　　　料峭的天风，

　　　　　　吹着头发；

天边——地上，

　　一回头又添了几颗光明，

　　是星儿，

　　还是灯儿？

五五

成功的花。

　　人们只惊慕她现时的明艳！

　　　然而当初她的芽儿，

　　　浸透了奋斗的泪泉，

　　　洒遍了牺牲的血雨。

⑥ 春水（节选）

冰 心

三三

墙角的花！
你孤芳自赏时，
　　天地便小了。

六三

柳花飞时，
　　燕子来了；
芦花飞时，
　　燕子又去了；
但她们是一样的洁白呵！

一〇五

造物者——
倘若在永久的生命中

只容有一次极乐的应许。

我要至诚地求着：

　　"我在母亲的怀里，

　　母亲在小舟里，

　　小舟在月明的大海里。"

① 夜

［苏联］叶赛宁

河水悄悄流入梦乡了，
幽暗的松林失去喧响。
夜莺的歌声沉寂了，
长脚秧鸡不再欢嚷。

夜来了，寂静笼盖周围，
只听得溪水轻轻地歌唱。
明月洒下它的光辉，
给周围的一切披上银装。

> 诗人运用联想和想象，写出了夜的静谧和美丽，表达了诗人对大自然的热爱和他安适、宁静的心境。

大河银星闪耀，
小溪银波微漾。
灌溉过的草原的青草，
也闪着银色光芒。

夜来了，寂静笼盖周围，

大自然沉浸在梦乡。

明月洒下它的光辉，

给周围的一切披上银装。

（顾蕴璞　译）

阅读链接

　　叶赛宁的《夜》一共有4个小节。第1小节写了夜的静谧，为我们描绘了原野、森林的夜色，给人以宁静之感；第2小节从听觉、视觉的角度写了溪水的歌唱和月光的美妙，衬托了夜晚的宁静与美好；第3小节写大河、小溪、灌溉过的草原的青草在月光下熠熠生辉的样子；第4小节又回到夜的静谧，再次写到美丽的月色。

② 我热爱秋天的风光

梁小斌

我热爱秋天的风光

我热爱这比人类存在更古老的风光

<u>秋天像一条深沉的河流</u>
<u>在歌唱</u>

当土地召唤我去收割的
时候

一条被太阳翻晒过的河流在我身躯上流淌

我静静沐浴

让河流把我洗黑

当我成熟以后被抛在地上

我仰望秋天

像辉煌的屋顶在夕阳下泛着金光

> 诗中反复出现"秋天像一条深沉的河流在歌唱",你是怎么理解这句诗的?和同学说一说,并和他们交流你理解难懂句子的方法。

秋天像一条深沉的河流在歌唱
河流两岸还荡漾着我优美的思想

秋天的存在
使我想起在耕耘之后一定会有收获
我有一颗种子已经被遗忘

我长时间欣赏这比人类存在更古老的风光
秋天像一条深沉的河流在歌唱

③ 夜步十里松原

海已安眠了。

远望去，只看见白茫茫一片幽光，

听不出丝毫的涛声波语。

哦，太空！怎么那样地高超，自

由，雄浑，清寥^{liáo}！

无数的明星正圆睁着他们的眼儿，

在眺望这美丽的夜景。

十里松原中无数的古松，

都高擎^{qíng}着他们的手儿沉默着在

赞美天宇。

他们一枝枝的手儿在空中战栗，

我的一枝枝的神经纤维在身中

战栗。

> 诗人通过视觉和听觉感受到夜晚十里松原的寂静之美。

> 第一处"战栗"指树枝在微风中抖动或闪烁着光芒；第二处"战栗"指诗人看到这样的景象心情激动得难以克制。

④ 再别康桥

徐志摩

轻轻地我走了，
　　正如我轻轻地来；
我轻轻地招手，
　　作别西天的云彩。

那河畔的金柳，
　　是夕阳中的新娘；
波光里的艳影，
　　在我的心头荡漾。

软泥上的青荇^{xīng}，
　　油油地在水底招摇；
在康河的柔波里，
　　我甘心做一条水草！

那榆荫下的一潭，

　　不是清泉，是天上虹，

揉碎在浮藻间，

　　沉淀着彩虹似的梦。

寻梦？撑一支长篙^{gāo}，

　　向青草更青处漫溯，

满载一船星辉，

　　在星辉斑斓里放歌。

但我不能放歌，

　　悄悄是别离的笙箫；

夏虫也为我沉默，

　　沉默是今晚的康桥！

悄悄地我走了，

　　正如我悄悄地来；

我挥一挥衣袖，

　　不带走一片云彩。

这首诗意境很美，表达了诗人再别康桥时依依不舍的复杂心情。这首诗语言也很美，把诗中优美的词句积累下来吧！

⑤ 假如生活欺骗了你

［俄国］普希金

假如生活欺骗了你，

不要忧郁，也不要愤慨！

不顺心的时候暂且容忍：

相信吧，快乐的日子就会
到来。

这是一首哲理抒情诗，诗人以饱满的情绪鼓舞我们要正确对待失意与挫折，用乐观的态度面对生活、面对挑战。

我们的心永远向前憧憬，

尽管生活在阴沉的现在。

一切都是暂时的，转瞬即逝，

而那逝去的将变为可爱。

（查良铮　译）

⑥ 雨 后

冰 心

嫩绿的树梢闪着金光，
广场上成了一片海洋！
水里一群赤脚的孩子，
快乐得好像神仙一样。

小哥哥使劲地踩着水，
　把水花儿溅起多高。
他喊："妹，小心，滑！"
说着自己就滑了一跤！

他拍拍水淋淋的泥裤子，
　嘴里说："糟糕——糟糕！"
而他通红欢喜的脸上，
却发射出兴奋和骄傲。

小妹妹撅着两条短粗的小辫，
紧紧地跟在这泥裤子后面，
她咬着唇儿
提着裙儿
轻轻地小心地跑，
心里却希望自己
也摔这么痛快的一跤！

动物朋友

动物是人类的朋友，它们都有自己的独特之处：可爱、高傲……这组美文将带你走进精彩纷呈的动物世界，感受生动优美、充满人情味的精彩描写，体会文章表达的感情，同时思考作者是怎样表达这种感情的。

① 猫婆（节选）

冯骥才

一天，我到一位朋友家去串门，聊天，他养猫，而且视猫如命。

我说："我挺讨厌猫的。"

他一怔，扭身从墙角纸箱里掏出个白色的东西放在我手上。呀，一只毛线球大小雪白的小猫！大概它有点怕，缩成个团儿，小耳朵紧紧贴在脑袋上，一双纯蓝色亮亮的圆眼睛柔和又胆怯地望着我。我情不自禁赶快把它捧在怀里，拿下巴爱抚地蹭它毛茸茸的小脸，竟然对这朋友说："太可爱了，把它送给我吧！"

我这朋友笑了，笑得挺得意，仿佛他用一种爱战胜了我不该有的一种怨恨。

> 这是"我"最开始对猫的态度。

> 简短的几句描写，小猫的形象就跃然纸上，这是因为作者抓住了它的特点。

他家大猫这次一窝生了一对小猫——一只一双金黄眼儿，一只一双天蓝眼儿。尽管他不舍得送人，对我却例外地割爱了，似乎为了要在我身上培养出一种与他同样的爱心来；真正的爱总是希望大家共享，尤其对我这个厌猫者。

　　小猫一入我家，便成了我全家人的情感中心。起初它小，趴在我手掌上打盹睡觉，我儿子拿手绢当被子盖在它身上，我妻子拿眼药瓶吸牛奶喂它。它呢，喜欢像婴儿那样仰面躺着吃奶，吃得高兴时便用四只小毛腿儿抱着你的手，伸出柔软的、细砂纸似的小红舌头亲昵地舔你的手指尖……这样，它长大了，成为我家中的一员，并有着为所欲为的权利——睡觉可以钻进任何人的被窝，吃饭可以跳到桌上，蹲在桌角，想吃什么就朝什么叫，哪怕最美味的一块鱼肚或鹅肝，我们都会毫不犹豫地让给它。嘿，它夺去我儿子受宠的位置，我儿子却毫

作者用具体事例写出了全家人对猫的喜爱。

不妒忌它，反给它起了顶漂亮、顶漂亮的名字，叫"蓝眼睛"。这名字起得真好！每当蓝眼睛闯祸——砸了杯子或摔了花瓶，我发火了，要打它，但只要一瞅它那纯净光澈、惊慌失措的蓝眼睛，心中的火气顿时全消，反而会把它拥在怀里，用手捂着它那双因惊恐瞪大的蓝眼睛，不叫它看，怕它被自己的冒失吓着……

我也是视猫如命了。

是什么改变了作者对猫的态度呢？

❷ 白猫王子七岁（节选）

白猫王子大概是已到中年。人到中年发福，脖梗子后面往往隆起几条肉，形成几道沟，尤其是那些饱食终日的人。白猫的脖子上也隐隐然有了两三道肉沟的痕迹。他腹上的长毛脱落了，原以为是季节性的，秋后会复生，谁知道寒来暑往又过了一年，腹上仍是光秃秃的，只有一层茸毛。他的眉头深锁，上面有直竖的皱纹三数条，抹也抹不平，难道是有什么心事不成？

他比从前懒了。从前一根绳子，一个线团，可以逗他狼奔豕^{shǐ}突^①，可以引他鼠步蛇行，可以诱他翻筋斗竖蜻蜓，玩好大半天，直到他疲劳而后止。抛一

拟人化的描写，突出了作者对白猫王子的关爱之情。

———————
① 豕：猪。

· 57 ·

个乒乓球给他，他会抱着球翻滚，他会和你对打一阵，非球滚到沙发底下去不肯罢休。菁清①还喜欢和他玩捕风捉影的游戏，她拿起一个衣架之类的东西，在灯光下摇晃，墙上便显出一个活动的影子，这时候白猫便蹿向墙边，跳起好几尺高，去捕捉那个影子。

过去与现在的对比，让我们看到了白猫王子性格的变化。

如今情况不同了。绳子线团不复引起他的兴趣。乒乓球还是喜欢，但是要他跑几步路去捡球，他就觉得犯不着，必须把球送到他的跟前，他才肯举爪一击，就好像打高尔夫的大人先生们之必须携带球童或是乘坐小型机车才肯于一切安排妥帖之后挥棒一击。捕风捉影的事他不再屑为。《山海经》："夸父不量力，欲追日影。"白猫未必比夸父聪明，其实是他懒。

哪有猫儿不爱腥的？锅里的鱼刚煮熟，揭开锅盖，鱼香四溢，白猫会从楼

---

① 菁清：梁实秋的妻子。

上直奔而来，但是他蹲在一旁，并不流
涎三尺，也不凑上前来做出迫不及待的样
子。他静静地等着我摘刺去骨，一汤一鱼，
不冷不热，送到他的嘴边，然后他慢条斯
理地进餐。他有吃相，他从盘中近处吃起，
徐徐蚕食，他不挑挑拣拣。他吃完鱼，
喝汤；喝完汤，洗脸；洗完脸，倒头大睡。
他只要吃鱼，沙丁鱼、鲢鱼，天天吃也不腻。
有时候胃口不好也流露一些"日食万钱无
下箸①处"的神情，闻一闻就望望然去之，
这时候对付他的方法就是饿他一天。菁清
不忍，往往给他开个罐头番茄汁鲣鱼之类，
让他换换口味。

　　白猫王子不是可以呼之即来挥之即
去的。他高兴的时候偎在人的身边卧着，
接受人的抚摩，他不高兴的时候任你千
呼万唤他也相应不理。你把他抱过来，
他也会纵身而去。菁清说他骄傲。我想
至少是倔强。猫的性格，各有不同。有

这一自然段
讲了几层意思？
文中还有哪个自
然段的写法与此
段相似？

————————

　　① 箸：筷子。

· 59 ·

人说猫性狡诈，我没有发现白猫有这样的短处。

猫原有固定的酣睡静卧的所在，有时候他喜欢居高临下的地方，能爬多高就爬多高；有时候又喜欢窝藏在什么旮旯儿①里，令人找都找不到。他喜欢孤独。能不打扰他最好不要打扰他，让他享受那份孤独。有时候他又好像不甘寂寞，我正在伏案爬格，他会嗖的一下子蹿上书桌，不偏不倚地趴在我的稿纸上，我只好暂停工作。我随后想到两全的办法，在书桌上给他设备一份铺垫，他居然了解我的用意。从此，我可以一面拍抚着他，一面写我的稿。我知道，他不是有意来陪伴我，他是要我陪伴他。有时候我一站起身，走到书架去取书，他立刻就从桌上跳下占据我的座椅，安然睡去。他可以在我椅上睡六七个小时，我由他高卧。

三月三十日是白猫王子七岁的生日，

① 旮旯儿：角落。

菁清给他预备了一份礼物——市场买菜用的车子，打算在天气晴朗惠风和畅的时候把他放在车里推着他在街上走走。这样，他总算是于"食有鱼"之外还"出有车"了。

读完文章后，你能说一说这是一只怎样的猫吗？

阅读链接

　　猫的触觉非常发达，特别是它的胡须，感觉很敏锐，这是因为猫的胡须根部具有灵敏的感觉神经。这一特点对猫这种喜欢出入狭窄洞穴的动物而言非常有用，它可以通过须尖判断身体是否能通过狭窄空间。

③ 小动物们（节选）

老 舍

鸽子的讲究儿不专在飞，正如女子出头露脸不专仗着能跑五十米。它得长得俊。先说头吧，平头或峰头（峰读如凤；也许就是凤，而不是峰）便决定了身价的高低。所谓峰头或凤头的，是在头上有一撮立着的毛；平头是光葫芦。自然凤头的是更美，也更贵。峰——或凤——不许有杂毛，黑便全黑，紫便全紫，掺着白的便不够派儿。它得大，而且要像个荷包似的向里包包着。鸽贩常把峰的杂毛剔去，而且把不像荷包的收拾得像荷包。这样收拾好的峰，就怕鸽子洗澡，因为那好看的头饰是用胶粘的。

头最怕鸡头，没有脑勺儿，愣头磕脑的不好看。头须像算盘子儿，圆乎乎

这两个自然段运用对比描写，清晰形象地介绍了鸽的外形特点。

的，丰满。这样的头，再加上个好峰，便是标准美了。

眼，得先说眼皮。红眼皮的如害着眼病，当然不美。所以要强的鸽子得长白眼皮。宽宽的白眼皮，使眼睛显着大而有神。眼珠也有讲究，豆眼、隔棱眼，都是要不得的。可惜我离开鸽子们已廿^{niàn}多年，形容不上来豆眼等是什么样子了；有机会到北平去住几天，我还能把它们想起来，到鸽市去两趟就行了。

嘴也很要紧。无论长得多么体面的鸽，来个长嘴，就算完了事。要不怎么有的鸽虽然很缺少，而总不能名贵呢；因为这种根本没有短嘴的。鸽得有短嘴！厚厚实实的，小墩子嘴，才好看。

头部以外，就得论羽毛如何了。羽毛的深浅，色的支配，都有一定的。老虎帽的帽长到何处，虎头的黑或紫毛应到胸部的何处，都不能随便。出一个好

画线的语句突显了老舍写作风格的幽默，文中还有这样的语句，请你找出来仔细体会。

鸽与出一个美人都是历史的光荣。

身的大小，随鸽而异。羽色单调一些的，像紫箭等，自然是越大越蠢，所以以短小玲珑为贵。像点子与乌什么的，个子大一点也不碍事。不过，嘴儿短，长得娇秀，自然不会发展得很粗大了，所以美丽的鸽往往是小个儿。

作者从哪几个方面介绍了鸽子，表达了作者对鸽子的什么感情？

大个子的，长嘴儿的，可也有用处。大个子的身强力壮翅子硬，能飞，能尾上戴鸽铃，所以它们是空中的主力军。别的鸽子好看，可供地上玩赏；这些老粗儿们是飞起来才见本事，故而也还被人爱。长翅儿也有用，孵小鸽子是它们的事：它们的嘴长，"喷"得好——小鸽不会自己吃东西，得由老鸽嘴对嘴的"喷"。再说呢，喷的时候，老的胸部羽毛便糙了；谁也不肯这么牺牲好鸽。好鸽下的蛋，总被人拿来交与丑鸽去孵，丑鸽本来不值钱，身上糙旧一点也没关系。要做鸽就得美呀，不然便很苦了。

有的丑鸽，仿佛知道自己的相貌不扬，便长点特别的本事以与美鸽竞争。有力气戴大鸽铃便是一例。可是有力气还不怎样新奇，所以有的能在空中翻跟头。会翻跟头的鸽在与朋友们一块飞起的时候，能飞着飞着便离群而翻几个跟头，然后再飞上去加入鸽群，然后又独自翻下来。这很好看，假若它是白色的，就好像由蓝空中落下一团雪来似的。这种鸽的身体很小，面貌可不见得美。它有个标志，即在项上有一小撮毛儿，倒长着。这一撮倒毛儿好像老在那儿说："你瞧，我会翻跟头！"这种鸽还有个特点，脚上有毛儿，像诸葛亮的羽扇似的。一走，便扑喳扑喳的，很有神气。不会翻跟头的可也有时候长着毛脚。这类鸽多半是全灰全白或全黑的。羽毛不佳，可是有本事呢。

丑鸽大多身怀绝技。作者用语朴实无华、通俗易懂，字里行间流露出对鸽子的喜爱之情。

❹ 大　雁

叶圣陶

开篇介绍了大雁家乡的自然环境，为下文说明大雁迁徙做了铺垫。

秋天，一群一群的大雁在天空飞过，发出清亮的叫声。大雁的家乡在遥远的北方。那儿秋天就飞雪，到了冬天，什么东西都给冰雪盖没了。太阳每天只露一下脸，立刻又落下去了。如果再往北去，到了北极，那儿足足有半个年头见不到太阳的面。这样寒冷，这样黑暗，大雁怎么能生活呢？所以到了秋天，它们就结队迁移，向南方飞来。

大雁飞行真有特点！

大雁的飞行队很有秩序，常常排成"人"字形、"之"字形、"一"字形，我国的诗人因而把它叫作"雁字"。大雁飞行的时候，由一只富有经验的统率着全队。停下来休息之前，先在空中盘旋，侦察地面有没有危险。它们饥饿的时候，连麦苗和青草都吃。可是到底是水鸟，最喜欢在湖边和江滩上搜寻它们的食物。

到了春深时节，它们的家乡渐渐暖和起来，冰雪融化了。太阳每天照得很长久，只有三四小时黑夜。如果再往北去，就整整六个月，太阳老在天空中打转。因为阳光充足，草木很快地生长起来，各种虫豸^①也繁殖得很多。大雁从南方飞回去，用芦秆等东西做基础，放上枯叶和羽毛，做成了窠，就把卵生在窠里。母雁孵卵非常专心，除非十分饥饿，它绝不肯离开一步。一个月之后，小雁出壳了，一出壳就能活泼地走动。母雁带领着它们到有水的地方去觅食。那儿虫豸既多，得食自然很容易，侵害大雁的动物很少，行动又极自由。大雁在这样安适的地方生活，真个其乐无比。

可是，这样安适的地方不是常年不

除了飞行，作者还写了大雁哪些方面的内容?

① 虫豸：虫子。

变的。过了夏天就是秋天，冰雪又要来管领这个地方了。因此，大雁必须每年一次离开故乡，到南方来避寒。

长风万里送秋雁，对此可以酣高楼。

——［唐］李白

千里黄云白日曛，北风吹雁雪纷纷。

——［唐］高适

塞下秋来风景异，衡阳雁去无留意。

——［宋］范仲淹

云中谁寄锦书来？雁字回时，月满西楼。

——［宋］李清照

⑤ 狮子（节选）

狮子的外表决不与它内在的巨大优点相悖；它的脸庄重，目光自信，举止傲然，声音可怕；它的身姿决不像大象或犀牛那样过大，既不像河马或牛那样笨重，也不像鬣狗或熊那样矮壮，同时也不像骆驼那样过长，因不成比例而变形，相反，它是那样匀称，那样比例得当，以致狮子的身躯看来是力量加灵活的典范；既结实又强壮有力，肌肉和油脂都不过多，而且没有任何过量的东西，筋与肌肉发达。这种肌肉的伟力，表现在狮子轻而易举地做出惊人的跳跃和扑腾，表现在它的尾巴足以将人击倒在地的突兀动作，表现在它活动脸部，尤其额头的皮肤的灵巧，这能大大加强它愤怒的姿态，尤

> 这里运用对比的手法，突出了狮子身姿匀称、健美，可见作者对狮子的欣赏与赞美。

其是表情，最后，表现在它能够摆动鬣毛，不仅能竖起，而且在它愤怒时能朝各个方向飘拂和颤动。

　　狮子饥饿时正面攻击出现的一切动物；但是，由于它非常可怕，所有的动物都竭力避免遇到它，它便往往不得不躲藏起来，等待动物经过；它匍匐在茂密的树林中，极其有力地扑将起来，常常一跃便攫住动物：在沙漠和森林中，它通常的食物是羚羊和猴子，但是要等猴子下地才能捕获，因为它不像老虎和美洲狮那样能爬树；它一次吃得很多，塞饱肚子过两三天；它的牙齿异常锐利，能轻易地咬碎骨头，它连肉带骨一起咽下去。

　　狮吼非常响，夜晚在沙漠里回声此起彼伏，活像打雷一样……它愤怒时的咆哮比吼声还要可怕；这时，它用尾巴拍打两肋，它拍击地面，它晃动鬣毛，扭动脸部皮肤，耸动粗大的眉毛，露出

作者抓住狮子的动作，细致入微地写出了狮吼的特点。

duō

咄咄逼人的牙齿，伸出末梢极其坚硬的舌头，它足以舔下皮肤，用不着牙齿，也用不着仅次于牙齿的、它那最犀利的武器即爪子，便将肉撕碎。

除了所有这些特殊的高贵品质以外，狮子还要加上族类的高贵。我所说的高贵族类，指的是大自然中那些持久的、不变的、不会让人怀疑降级的族类：它们一般离群索居，独来独往；它们以鲜明的特性为特征，既不会让人错认，又不会让人与其他任何动物混淆起来。以人为例，人是最高贵的创造物，人类是独一无二的，因为一切种族、一切气候、一切肤色的人都能互相混淆，一起生养，与此同时，不能说任何动物都属于人，相互之间没有或近或远的自然亲缘关系。就马而言，马科不像单个那样高贵，因为马与驴为邻族，驴看来甚至相当近地与马属于同一族类，因为这两种动物能够生出新的个体……

因此，狮子是最高贵的族类之一，

文中有许多描写狮子"高贵"的词语，阅读时找出来，体会作者是如何把"高贵"写清楚的。

因为它是独一无二的，人们不会把狮子同老虎、豹子等等混同，相反，虎、豹看来接近狮子，它们之间很少区别，易为旅行者混淆，而且专业词汇分类者把它们看作一类。

（郑克鲁　译）

阅读链接

　　狮子的生活习性是白天睡觉，晚上狩猎。狮子缺乏长途追击的耐力，只能在短时间内保持高速冲刺，一段路程后就筋疲力尽了。它们通常以伏击的方式猎捕动物。狮子爱吼叫，而且经常吼叫，这并不一定是因为愤怒，有时也是为了宣示其领地，威慑其他狮子或动物，使它们不敢进入自己的领地。

6 蜗 牛

［法国］弗朗西斯·蓬热

与以热灰为家的未燃尽的煤屑相反，蜗牛喜欢潮湿的土地。它们全身贴地往前走。它们身上带着泥土，泥土是它们的食物，也是它们的排泄物。泥土穿过它们的身体，它们穿越泥土。这是情趣奥妙的相互渗透，因此可以说这是同一颜色的深浅的变化：其中一个是积极成分，一个是消极成分，消极成分围绕、喂养积极成分，而积极成分边移动边进食。

关于蜗牛，还有许多别的话要说，首先，它自身的湿润，它的冷血，它的延伸性。

此外，我们无法想象一只抛开背上甲壳而静止不动的蜗牛，它休息时立即

这里客观描写了蜗牛的食、住、行。

将身体缩进壳内。相反，由于腼腆，它一露出那赤裸的身体，一露出它脆弱的外形，就赶紧往前运动，刚一暴露就迅急前进。

干燥的季节，它们隐居在壕沟里，而且它们的存在似乎有助于居住地的潮润。那儿，也许有其他冷血动物与它们为邻，如癞蛤蟆、青蛙。可是，它们离开壕沟采用不同的方式。蜗牛更有资格住在那儿，因为它们离去时要付出更大的代价。

然而要记住，它们虽然喜爱潮湿的土地，但并不喜欢那泽国的湿土，如沼泽、池塘。它们当然更喜欢坚实的土地，但这种土地必须是肥沃和湿润的。

它们也爱吃蔬菜和水分充足的绿叶植物。它们懂得挑选最嫩的叶子，食后仅仅留下叶脉。比如，它们是蔬菜的大患。它们待在壕沟底干什么？它们喜欢那儿的环境，但那儿终不是久留之地。

作者让我们了解了蜗牛居住的环境，必须是坚实、肥沃和湿润的土地。

它们是壕沟的常客，但它们向往浪游的生活。而且它们在沟底和在泥土的小径上一样，背上的甲壳依然使它们显得矜^{jīn}持。

当然，到处背着这样一个壳儿确实是个累赘，但它们并不抱怨。相反，它们把这当成一件幸事。无论走到什么地方，它们随时可以躲进自己家里，使那些居心叵^{pǒ}测的人无可奈何。这实在是一种可贵的长处，为此付出代价完全值得。

本段具体介绍了蜗牛背上甲壳的功能。

它们由于有这个能耐、这个方便而扬扬自得。我是一个如此敏感、如此脆弱的生命，怎么能够固若金汤，不怕那些讨厌的东西的袭击，享受幸福和安宁？于是，这背上的掩蔽所应运而生。

我如此紧紧地附着于地面，如此令人怜悯，如此缓慢，如此一往直前，如此有本事离开地面缩进我的家屋，我还有什么忧愁？任你把我踢到什么地方，我有把握在命运放逐我的土地上重新站

即使遭到打击，也能活下去，说明蜗牛具有强大的生命力。

· 75 ·

立起来，重新附着于地面，而且在那儿找到我的饲料——泥土，这最普通的食粮。

啊，当一只蜗牛是多么幸福，多么快活！它还用自己的流涎在它接触过的一切东西上面留下印记。它身后是一道银光闪闪的轨迹。

蜗牛是孤独的，的确如此，它的友人寥寥无几。可是，为了生活得幸福，它并没有这种需要。它同大自然如此亲密地黏附在一起，它如此亲切地享受大自然的恩宠；它是它所拥抱的土地和菜叶的朋友；它是天空的朋友。它骄傲地抬起头颅和那双敏锐的眼睛：高贵、从容、睿智、自豪、骄傲。

请不要说蜗牛在这方面和猪相似。不，它没有那种平庸的小脚、那种惴惴不安的碎步小跑。

（程依荣　译）

作者用这样的句子直接抒发了对蜗牛的赞美之情。作者不仅写出了蜗牛外在的很多特点，还写出了蜗牛内在的品质特点呢！

　　我们身边生活着许多可爱的小动物。动物的世界多姿多彩，读本组文章，要用心感受人与动物、动物与动物之间温暖有爱的瞬间。思考：作者是如何运用恰当的表达方法描写这些感人故事的？体会作者对动物的感情，尝试写写自己喜欢的动物。

① 老猫 （节选）

季羡林

　　十四年前，我养的第一只猫，就是这个虎子。刚到我家来的时候，比老鼠大不了多少。蜷曲在窄狭的窗内窗台上，活动的空间好像富富有余。它并没有什么特点，只是一只最平常的狸猫，身上有虎皮斑纹，颜色不黑不黄，并不美观。但是异于常猫的地方也有，它有两只炯炯有神的眼睛，两眼一睁，还真虎虎有虎气，因此起名叫虎子。它脾气也确实暴烈如虎。它从来不怕任何人。谁要想打它，不管是用鸡毛掸（dǎn）子，还是用竹竿，它从不回避，而是向前进攻，声色俱厉。得罪过它的人，它永世不忘。我的外孙打过一次，从此结仇。只要他到我家来，隔着玻璃窗子，一见人影，它就做好准备，向前进攻，爪牙并举，吼声震耳。他没有办法，在家中走动，都要手持竹竿，以防万一，否则寸步难行。有一次，一位老同志来看我，他显然是非常喜欢猫的。一见虎子，嘴里连声说着："我身上有猫味，猫不会咬我的。"他伸手想去抚摩它，可万没有想到，我们虎子不懂什么猫味，回头就是一口。这位老同志大惊失色。总之，到了后来，虎子无人不咬，只有我们家三个主人除外。它的"咬声"颇能耸人听闻了。

但是，要说这就是虎子的全面，那也是不正确的。除了暴烈咬人以外，它还有另外一面，这就是温柔敦厚的一面。我举一个小例子。虎子来我们家以后的第三年，我又要了一只小猫。这是一只混种的波斯猫，浑身雪白，毛很长，但在额头上有一小片黑黄相间的花纹。我们家人管这只猫叫洋猫，起名咪咪；虎子则被尊为土猫。这只猫的脾气同虎子完全相反：胆小、怕人，从来没有咬过人，只有在外面跑的时候，才露出一点野性。它只要有机会溜出大门，但见它长毛尾巴一摆，像一溜烟似的立即蹿入小山的树丛中，半天不回家。这两只猫并没有血缘关系，但是，不知道是什么原因，一进门，虎子就把咪咪看作自己的亲生女儿。它自己本来没有什么奶，却坚决要给咪咪喂奶，把咪咪搂在怀里，让它咂自己的干奶头，它眯着眼睛，仿佛在享着天福。我在吃饭的时候，有时丢点鸡骨头、鱼刺，这等于猫们的燕窝、鱼翅。但是，虎子却只蹲在旁边，瞅着咪咪一只猫吃，从来不同它争食。有时还"咪噢"上两声，好像是在说："吃吧，孩子！安安静静地吃吧！"有时候，不管是春夏还是秋冬，虎子会从西边的小山上逮一些小动物，麻雀、蚱蜢、蝉、蛐蛐之类，用嘴叼着，蹲在家门口，嘴里发出一种怪声。这是猫语，屋里的咪咪，不管是睡还是醒，耸耳一听，立即跑到门后，馋涎欲滴，等着吃母亲带来的佳肴，大快朵颐。我们家人看到这样母子亲爱的情景，都由衷地感动，一致把虎子称作"义猫"。

② 鸽 子

［俄国］屠格涅夫

我站在一座平缓的小山之巅，大片成熟的黑麦田展现在我面前，五光十色，有如一片大海，有时金光灿灿，有时银光闪闪。

然而这海面上并没有荡漾的涟漪，闷热的空气也没有缓缓流动：一场大雷雨正在酿成。

我附近的阳光依旧照着，烤得人暖烘烘的，而火焰已软弱无力了。但是麦田的那一边，不太远的地方，近乎黑色的深蓝色的云恰似一堆沉重的庞然大物，遮蔽了整整半边天空。

在残阳不祥的余晖下，万物都已隐蔽起来……万物都显得疲惫无力。既听不见，也看不见任何一只鸟儿的影踪。连麻雀也躲藏了起来。只有近处一片孤零零的牛蒡(bàng)的大叶子在顽强地叨叨絮语，啪啪作响。

田塍(chéng)上艾蒿的气息多么强烈！我望着蓝色的庞然大物……心中一片茫然。"快来吧，快一点！"我暗忖(cǔn)，"闪起来吧，金色的蛇，震颤起来吧，雷电！移动起来吧，滚滚翻动起来，化作倾盆大雨吧，可恶的乌云！这叫人心烦难耐的状态，该结束了！"

然而乌云丝毫未动。它依然压迫着无声的大地……只不过仿佛膨胀起来，变暗了。

这时在乌云清一色的蓝底上有什么东西开始隐现，从容而平稳；那东西简直像一块白手帕或一个小雪球。那是一只白鸽从村庄的方向飞来。

它一直飞，飞，始终笔直、笔直地飞……然后隐没在树林的后面。

稍稍过了一会儿，还是静得可怕……但是你看！已经隐隐约约地出现两块手帕，两个小雪球在往回疾飞：那是两只鸽子正平稳安详地飞回家去。

此时暴风雨终于发作起来——热闹场面开始了！

我总算赶回了家。狂风呼啸，疯狂地发出回响；棕红色的云团低压着大地，仿佛被撕成了缕缕碎片，飞也似的飘忽而去；一切都开始打转，混合在一起；大雨倾盆，抽打下来，摇摇晃晃，有如一根根垂直的柱子；电光耀眼，仿佛一片片火光闪闪的树叶；雷声隆隆，时断时续，犹如大炮的轰鸣；闻得到硫黄的气息……

但是屋檐下，天窗的边上，并排停着两只鸽子——正是飞去召唤自己伙伴的那一只和被它领回家，也许是被救了命的那另一只。

两只鸽子都竖起了羽毛，每一只凭自己的感觉得到相邻的那只的翅膀……

它们心里定然很高兴！望着它们，我心里也挺高兴……虽然我只是一个人，就如一直以来那样只是一个人。

（沈念驹　译）

阅读链接

鸽子具有超强的导航能力，能够从距离很远的地方飞回家。它们目光敏锐，地上哪怕有一丁点儿面包屑，它们也能轻而易举地发现。

③ 蝌蚪（节选）

丰子恺

蝌蚪是我儿时爱玩的东西，又是学童时代在教科书里最感兴味的东西，说起了可以牵惹种种的回想，我便专诚下楼来看它们。

洋瓷面盆里盛着大半盆清水，瓜子大小的蝌蚪十数个，抖着尾巴，急急忙忙地游来游去，好像在找寻什么东西。孩子们看见我来欣赏他们的作品，大家围集拢来，得意地把关于这作品的种种话告诉我：

"这是从大井头的田里捉来的。"

"是清明那一天捉来的。"

"我们用手捧了来的。"

"我们天天换清水的呀。"

"这好像黑色的金鱼。"

"这比金鱼更可爱！"

"它们为什么不绝地游来游去？"

"它们为什么还不变青蛙？"

他们的疑问把我提醒，我看见眼前这盆玲珑活泼的小动物，忽然变成了一种苦闷的象征。

…………

我劝告孩子们："你们只管把蝌蚪养在洋瓷面盆中的清水里，它们不得充分的养料和成长的地方，永远不能变成青蛙，将来统统饿死在这洋瓷面盆里！你们不要当它们金鱼看待！金鱼原是鱼类，可以一辈子长在水里；蝌蚪是两栖类动物的幼虫，它们盼望长大，长大了要上陆，不能长居水里。你看它们急急忙忙地游来游去，找寻食物和泥土，无论如何也找不到，样子多么可怜！"

孩子们被我这话感动了，颦蹙^①地向洋瓷面盆里看。有几人便问我："那么，怎么好呢？"

我说："最好是送它们回家——拿去倒在田里。过几天你们去探访，它们都已变成青蛙，'哥哥，哥哥'地叫你们了。"

孩子们都欢喜赞成，就有两人抬着洋瓷面盆，立刻要送它们回家。

我说："天将晚了，我们再留它们一夜，明天送回

---

① 颦蹙：皱着眉头，形容忧愁。

去吧。现在走到花台里拿些它们所欢喜的泥来，放在面盆里，可以让它们吃吃，玩玩。也可让它们知道，我们不再虐待它们，我们先当作客人款待它们一下，明天就护送它们回家。"

孩子们立刻去捧泥，纷纷地把泥投进面盆里去。有的人叫着："轻轻地，轻轻地！看压伤了它们！"

不久，洋瓷面盆底里的蓝色的图案都被泥土遮掩。那些蝌蚪统统钻进泥里，一只也看不见了。一个孩子寻了好久，锁着眉头说："不要都压死了？"便伸手到水里拿开一块泥来看。但见四个蝌蚪密集在面盆底上的泥的凹洞里，四个头凑在一起，尾巴向外放射，好像在那里共食什么东西，或者共谈什么话。忽然一个蝌蚪摇动尾巴，急急忙忙地游了开去。游到别的一个泥洞里去一转，带了别的一个蝌蚪出来，回到原处。五个人①聚在一起，五根尾巴一齐抖动起来，成为五条放射形的曲线，样子非常美丽。孩子们呀呀地叫将起来。我也暂时忘记了自己的年龄，附和着他们的声音呀呀地叫了几声。

随后就有几人异口同声地要求："我们不要送它

_____

① 人：这里指蝌蚪。

们回家，我们要养在这里！"我在当时的感情上也有这样的要求；但觉左右为难，一时没有话回答他们，踌躇地微笑着。一个孩子恍然大悟地叫道："好！我们在墙角里掘一个小池塘，倒满了水，同田里一样，就把它们养在那里。它们大起来变成青蛙，就在墙角里的地上跳来跳去。"大家拍手说："好！"我也附和着说："好！"大的孩子立刻找到种花用的小锄头，向墙角的泥地上去垦。不久，垦成了面盆大的一个池塘。大家说："够大了，够大了！""拿水来，拿水来！"就有两个孩子扛开水缸的盖，用浇花壶提了一壶水来，倾在新开的小池塘里。起初水满满的，后来被泥土吸收，渐渐地浅起来。大家说："水不够，水不够。"小的孩子要再去提水，大的孩子说："不必了，不必了，我们只要把洋瓷面盆里的水连泥和蝌蚪倒进塘里，就正好了。"大家赞成。蝌蚪的迁居就这样完成了。

夜色朦胧，屋内已经上灯。许多孩子每人带了一双泥手，欢喜地回到屋里去，回头叫着："蝌蚪，再会！""蝌蚪，再会！""明天再来看你们！""明天再来看你们！"一个小的孩子接着说："明天它们也许变成青蛙了。"

活动一

读了以上三篇文章，回顾一下文章中作者分别写出了动物的什么特点，表达了对动物的什么感情，填写在下方对应的空白处。

| 《老猫（节选）》 | 《鸽子》 | 《蝌蚪（节选）》 |

特点：

特点：

特点：

表达的感情：

表达的感情：

表达的感情：

活动二

读完这三篇文章后，和组内同学合作探究：三篇文章在写法上有什么相同和不同之处？

相同之处	不同之处
1. 都有动物外形的描写。	

《老猫（节选）》

《鸽子》

《蝌蚪（节选）》

活动三

学习三篇文章的写法，写写你喜欢的一种动物，可以从动物的外形特点、生活习性以及和动物之间发生的趣事等方面入手，注意写出动物的与众不同之处。

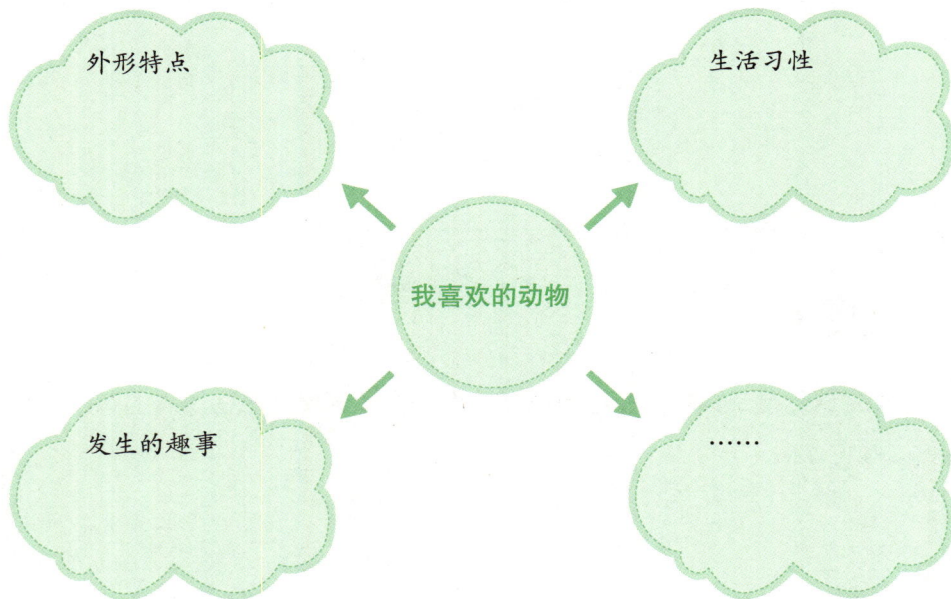

外形特点

生活习性

我喜欢的动物

发生的趣事

……

① 刘家猫园（节选）

席慕蓉

有一天，我正在一间拥挤的店里对着一只灰蓝色的波斯猫发呆，忽然觉得有人从后面轻拍了几下我右边的肩膀，转过头来，发现和我打招呼的竟然不是人，而是一只暹罗猫^①。

它从堆叠在高处的笼子里伸出前爪来拍我，等我一转身，它的脚还伸在笼外，人（猫）就迫不及待地向我咪咪咪地欢叫了起来，我不能不明白它的意思：

"嗨！看看我吧！带我回你家好不好？"

当然好！

用这样热烈又积极的态度来向我要求的猫，我是第一次见到！真是受宠若惊。而且，它的价钱比波斯猫低了很多很多，刚好又符合我们刘家猫园的原则，于是，我们欢欢喜喜地领养了它。

---

① 暹罗猫：原产于暹罗（今泰国），最早被饲养在泰国皇室和大寺院中。

到了石门之后，它老兄也不怕生，几乎可以说是"如鱼得水"。

孩子小，再优雅的猫也不能进房间。它也安心地睡在车房里，一日三餐供应无缺之外，还可以偶尔在墙头在树下捕些野味，困了就躺在夏天阴凉、冬天温暖的地点睡大觉。

有一天，从比利时来了两位好友，他们看见这只大猫就在门前落叶堆积的阴沟里袒腹高卧，呼呼大睡，不禁说了我们几句：

"我妹妹家的暹罗猫像公主一样，一定要在沙发椅的丝绒垫子上才能睡得好，你们这只怎么这么可怜！睡在水沟里。"

可怜吗？我倒不以为然。说真的，我还有点羡慕它呢。正是秋高气爽，躺在堆得满满的干燥的落叶上晒着太阳，又有保障又有自由，退可守进可攻的，有什么不好？

这样的生活过久了，隐隐练出一种不同的风范来，又豪侠又有点江湖，因此而颇有人缘与猫缘。还曾经到台北去和一位好友的美女猫结了一次婚，住了几天。后来发现这位大侠又有跳蚤又有寄生虫之后，就匆匆忙忙还给我们，幸好任务已经完成，也就就此告辞了。

有位兽医朋友告诉我们，暹罗猫是最爱跟人玩的，比较不怕生，因为它以为它自己是狗。

问题就出在这里，因为它太近人了，因此，每天站在车房门口迎送小朋友上下学的时候，就有过两次被人抱走的记录。第一次是在失踪了几天之后，自己逃跑回来，脖子上还绑着红色的塑胶绳子；第二次是刚好被我看见，一出声呼叫，那个孩子赶快从怀中松手，红着脸跑了。

第三次被抱走之后，就再也没回来过。

孩子们非常伤心，放学以后就联合同学到后山山坡上，往每一家的门缝和墙头上望进去，一边还咪咪地叫着，希望能把它找回来，不过，这次是再也没那么好的运气了。

眼看着孩子那么伤心，我只好想点办法，打电话给好友，她说：

"我们这里有你们那只猫咪的孙子，要不要抱一只回去？"

于是，"孙子猫"进了门之后，原来的大侠"猫咪"只好改名叫"爷爷猫"了。

孙子猫体形比较娇小，和它的爷爷唯一相像的地方就是爱去兜风。

开始的时候是坐在我们脚踏车前座的篮子里，任由我们在大街小巷里穿行，让风把颈部耳后的细毛吹得蓬蓬松松的，它的双眼细眯，嘴角带笑，乐此不疲。

后来也不知道是哪一天，我从新竹回来，乳黄色的福特车刚开进巷口，它就跳了上来，就坐在车子正前方的引擎盖上，好像是要我带它去兜风的样子。我半信半疑地用最低速在我们家附近的巷子里转一转，这位老兄竟然一直保持着相同的姿势跟着我绕了一圈！

从此以后，这就变成了我回家时的仪式。永远不知道它在哪里等着我，但是，只要车子一减速进了巷口，就会有个小飞侠跳到我的车盖上来，有时候看我停住不动，还会回头来瞄我一眼，那意思是说：

"嗨！怎么不开车呢？"

写到这里，我必须要向读者郑重声明，以上所述是句句实言，绝非虚构。到现在还有石门的老邻居遇到我们的时候，还会说起那只爱坐在汽车前盖上兜风的小猫，曾经给过他们多么深刻而又快乐的印象。

作者描写的猫有什么特点？这只猫给你留下了怎样的印象？

· 92 ·

❷ 田野里的蜜蜂

[法国]儒勒·米什莱

这些都是从三月开始的。时有时无，但已经蕴含了一些热力的太阳唤醒了大自然沉睡的青春活力，田野里的小花，紫色地丁，草原上的雏菊，绿篱间的黄色毛茛，早开的紫罗兰，迎风盛放，把空气蒸熏得一片芬芳。不过这只是一会儿工夫的事。正午刚开，三点钟后花枝就都闭拢了，遮盖住它们不断颤抖的雄蕊。在这短暂的暖和时间里，你看，一个金黄色的小小生物，浑身绒毛，挺怕冷似的，正大着胆子舒展着翅膀呢。蜜蜂离开住处了，它知道花丛间已经为蜂王和它的孩子们准备好了甜甜的蜜汁。

现在几乎什么都没有，大部分的摇篮都还空着。蜂王的巨大繁殖能力还隐藏在它的肚子里。定期快速地产卵、创造新的一代的工作，还得稍后一点，要等到晴朗的五月才会开始呢。

多奇妙的契合。大部分冷瑟瑟的花枝，跟冷瑟瑟的蜜蜂一样，都在等待着一个更稳定的季节，准备在亮堂堂的阳光里舒展花冠。花枝的天生丽质实在禁不住目前这变幻无常的四月天气。

　　观看这些迷人的小家伙穿梭似的飞来飞去真是愉快。柔弱的花枝在昆虫的时时骚动下不停地弯腰，晃动。那在风前闭拢了的圣地却向着它心爱的蜜蜂开放，小蜜蜂全身沉浸在花丛里，传送着春天的消息。大自然向世俗采取了绝妙的预防措施，来掩藏这里的奥秘，但怎么能制止住这坚决的追逐者呢？……

　　蜜蜂居住在那仙山琼阁深处，下面铺着柔软的地毯，上面是美妙的楼台，黄玉作墙，蓝宝石是天花板。然而，这些死板板的玉石怎能跟它的邸第相比埒！……花枝摇曳，发出一阵阵香气，它们在期望，在等待。它们迎接蜜蜂，这小小的隐蔽王国的幸福的征服者，侵入那洁净无瑕的屏障，小家伙把这儿的一切都搅乱了，混合在一道，可是花儿都向蜜蜂道谢，再见吧，祝福你满载着芬芳和蜜液离去。

这样的比喻真美！

　　多少受祝福的地方，多少幸福的时刻，蜜蜂你在做着纯洁的劳动啊，你一边收获，一边完成着千千万万的婚媾^{gòu}呢。在岸边，比如那傍近旷野的大海，人们很少去寻觅这些和平肃默的牧歌，但只要有一个安全隐蔽、日光映照的地方，大自然总要造成一个小小社会：这儿，花枝为蜜蜂流淌出最甜美的蜜汁；这儿，蜜蜂轻轻卸下满盛着欲望、弯下了腰身的花枝的重负。

黄昏前的时辰是暖和、湿润而温馨的。花枝被最后的阳光轻轻抚弄着，仍然保留着体内的温热气息，花冠被白色的轻雾所濡湿，于是花儿感觉到又复活起来；它爱，它正在爱。花心舒展开来，抖动着它们的香尘雾绡^{xiāo}。在这神圣的时刻，会逗引来多少蜜蜂！

本文写得很美，处处可见作者对蜜蜂的喜爱。

（徐知免　译）

③ 巩乃斯的马（节选）

周　涛

有一次，我碰上巩乃斯草原夏日迅疾猛烈的暴雨。那雨来势之快，可以使悠然在晴空盘旋的孤鹰来不及躲避而被击落；雨脚之猛，竟能把牧草覆盖的原野一瞬间打得烟尘滚滚。就在那场短暂暴雨的冲打下，我见到了最壮阔的马群奔跑的场面。仿佛分散在所有山谷里的马都被赶到这儿来了，好家伙，被暴雨的长鞭抽打着，被低沉的怒雷恐吓着，被刺进大地倏忽消逝的闪电

这篇文章的场面描写很震撼，可以边读边想象画面，然后思考作者是怎样通过动态描写写出这种震撼的场面的。

激奋着，马，这不肯安分的生灵从无数谷口、山坡涌出来，山洪奔泻似的在这原野上汇聚了，小群汇成大群，大群在运动中扩展，成为一片喧叫、纷乱、快速移动的集团冲锋！争先恐后，前呼后应，披头散发，淋漓尽致！有的疯狂地向前奔驰，像一队尖兵，要去踏住

那闪电；有的来回奔跑，俨然临危不惧、收拾残局的大将；小马跟着母马认真而紧张地跑，不再顽皮、撒欢，一下子变得老练了许多；牧人在不可收拾的潮水中被裹挟，他大喊大叫，却毫无声响，他的喊声像一块小石片跌进奔腾喧嚣的大河。

雄浑的马蹄声在大地奏出鼓点，悲怆苍劲的嘶鸣、叫喊在拥挤的空间碰撞、飞溅，划出一条条不规则的曲线，扭住、缠住漫天雨网，和雷声雨声交织成惊心动魄的大舞台。而这一切，得在飞速移动中展现，几分钟后，马群消失，暴雨停歇，你再看不见了。

我久久地站在那里，发愣、发痴、发呆。我见到了，见过了，这世间罕见的奇景，这无可替代的伟大的马群，这古战场的再现，这交响乐伴奏下的复活的雕塑群和油画长卷！我把这几分钟间见到的记在脑子里，相信，它所给予我的将使我终身受用不尽……

❹ 一只惊天动地的虫子（节选）

迟子建

　　它果然就是一只虫子！我不知它从哪里来，它比蚂蚁还要小，通体的黑色，形似乌龟，有很多细密的触角，背上有个锅盖形状的黑壳，漆黑漆黑的，它爬起来姿态万千，一会横着走，一会竖着走，好像这地板是它的舞台，它在上面跳着多姿多彩的舞。当它快行进到佛龛(kān)的时候，它停住了脚步，似乎是闻到了奇异的香气，显得格外的好奇。它这一停，仿佛是一个指挥着千军万马的将军在酝酿着什么重大决策。果然，它再次前行时就不那么恣(zì)意妄为了，它一往无前地朝着佛龛进军，转眼之间，已经是兵临城下，巍然站在了佛龛与地板的交界处。我以为它就此收兵了，谁料它只是在交界处略微停了停，就朝高高的佛龛爬去。在平面上爬行，它是那么的得心应手，而朝着呈直角的佛龛爬，它的整个身子悬在空中，而且佛龛油着光亮的暗红的油漆，不利于它攀登，它刚一上去，就栽了个跟斗。

它最初的那一跌，让我暗笑了一声，想着它尝到苦头后一定会掉转身子离开。然而它摆正身子后，又一次向着佛龛攀登。这回它比上次爬得高些，所以跌下时就比第一次要重。它在地板上四脚朝天地挣扎了一番，才使自己翻过身来。我以为它会接受教训，掉头而去了，谁料它重整旗鼓后选择的又是攀登！佛龛上的香燃烧了近一半，在它的香气下，一只无名的黑壳虫子一次一次地继续它认定的旅程。它不屈不挠地爬，又循环往复地被摔下来，可是它不惧疼痛，依然为它的目标而奋斗着。有一回，它已经爬了两尺来高了，可最终还是摔了下来，它在地板上打滚，好久也翻不过身来，它的触角乱抖着，像被狂风吹拂的野草。我便伸出一根手指，轻轻地帮它翻过身来，并且把它推到离佛龛远些的地方。它看上去很愤怒，因为它被推到新地方后，是一路疾行又朝佛龛处走来，这次我的耳朵出现了幻觉，我分明听见了万马奔腾的声音，听见了嘹亮的号角，我看见了一个伟大的战士，一个身子小小却背负着伟大梦想的英雄。它又朝佛龛爬上去了，也许是体力耗尽的缘故，它爬得还没有先前高，很快又被摔了下来。我不敢再看这只虫子，比之它的顽强，我觉得惭愧，当它踉踉跄跄地又朝佛龛爬去的时候，我离开了厅堂，我想上天对我不薄，让我在一瞬间看到了最壮丽的诗史。

几天之后，我在佛龛下的角落里发现了一只死去的虫子。它是黑壳的，看上去很瘦小，我不知它是不是我看到的那只虫子。它的触角残破不堪，但它的背上的黑壳，却依然那么的明亮。在单调而贫乏的白色天光下，这闪烁的黑色就是光明！

读后你可能才明白作者为什么把这只小虫子称作一只"惊天动地的虫子"。请把你的感受用几句话写下来。

阅读链接

迟子建，1964年出生于黑龙江漠河，当代作家。她曾三次获得鲁迅文学奖，还获得过冰心散文奖、茅盾文学奖等，是当代中国具有广泛影响力的作家之一。

⑤ 绿 毛 龟

丈夫詹到江苏无锡去开会，几天后公干完毕而回返家门时，夜已深沉。

一入门，他便以一种异乎寻常的兴奋从手提袋子里取出了一个用多孔纱布轻轻地裹着的东西，递给我，然后，以一份神秘的笑容来期待我的惊喜。

那东西，长达五寸，宽约三寸。不重，触手濡湿。打开来，一圈绿影闪入眼中，仔细一看，竟是一大团如绒般柔的绿毛。正狐疑间，突然看到一个圆圆的头颅从绿毛里伸了出来，两只小如绿豆般的眼，只怯生生地看了我一下，整个头颅便又快如闪电般地缩进硬壳里面了。

哟，是乌龟里的稀有品种绿毛龟呢！

绿毛龟是中国的瑰宝，和白玉龟、二头龟、蛇形龟合称为"四大奇龟"。汉唐时，盛行养龟，许多文献对绿毛龟有详尽的记载，诸如："殷纣时太龟生毛""龟千年生毛，是不可得之物也"。在唐朝，绿毛龟被列为宫殿里的五大宝物之一，可说是价值不菲的珍稀水生动物。

我对这只姿容妩媚的绿毛龟一见钟情，而这只千里迢迢从无锡"飞"入我家的绿毛龟，从此也成了我们一家大小的宠物。

我以一个巨型的玻璃缸为它布置了一个美丽的家。当它恬(tián)适自在地游来游去时，碧绿如翡翠的长毛好似被微风吹拂着的头发，温柔地在清澈透亮的水里飘散着，那姿态，有说不出的高雅。

女儿给它取了一个名字，唤它"宝龟"。

寻常的龟，是素食者，绿毛龟却是吃荤(hūn)的。它吃鱼，也吃虾。食量不大，然而，食态可掬(jū)。把鱼肉和虾肉丢进缸里时，它先以口衔着，然后，双手齐来，捧着那肉，一口一口，咬、嚼、吞，津津有味地吃着；那样子，好似在品尝千年难得一尝的美味佳肴。喜欢看它的吃相，所以，家里各人都把喂饲它当作生活里最佳的消遣。每每到了傍晚，一家子便围在玻璃缸前，喂、看、笑。

绿毛龟最大的魅力在于它具有通灵之性。

初到我家时，它怯生而又羞怯，加上也许是思家的情愫在作祟，它老是把头缩在硬壳里，悒悒闷闷，静静寂寂，沉在水底，好似是一团没有生命的毛状物。那时看它，心生恻然，很想放生，可是，它的家它的乡又在千里之外，我是心有余而力不足啊！

慢慢地，它想开了，也适应了，原本活泼的本性，便渐渐地暴露了。

知道自己美，它常常自信而近乎卖弄地在水里游来游去，深绿的毛发把整缸水都染成了娇美的绿色。

8岁的女儿，爱它如珠如宝。上学时，绝不忘与它道别；下午放学回来后，又去向它打招呼；平时有事没事总挨在玻璃缸旁，亲昵地喊："宝龟，宝龟！"

说也奇怪，喊得多了，它居然会"应"——不是用语言，而是用行动。女儿一喊"宝龟"，它便浮游上来，把头伸出水面，张望。最初，以为是偶然的契合，然而，后来，次次如此，我们便知道，这龟的确是有灵性的。更妙的是：对音乐，它也有同样敏锐的反应。女儿把手提收音机搁在玻璃缸旁，播放歌曲给它听，几次过后，当乐声从收音机里流出来时，它便又把头伸出水面来，轻轻抿着嘴，仿佛在微笑；两颗圆圆的眼珠子，也绽放出柔和的亮光。

一向不养、不爱养、不赞成养任何宠物的我，竟对这只小小的绿毛龟着了迷。闲来无事，母女两人便把头凑在一起，看龟，戏龟，喂龟，笑龟。至于那龟有着怎样的一种内心世界，

我们不知道——无从知道，也从来没有想到我们应该知道。

　　不久，马来西亚有远亲到访，这位表姑有两个女儿，分别是7岁和8岁，和我的女儿正是同样处在那种"一见便熟"的年龄，三个人一下子便成了"臭味相投的莫逆之交"。

　　大人在前厅里闲聊，小孩在后院里看龟。

　　水里看龟不过瘾，不知天高地厚的小孩，伸手入缸，把绿毛龟抓出来，放在地上玩。她们将绿毛龟硬壳上的绿毛编成辫子，用橡皮筋捆成奇怪的形状，嘻嘻哈哈；她们把绒线绑在绿毛龟的前足上，强行拖着它走，看到它蹒跚难行的怪模样，纵声大笑；她们把红色的塑胶泥做成手套与鞋子，套在绿毛龟的手足上，它那种反抗无力任由摆弄的呆滞相，再度引起了小女孩惊天动地的笑声。

我坐在厅里，听到一阵又一阵愉快的笑声源源不绝地传到厅里来，还暗暗为她们三人的契合无间而觉得高兴，殊不知她们正无知地把自己的快乐建在绿毛龟的痛苦上！

客人走了以后，我把厅里狼藉的杯杯盘盘收拾好，信步走入后院，一看，整个人蓦地好似触电一般怔了、呆了。

绿毛龟奄奄一息地躺在地上。

原本柔滑秀美的绿毛，被橡皮筋捆得乱七八糟；四足被死死地套在红色塑胶泥做成的手套与鞋子里，僵僵地立着，双足还被绒线绑着，好似犯了重罪被判死刑的囚犯。

它一动不动，好似一只风干了的木乃伊。

"宝龟，宝龟！"

我发狂地喊了一声，冲过去，抱起它，它的头缩进了壳里，看也不看我一眼。就在那一刻，有一种不祥的念头在我脑子里闪过。

士可杀，不可辱。

饱受凌辱的绿毛龟，就在那一天，丧失了所有的生趣。

它伏在晶亮的玻璃缸里，恹恹^{yān}的，了无生气。投入缸里的鱼呀虾呀，它原封不动。唤它，它不瞅不睬。

知错想改的女儿，噙着眼泪求我带宝龟去看医生，可我知道"心病还须心药医"，宝龟需要的，是心理的治疗啊！

几天过后，绿毛龟斜斜地浮在水里，一动不动，气息全无。

取出一看，断气了。

绿毛龟的命运牵动着我们的心，善待动物不只是一句口号，更要付诸行动。

⑥ 狼王的复仇（节选）

肖显志

狼王也会悲痛

炸雷在草甸子上滚动着，把原野震撼得直打哆嗦。瘸王老黑蹲在泥水里任暴雨浇着，一动不动。瘸王不动，秃毛也不敢动，陪着它蹲在那儿。

暴雨还在下着，如千万条皮鞭发疯似的抽打着草甸子上的蒿草，也抽打着两条兀立的老狼。

悲痛和愤怒搅在一起折磨着作为爸爸和妈妈的它们。一个儿子死了，被膏药旗下那个日本兵一枪打死了。

"我们没惹这些拿枪的陌生人啊，可为什么要打死我的儿子呢？"瘸王老黑怎么想也想不明白"为什么"。当然，作为妈妈的秃毛也弄不明白为什么，可从那个日本兵的笑声中它听得出来，人打死它的儿子只不过是为了取乐。

暴雨终于小了，后来停了。瘸王老黑立起后腿，围着小狼的尸体一圈一圈地走着……秃毛跟着瘸王一圈一圈缓缓地走着……

瘸王老黑停下来，用前爪扒扒死去的儿子，再扒扒，然后再围着小狼缓缓地走……忽然，瘸王用前爪发疯地扒起泥土来，把嘴插进泥坑里，呜呜地叫起来。秃毛也学着瘸王的样子，在草地上扒出个坑，插进嘴呜呜地叫。

从这些动作描写中，你体会到了什么？

狼王夫妇的嚎叫声波在大草原上传导，地皮上的绿苔、蒿草、蘑菇……帮着把这声波传向四方。

"是狼王召集的命令。"听到命令的狼们放下正在追捕的野兔，抛开正在蹲候的野猪，放弃正缓缓走来的梅花鹿……朝着狼王的叫声跑过来。

瘸王老黑和秃毛还在嚎叫。

随着它们的叫声，一条条狼从草丛中钻出来，围在瘸王老黑的四周。

越聚越多，不大会儿就聚集了好几百条，如散开来的士兵一声不响地蹲在那儿，没一个出声，静静地看着瘸王老黑，是在等待命令。

瘸王老黑看了眼狼群，停止了叫声。它把嘴从泥坑里拔出来，还是围着小狼的尸体一圈一圈地走着……走

着……走着……

狼们看清了那条死掉的小狼，是狼王的儿子。它们也在猜想，狼王是不是在悼念自己的儿子？小狼怎么死的？是人给打死的，还是黑熊咬死的？

从瘸王老黑的眼神里，狼们看到了愤怒，也看到了仇恨。

闹不明白，狼王为什么一圈一圈地围着儿子的尸体走呢？

太阳渐渐朝草原地平线坠去。

西下的太阳很大，大得赛过勒勒车轮；太阳很红，红得艳过草原上的萨日朗；太阳落得很慢，难道是被狼王的悲痛给拽住了？

一队疣鼻天鹅嘎嘎叫着飞进了夕阳，最后融入了夕晖，变成了红彤（hóng）彤的晚霞，云雀也不在天空悬停唧唧啾啾地鸣叫了，落进了地上的窝巢。土拨鼠早就发现了聚集在这里的狼群，它们吓得大气不敢出，缩进洞里老老实实地待着，它们可不想成为狼群的食物。只有莛草什么都不怕，抻（chēn）长脖子打量着这群狼：它们是要干什么？

太阳终于钻进了地皮，瘸王老黑才停下脚步，冲仍然散蹲在草丛中的狼群"呜呜"叫了两声。

这是命令。

靠近前边的一条狼默不作声地转身离开了，接着一条跟着一条也默不作声地离开了。

哦！是撤退的命令。

怎么，瘸王老黑不想为儿子报仇了？

报仇！是的。瘸王老黑原打算招来狼群向膏药旗发起进攻，可它现在改变了主意。它是在脑子里折了好几个弯儿，最后才决定放弃原来的打算的。瘸王难道也像人类似的会思考，有感情吗？它放弃了命令群狼进攻膏药旗的打算，难道是怕群狼也惨死在日本兵的枪下吗？难道它是为了维护自己狼王的尊严，觉得要别人来替它报仇是一种耻辱吗？不管怎么样，它还是放弃了率领群狼进攻的打算。

狼群渐渐散去了，夜幕拉了下来，大草原一片漆黑。

瘸王老黑和妻子秃毛还是静静地蹲坐在小狼尸体旁，朝着膏药旗方向闪烁着绿莹莹的目光……

> 狼也像人一样会思考、有感情吗？谈谈你的想法。

⑦ 香歌的故事（节选）

赵长发

在广袤无垠的宇宙中，有一个蓝色的星球，上面环绕着蓝色的海洋，清澈的海水碧波荡漾，像一座巨大的生命摇篮。

摇篮里，住着许许多多可爱的精灵。有的非常小，小得像小虫似的，我们用肉眼甚至看不见。有的非常大，大得像火车一样。有的长得漂亮迷人，有的长得非常丑，就像我——这么丑！呵呵！精灵们世世代代居住在大摇篮里，和睦相处，无忧无虑，快乐地生活着。

突然有一天，人类的大船开进了浩瀚的海洋，他们弄脏了清澈的海水，贪婪地捕捉这些善良的精灵，让他们失去亲人，失去家园。

这时候，一头勇敢的抹香鲸出现了，她叫香歌，她要带领大家去很远的地方，寻找一个没人打扰的快乐家园。

你们看——香歌来啦！

"香歌，不要乱跑，外面危险！"香歌尽情地耍闹着，鲸妈妈很担心，紧跟在她身后，不停地叮嘱。

香歌很调皮，总想探索新奇的事物。一只像树叶似的叶海龙正在玩耍，香歌看着好奇，就冲过去，想问问她为什么长成树叶样。

叶海龙

突然冲过来一头巨无霸似的大家伙，小叶海龙吓坏了，拼命地奔跑着呼喊："救命啊！救命啊！"

"哎哎！不要跑呀！我不欺负你！"香歌赶紧解释，"我只是想问问，你的衣服很漂亮，在哪里买的？我想让妈妈也给我买一件。"

叶海龙缩着脑袋，怯怯地说："你买不到的。我们长得小，经常被大鱼吃掉，为了保护自己，就把衣服变成海草叶子一样。坏蛋来了，赶紧躲进草丛，他就找不到了。"

看着可爱的叶海龙，香歌笑了："咯咯！真好！要是我也有漂亮的叶子衣服，那该多好啊！嗯，不过还是长大点好，像我这样，就没人敢欺负啦！"

叶海龙还是有些害怕，虽然香歌不吃她，但被那巨无霸的身体碰一下，也会小命不保啊，还是趁她高兴赶紧溜吧！

"嗯，这里太危险，我要回家了，拜拜！"叶海龙说着转身跑了。

香歌还想追上去，仔细看看她的衣服。忽然，前面出现了一只海龟，摇晃着大脚蹼，慢慢悠悠划过来。他的硬壳凸起来，像是背着大铁锅。

"啊！他是谁？怎么还背着一只烧饭锅？是不是偷别人的？"香歌摆动尾巴冲了过去，要问个究竟。

别看香歌今年才五岁，可个头很大，有十几米长，比大卡车还要重十倍。她轻轻一跃，冲出海面，又像一座小山重重地砸下来，硬是把海面砸了个大坑。

海龟正急匆匆回家，突然被浪花冲起来，稀里糊涂扔了出去，他费了好大力气才稳住阵脚。

他愤愤不平地说："哎哟！真倒霉！眼看就到家了，谁这么捣蛋，又把我扔回来啦？"

海 龟

鲸妈妈追上来，拦住香歌，责备她说："香歌，你怎么又调皮啦？"

"妈妈，我没调皮。我想和他们做好朋友，一起玩。"香歌还挺委屈。

忽然，海面传来一阵奇怪的突突声。鲸妈妈顾不上批评她，赶紧护着香歌，向海底深处游去。

香歌不明白怎么回事，不停地追问："妈妈，怎么啦？这里很黑呀，我不喜欢，我要到上面去。"

鲸妈妈吓得变了脸色，小心地说："孩子，不要说话，你要记住这声音！"

"为什么？"香歌疑惑了，"这声音难听死了，我才不要记呢！"

"这声音是人类轮船发出的，听到一定要躲得远远的！"

"妈妈，人类长得什么样？他们的尾巴有我的大吗？为什么看不到他们在大海里游泳？"香歌好奇地问。

鲸妈妈伤心地说："人类总欺负我们，抓走了好多亲人。"

"啊！人类真坏！妈妈，我要去找他们，把亲人要回来！"香歌不服气了。

读到它们的这段对话，你有什么感想？

鲸妈妈摇摇头，把香歌揽在怀里，叹口气说："不！你不能去！人类太强大了，还非常贪婪，捉去的亲人都被他们杀害了，再也回不来了。

香歌，妈妈只盼着你快快长大，永远平平安安。"

皎洁的月光，在海面洒上一片银白，像一面大镜子。挂在天上的星星，挤在一起说悄悄话，好像在诉说大海里发生的故事。海浪一层层涌来，像老人脸颊上的皱纹，调皮的鱼儿跳来跳去，在皱纹里玩起了捉迷藏。大海妈妈非常爱她的精灵宝宝，她敞开怀抱，让孩子们尽情玩耍。看着他们开心的样子，她轻轻唱起了摇篮曲：

哗啦啦

大海是我的家

是你的家

也是他的家

哗啦啦

大海是我们共同的家

拉起手儿

一起保护她

我们永远有个幸福的家

海底世界

香歌禁不住快乐的诱惑，趁妈妈睡着了，悄悄溜出海面。她那满是褶皱、火车头一样的庞大身躯刚钻出水面，就泛起一片雪白的浪花，像是堆起的一座小雪山。呜——

她从大鼻孔里射出一股喷泉，斜斜的漂亮的喷泉。

"哇！出来透透气，真舒服！"香歌美美地躺在海面上，呼吸一口新鲜空气，挺着大肚肚，摆动大尾巴，尽兴地嬉闹起来。

突然，听到一阵突突声，香歌赶紧翻过身向远处看。在前面，有个比自己还大的大家伙，正快速游过来。

"真奇怪！这大家伙是谁？身上怎么长着那么多大眼睛，像月亮一样？"香歌问自己。

"那不是什么大家伙，它是人类的大船，专门欺负我们海洋精灵的！"不知什么时候，一只海龟游到她身边。香歌惊讶地问："你说那就是人类的船？"

"是呀，你快点躲起来吧！要是被他们发现了，就会被抓走。他们最喜欢抹香鲸了，听说可以卖很多钱！"

"咦！你不是那个背着饭锅的海龟吗？"香歌认出他了。

"啊！饭锅？"海龟摸着小脑瓜，到处看看，不解地问，"我没有背着饭锅呀！"

"咯咯！是我看错了，原来是一只罗锅海龟呀！"香歌摸着海龟凸起的硬壳，哈哈笑起来。

"哼！我才不是罗锅呢！这是鲨鱼咬不动的无敌海

龟甲！"海龟挺挺背壳，自豪地说，"你赶快离开吧，被船上的人类看到，就把你抓走了！"

香歌看看远处的大船，想起了妈妈的话：人类捉走了好多亲人，家族陷入灭顶的恐慌。自己已经长大了，要为大家做点事，解救被捉的亲人！

"哼！我才不怕呢！我要去找他们，救回亲人！"香歌摆动大尾巴，勇敢地向前冲去。

海龟想上前拦住香歌，但被她的胸鳍撞到，身体像陀螺似的旋转起来，顿时昏天晕地。海水像是整个翻倒过来，他好像被甩到了天上，和星星热烈亲吻。

这下，海龟可难受坏啦！他蜷缩在壳里，紧闭双眼，心里默默念叨："啊呀呀……天灵灵水灵灵，让我停下行不行……"

"哎哟！我宁愿被鲨鱼吃掉，也不要转晕，好难受哦！不好！她有危险！赶紧去找鲸妈妈救她！"海龟好不容易停下来，用力晃晃头，辨认一下方向，哧溜一声钻进了水里。

香歌很快就追上了轮船。大船上有很多人，那些像月亮一样的大眼睛，原来是电灯泡，放射着刺眼贪婪的光，在海面上四处搜索，船舷上还写着拐拐弯弯的文字——梦想号游轮。

"嘀——嗒——"

香歌对着轮船呼喊："站住！你们快把我的亲人放回来！"

船上有人看到了，指着她高喊："哎！你们看！那是什么东西？它会喷水，还会唱歌，我刚才听到它发出'嘀——嗒——'的声音，可好听啦！"

"我也看到啦！那是什么？是海怪吗？"

"它会不会上来吃我们呀？"

船长跑出来，拿着望远镜观看了一会儿，惊喜地说："啊！哈哈！我们真是好运气！那是一头抹香鲸，看它的个头有四五岁了。大家快照相啊！这可是濒危动物，很难见到的。我要打电话给陈博士，告诉他我们在东海看到抹香鲸啦！"

人们纷纷拿出相机，把镜头对准香歌，闪光灯不停地闪烁，快门发出清脆的咔嚓声。波浪涌动的海面，成了现场录制"焦点访鲸"了，香歌就是节目中的大明星！可是，香歌却被他们弄蒙了，心想："那是什么东西？是闪电吗，还是秘密武器？"

"它停住啦！"船上有人喊，"它好像不怕我们，把船开得近一点吧。"大副把船迎着香歌开过来。

看到大船向自己冲过来，香歌赶紧钻入水底，打算先避开，寻找机会再救亲人。

阅读链接

抹香鲸是现存最大的齿鲸，雄性最大体长约20米，雌性约17米。头部极大，可达体长的三分之一。它们是天生的潜水高手，据估计，一头成年的雄鲸一般可以潜到2000米深的海底，有的甚至能潜到3000米或者更深，一口气可以待在水下长达两个小时之久。抹香鲸喜欢吃大型乌贼，为了捉到喜欢的乌贼，它们也练就了一身好本领。

《一匹叫淖尔的枣红马》

毛云尔

人和动物之间有永远讲不完的故事。《一匹叫淖尔的枣红马》一书中，选入了作家毛云尔在著名儿童刊物上发表的12篇短篇小说。作者采用散文式的唯美笔调，向我们讲述了一个个震撼心灵的人与动物的故事，给我们带来了或温馨或凄婉的阅读体验，引发我们深深的思考。书中故事的情节往往充满悬念，出人意料。那匹让"我"魂牵梦绕的叫淖尔的枣红马下落究竟如何？严冬来临，因受伤不能迁徙的小丹顶鹤奥杰塔和陪护它的父母，命运将何去何从？护林员老董为什么用那颗唯一的子弹朝天上开了一枪？……众多的谜团等待我们去解开。

作者简介

毛云尔，湖南平江人，中学语文老师，中国作家协会会员。曾获冰心儿童文学奖、张天翼儿童文学奖等。出版长篇动物小说"丛林血狼"系列、《斗牛》及《火狐》等。

内容梗概

《一匹叫淖尔的枣红马》一书中，选入了作家毛云尔有代表性的12篇短篇动物小说，篇名分别是：《一匹叫淖尔的枣红马》《鹤殇》《最后一枪》《再见，老王家的狗》《银色的骨笛》《拯救大兵》《牛皮鼓》《丹珂的湖》《朋友们来看雪吧》《冰雪擂羊》《守秋》《梅花鹿角》。这本书给我们讲述了一个个饱含深情、充满诗意、曲折感人的人与动物之间的故事，促使我们在内心深处牢牢记住：动物是我们的朋友！

精彩片段

拯救大兵（节选）

（一）

一个星期前，我收到了表哥的来信，他在信里说，今年寒假照例要来我家一趟。

橘红色的太阳仿佛一个毛线团，缓缓滚下了山坡。从时间上推算，从省城来的那辆末班车早就该到站了，可连接小镇的山路上，却始终不见表哥的身影。

渐渐地，天色黯淡下来，四周高耸的山峰变得模糊不清。在山巅的位置，依稀可以看见一条时断时续的"白线"——这是今年冬天降临的第一场雪。我禁不住打了个寒战。乖巧的大兵将身体靠拢过来，和我依偎在一起。我们感受到了彼此身体的温暖。

啊，忘了告诉大家，大兵是我家那只黑山羊的名字。

这是一只看上去很神气的黑山羊，瞧，它的头顶上生长着一对漂亮得无与伦比的犄角。大兵这名字还是我表哥给它取的呢，当时，他刚看了一部风靡全球的叫《拯救大兵瑞恩》的美国电影。

终于，在道路的尽头出现了表哥熟悉的身影。

久别重逢，我和表哥热烈地拥抱在一起。

也许是乐极生悲吧，就在这个黄昏，和我朝夕相处的大兵突然不见了。

我找遍了家里的每一个角落，都没有发现大兵的身影。仿佛兜头浇了一瓢冷水，我从刚才的喜悦中猛然清醒过来，马上意识到了事情的严重性。

情急之下，我顾不得将旅途劳顿的表哥安顿一下，让他好好休息，而是一把拽着表哥就往外跑。外面黑咕隆咚的，什么也看不见。我走在前头，表哥紧随其后，我们趔趔趄趄地在黑暗中四处寻找。

一路上，我们不停地呼喊着大兵的名字。

从陡峭的山坡到深不可测的山沟，从茂密的松树林到空旷的菜地，我和表哥几乎找遍了每一个角落，也喊破了嗓子，却始终都没有发现大兵的身影。最后，我和表哥精疲力竭了，一屁股跌坐在草地上。随着夜幕降临，草地上已经悄悄覆盖了一层薄霜。

大兵的突然消失，让我感到十分纳闷，更让我伤心不已。没有谁知道我和大兵之间的感情有多深，即使是表哥也不一定完全知道。我差点哭了起来。可是我尽力抑制着自己。我可不想在表哥面前将自己的脆弱袒露无遗。

不一会儿，月亮升起来了，眼前豁然开朗，整个山野笼罩在月亮的清辉之中。这时，在不远处的沙地上，有几丛灌木在轻轻摇曳，传来沙沙沙的声音，仿佛风在徐徐地吹拂。

"大——兵——"我和表哥不约而同发出呼喊。

话音刚落，大兵就从藏身的灌木丛中蹿了出来。我激动得从草地上猛然跳起，一把搂住大兵的脖子，许久也不愿分开。那情景仿佛我们之间经历了一场生离死别，仿佛我们之间分别了整整一个世纪那么久。事实上，大兵从消失到出现仅仅三个小时而已。

在月光下面，我发现大兵潮湿的眼神里有一种很特别的东西。

我慢慢读懂了大兵的眼神。我蓦然明白了，原来，这是大兵的一个恶作剧。

刚才我和表哥过于亲热，以至于冷落了大兵，于是心胸狭隘的大兵就用这样的方式对我进行惩罚。我又气又恼地将大兵从怀里往外一推。

我真的没有想到，大兵竟然也会嫉妒。

"动物也有感情的，和我们人类一样。"表哥沉思了许久。

表哥一边说，一边习惯性地将鼻梁上的眼镜使劲往上推了推。

（二）

大兵的突然失踪，让我和表哥虚惊一场。不过，仔细想一想吧，大兵这样做也是情有可原的。我和表哥于是很快便原谅了它。第二天早晨，我照例和往常一样赶着大兵到山坡去吃草。刚刚走到篱笆口，父亲突然拦在我和大兵面前。父亲身材高大，我和大兵淹没在他庞大的身影里。

"从今天起，再也用不着赶大兵去吃草了。"父亲的语气轻描淡写，仿佛在说一件无足轻重的事情。

父亲的这一决定让我多少有点摸不着头脑，我抬头注视着天空，橘红色的太阳就挂在靠近东边的位置，从山坳^{ào}里吹来的风也比平时少了一些干涩与粗硬，多了几分轻柔。种种迹象表明，不仅仅今天是个好天气，接下来的十天半月都是阳光灿烂的日子。

"再也用不着了。"父亲重复了一遍。

"这几天，就喂一些红薯和稻谷给大兵吃吧。"父亲特意交代我。

那一刻，我想都没想就为大兵高兴起来。红薯和稻谷，对一只黑山羊而言，是多么难得的美味佳肴。

我不知道大兵是否听懂了我和父亲的谈话，只见它一个劲地跳跃，一副兴高采烈的样子，四只坚硬的蹄子不停地敲打着结实的地面，仿佛将一面牛皮鼓擂响了，那咚咚咚的声音，飘荡在早晨冷冽而又清新的空气里。

大兵一直不停地跳啊，蹦啊，有好几次差一点撞倒了前面木头做成的篱笆。

父亲接下来的话把我吓了一大跳。

"多喂些营养丰富的红薯和稻谷，大兵就会长得更加壮实。"父亲稍微停顿了一下，"你表哥远道而来，总得给他弄点好吃的吧！"

父亲的话仿佛让我掉到了一个深不可测的冰窖里。

父亲是一个憨厚的山里汉子，热情好客，慷慨大方。

每当家里来了客人，父亲总是倾其所有，用最好吃的东西来招待。父亲的热情无可厚非，可是，在我的心中，大兵已经不再是一只普通的黑山羊了，我和大兵成了朝夕相处的好朋友。我怎么能够眼睁睁看着自己的朋友变成"美餐"呢？

"绝对不能！"我几乎哭喊着对父亲说。

那一刻，我的脑子在拼命旋转，我想出了几乎能够想到的所有理由来阻止父亲，但所有的努力都徒劳无益。父亲仿佛铁石心肠，丝毫也动摇不了他的决定。

无奈之下，我将所有的愤怒发泄在表哥身上，我觉得表哥才是真正的罪魁祸首。

是的，就是因为表哥的到来，厄运才降临到大兵的头上，这可是我事先没有想到的，自然，也出乎表哥的意料。

恰好这时，表哥从院子里走了出来。昨晚，我答应和表哥一起到山脚下的小河里捉螃蟹。冬天来临，小河的水变浅了，翻开石头就能轻而易举地抓到又肥又大的螃蟹。此时，表哥心里正惦记着捉螃蟹，满脸微笑地朝我快步走来。

我嗷嗷大叫着，像一只发疯的狮子一样猛扑上去，一拳重重地打在表哥那张胖嘟嘟的圆脸上。

（三）

　　整整一个上午，我坐卧不安。表哥呢，因为觉得自己确实具有不可推卸的责任，同样心中忐忑。

　　"大兵既是你的朋友，也是我的朋友。"表哥说，"不能就这样坐以待毙，必须想一个万全之策。"

　　表哥说这话的时候，我和他已经和好如初，正坐在高高的阁楼上。透过阁楼那扇破旧的窗户，可以眺望连云山高耸入云的山岭。

　　很快，我和表哥便想出了一个拯救大兵的完美计划。

　　我和表哥不约而同想到了连云山的山地草场。

　　在三千米海拔的连云山山巅，有一片辽阔的草场，不过，关于这片草场仅仅是传说而已。在我们这个村子里，除了上辈的几个猎人之外，再也没有人去过那里。自从草场的梅花鹿被大肆捕杀灭绝之后，那里就成了一个人迹罕至的地方。

　　这么多年过去了，那片辽阔的草场还真的存在并且完好如初吗？谁也不知道。

　　山路陡峭，我和表哥马不停蹄地走着。一路上，我累得汗流浃背，表哥胖嘟嘟的大圆脸上也布满了豆粒大

cén

的涔涔汗水。可是，心急如焚的我们根本没有喘息的机会，为了拯救大兵，我们必须争分夺秒。

日落时分，我们终于爬上了连云山高耸入云的山巅。

我和表哥怔怔地站立，为眼前壮观的景象感到惊讶万分。

我们如愿以偿找到了传说中的山地草场，四周环绕着低矮的灌木丛，中间的草甸子似乎望不到尽头。隆冬时节，那些茂盛的草叶已经褪去了春夏时的翠绿，呈现在我和表哥视野里的，是一片耀眼而纯粹的金黄。这片壮观的草场，却又是如此冷落与寂寥。

倘若梅花鹿还在的话，那一定是另一番让人怦然心动的景象。

当我和表哥极目眺望这片传说中的辽阔草场的时候，我们的心情是何等激动啊。

"大兵有救了！大兵有救了！"我和表哥欢呼着扑向草地，在茂密的草丛里打起滚来。

一会儿，我们的头发和衣服上，沾满了金黄的草屑。后来，我和表哥筋疲力尽了，就摊开四肢懒洋洋地躺在草地上。我们一边欣赏着从身边滑过去的丝丝流云，一边想象着大兵在草场里快乐生活的情景。

是的，这就是我和表哥的拯救计划，我们准备将大兵放生，让它独自在这片草场里生活。

"将动物放生，最关键的就是给它找到一个理想的野外生存环境。"表哥说。

为了慎重起见，表哥对草场做了进一步的观察。突然，表哥停住了脚步。

"这是什么？"表哥问我，神情十分紧张。

经验告诉我，那是一堆动物的粪便。更准确的说法是，那是一堆豺狗的粪便。粪便里，可以清楚地看见残存下来的动物皮毛和骨头。

毫无疑问，这片传说中的草场已经成了豺狗们的幸福天堂。

"大兵头顶上的犄角根本无法抵挡豺狗的尖牙和利爪，如果将大兵放生到这样危险的地方，用不了三分钟，豺狗们准会将它撕成粉碎。"表哥的语气不容置疑。

一想到这样的结果，我和表哥便惊出一身冷汗。为了自身的安全起见，我和表哥不敢耽搁，赶紧离开了这片已经沦落为豺狗天堂的黄金草场。

一路上，我们有着说不出的失落。

阅读小贴士

阅读本书中的故事时，我们要注意把握作者所写的动物的特点，然后进一步想一想作者是怎样表达人与动物之间的感情的。

阅读中你会发现，本书中的动物小说，与一般的以动物为主要描写对象的动物小说有所不同，这 12 篇动物小说都是由人与动物之间的互动引出故事的。根据这种特点，阅读的时候，要把自己置身于故事中，这样才能获得更深刻的感受。

我伴你读

活动一　完成阅读计划表

要开始愉快的读书之旅了，先制订一个"阅读计划表"吧！

阅读计划表

篇目名称	阅读时间	主要人物、事件	在书中标出或在表中填写最触动自己的情节内容	完成情况

活动二　设计思维导图

　　请在阅读完《一匹叫淖尔的枣红马》一书后，试着设计一个思维导图。要把书中 12 篇动物小说的主要人物、动物以及动物的结局等情况表现出来，如果也能把作者表达人与动物情感的方法在导图中表现出来，那就更好了！（可以参考下方思维导图的形式进行绘制，或按照自己的想法重新绘制）

《一匹叫淖尔的枣红马》

活动三　制作读书交流卡

　　阅读后填一填下面的"读书交流卡"，并和同学交流读书收获，相信在交流的过程中，你的认识会更加深刻。

读书交流卡

其中我最喜欢的一个故事是：

这本书给我留下深刻印象的情节有：

作者表达人与动物感情的方法有：

我读了这个故事后的感受是：

敬　启

　　为编好这本书，我们与收入本书的作品（含图片）作者进行了广泛联系，得到了各位作者的大力支持。在此，我们表示衷心的感谢。但是，由于个别作者地址不详，虽经多方努力，仍无法取得联系。敬请各位有著作权的作者尽快与我们联系，以便我们支付稿酬，并致谢忱！

　　我们还要感谢使用本书的师生们。希望你们在使用本书的过程中，能够及时把意见和建议反馈给我们，对此，我们深表谢意，并将给予一定奖励。让我们携起手来，共同完成本书的建设工作。

联 系 人：梁老师　刘老师

联系电话：010-58022100-6362

联系邮箱：ztxx2008@sina.com

网　　　址：http://www.ywztxx.com

地　　　址：北京市海淀区知春路7号致真大厦A座18层

图书在版编目（CIP）数据

探索与发现 / 李凤君主编. — 上海：上海教育出版社, 2021.12
    ISBN 978-7-5720-0810-8

    Ⅰ.①探⋯ Ⅱ.①李⋯ Ⅲ.①阅读课—小学—教学参考资料 Ⅳ.①G624.233

中国版本图书馆CIP数据核字（2021）第260866号

本书部分文字作品的版权由中国文字著作权协会代理及转付稿酬，电话：010-65978917，传真：010-65978926，E-mail：wenzhuxie@126.com

责任编辑　李光卫
封面设计　陈丽娟　王艺霖
著作权人　北京华樾教育科技有限公司

探索与发现

李凤君　主编

出版发行　上海教育出版社有限公司
官　　网　www.seph.com.cn
地　　址　上海市闵行区号景路159弄C座
邮　　编　201101
印　　刷　河北泓景印刷有限公司
开　　本　720×1010　1/16　印张 36
字　　数　400千字
版　　次　2021年12月第1版
印　　次　2021年12月第1次印刷
书　　号　ISBN 978-7-5720-0810-8/G·0626
定　　价　168.00元（全四册）

如发现质量问题，请向本社调换　　021-64373213

探索与发现

TANSUO YU FAXIAN

主 编　李凤君

3

上海教育出版社
SHANGHAI EDUCATIONAL
PUBLISHING HOUSE

编 委 会

广泛阅读，可以提高阅读理解力；

广泛阅读，可以丰富知识，开阔视野；

广泛阅读，可以提升思维力、鉴赏力；

广泛阅读，可以促进人的精神成长。

新编的读本，包括古诗文经典诵读、优秀作品专题阅读和整本书阅读，是落实课内外阅读一体化的优质资源。

捧起这套读本读起来，你会越来越享受阅读，你的一生一定会因为阅读而精彩！

崔峦

用阅读滋养你的心灵，
让你变得聪明善良、阳光、
宽广，更富想象力和创造力。

　　　　　　沈石溪

发现美，学会爱，表达自己。
在阅读和写作中不断进步！

　　　　　　王一梅

阅读是开启美好人生的钥匙
赵丽宏　庚子九月

为自己读书
为美好读书
肖复兴　庚子岁末

读经典的书
做优秀的人

幻想，从现实起飞
刘慈欣

目录

经典诵读

专题阅读一

　　"江山如此多娇，引无数英雄竞折腰。"我们的祖国幅员辽阔，奇山秀水令人神往。古往今来，无数文人骚客在祖国的山山水水间留下了众多动人篇章。

　　让我们通过诵读，欣赏古诗词中的名山大川，领略神州山水之美，感受华夏钟灵毓秀。

① 宿甘露寺①僧舍②（shè）

［宋］曾公亮

枕中云气千峰近，

床底松声③万壑④（hè）哀。

要看银山拍天浪⑤，

开窗放入大江来。

注释

① 甘露寺：在今江苏镇江北固山上，下临长江。
② 僧舍：僧人的住所。
③ 松声：大风席卷松林之声。
④ 壑：山谷，山沟。
⑤ 银山拍天浪：银山倒下激起冲天巨浪，形容波浪很大。

译文

云雾弥漫在枕边，山峰环绕在身旁，大风席卷松林之声、无数山谷哀鸣之声都好像从床底袭来。我忍不住想去看那如银山倒下激起的冲天巨浪，打开窗户，滚滚长江水仿佛一下子扑进了窗子。

❷ 十七日①观潮

[宋] 陈师道

漫漫②平沙走白虹③，

瑶台④失手⑤玉杯空。

晴天摇动清江底，

晚日⑥浮沉急浪中。

注 释

① 十七日：农历八月十七日。钱塘江潮水以每年农历八月十七、十八日两天
　最为宏大壮观。

② 漫漫：广阔无边的样子。

③ 走白虹：这里比喻江潮像白色的长虹奔驰过来。走，奔跑和滚动。

④ 瑶台：古代传说中神仙居住的地方。

⑤ 失手：因没拿住（玉杯）而倒翻。

⑥ 晚日：夕阳。

译文

　　在一望无垠的沙滩上，潮水像白色的长虹呼啸而来，我猜想那是瑶台仙人失手把玉杯中的琼浆泼向了人间。汹涌的江潮使倒映在江水中的蓝天摇动不止，奔腾的江潮让倒映在江水中的落日沉下又浮起。

❸ 江 上

[明] 王彦泓

水畔①人家竹绕扉②,

月明江上棹(zhào)船归③。

一篙(gāo)④打得芦花响,

惊起沙鸥⑤拍拍飞⑥。

注 释

① 水畔：水边。
② 竹绕扉：竹子围绕着门扇，指房屋周围都是竹子。
③ 棹船归：划船归来。
④ 篙：撑船用的竹竿或木杆。
⑤ 沙鸥：水鸟名，形体较大，通常栖息在沙滩或沙洲上。
⑥ 拍拍飞：挥动翅膀飞翔的样子。

译文

　　住在水边的人家房屋周围青竹环绕，明月照耀的江上有人划船归来。船篙打水划过芦花发出声响，受惊的沙鸥挥动翅膀向远处飞去。

④ 大河赋①（节选）

[晋] 成公绥 *suí*

览百川②之宏壮兮③，

莫④尚美于黄河⑤。

潜⑥昆仑⑦之峻极⑧兮，

出积石⑨之嵯峨⑩。

注 释

① 大河赋：一作"黄河赋"。

② 百川：江河湖泽的总称。

③ 兮：文言助词，相当于现代汉语的"啊"。

④ 莫：没有。

⑤ 尚美于黄河：比黄河更美。

⑥ 潜：隐藏。

⑦ 昆仑：山名，即昆仑山。中国西部的山脉。

⑧ 峻极：形容山极高，极为陡峭。

⑨ 积石：山名。

⑩ 嵯峨：形容山势高峻。

译文

　　游览了百川的宏伟壮丽啊，没有任何河流可以比黄河更美！在极为陡峭的昆仑山下形成潜流啊，又从山势高峻的积石山流出。

⑤ 前赤壁赋（节选）

[宋] 苏轼

少焉①，月出于东山之上，徘徊于斗牛②之间。白露横江③，水光接天。纵④一苇⑤之所如⑥，凌⑦万顷⑧之茫然⑨。

注 释

① 少焉：不一会儿。

② 斗牛：星宿名。斗，南斗星。牛，牵牛星或说牛郎星。

③ 白露横江：白茫茫的雾气笼罩江面。

④ 纵：任凭。

⑤ 一苇：比喻船很小，像一片苇叶。

⑥ 如：往。

⑦ 凌：越过。

⑧ 万顷：极为宽阔的江面。

⑨ 茫然：浩荡缥缈的样子。

译文

不一会儿，明月从东边的山后升起，徘徊在南斗星宿与牛郎星宿之间。白茫茫的雾气笼罩着江面，清冷的水光与天际相接，同为一色。我们任凭自己乘坐的小船漂流，越过烟波浩渺的宽阔江面。

一步一景一世界

从璀璨星空到辽阔大地，从名山大川到涓涓细流，世界的每个角落都有着独一无二的风景。

阅读下面这组文章，关注作者是如何用文字呈现这些美丽景色的：按照怎样的顺序写，又抓住了景物的哪些特征？仔细阅读，相信你一定能找到描写景物的诀窍。

① 日出（节选）

刘白羽

在飞机上看日出，真是一次难得的体验。阅读时要注意抓住作者独特的视角，关注作者描写的顺序。

"黑沉沉""暗红色""淡蓝色"……好一幅色彩艳丽又多变的日出图！你是否也发现了日出时太阳、天空颜色的变化？试着在文中圈画出关键词吧！

但是，我却看到了一次最雄伟、最瑰丽的日出景象。不过，那既不是在高山之巅，也不是在大海之滨，而是从国外向祖国飞航的飞机飞临的万仞（rèn）高空上。现在想起，我还不能不为那奇幻的景色而惊异。是在我没有一点准备、一丝预料的时刻，宇宙便把它那无与伦比的光华、风采，全部展现在我的眼前了。当飞机起飞时，下面还是黑沉沉的浓夜，上空却已游动着一线微明，它如同一条狭窄的暗红色长带，带子的上面露出一片清冷的淡蓝色晨曦（xī），晨曦上面高悬着一颗明亮的启明星。飞机不断向上飞翔，愈升愈高，也不知穿过多少云层，远远抛开那黑沉沉的地面。飞机好像唯恐惊醒人们的安眠，马达声特别轻柔，两翼非常平稳。这时间，那条红带，却慢慢在扩大，像一片红云了，像一片红海了。暗红色的光发亮了，它向天穹^{qióng}上展开，把夜空愈抬愈远，而且把它们映红了。下面呢？却还像苍莽^{mǎng}的大陆一样，黑色无边。这是晨光与黑夜交替的时刻，这是即将过去的世界与即将到来的世界交替的时刻。你乍看上去，黑夜还似乎强大无边，可是一转眼，清冷的晨曦变为磁蓝色的光芒。原来的红海上簇拥出一堆堆墨蓝色云霞。一个奇迹就在这时诞生了。突然间从墨蓝色云霞里矗起一道细细的抛物线，这线红得透亮，闪着金光，如同沸腾的溶液一下抛溅上去，然后像一支火箭一直向上冲，这时我才恍然大悟，原来这就是光明的白昼由夜空中迸射出来的一刹那。然后在几条墨蓝色云霞的隙缝里闪出几个更红更亮的小片。开始我很惊奇，不知这是什么，再一看，几个小片冲破云霞，密接起来，融合起来，飞跃而出，原来是太阳出来了。它晶光耀眼，火一般鲜红，火一般强烈，不知不觉，所有暗影立刻都被它照明了。一眨眼工夫，我看见飞机的翅膀红了，窗玻璃红了，机舱座里每一个酣睡者的面孔红了。这时一切一切都宁静极了，宁静极了，整个宇宙就像刚诞生过婴儿的母亲一样温柔、安静，充满清新、幸福之感。再向下看，云层像灰色急流，在滚滚流开，好让光线投到大地上去，使整个世界大放光明。我靠在软椅上睡熟了。醒来时我们的飞机正平平稳稳，自由自在，向我的亲爱的祖国，向太阳升起的地方航行。黎明时刻的种种红色、灰色、黛色、蓝色，都不见了，只有上下天空，一碧万顷，空中的一些云朵，闪着银光，像小孩子的笑脸。这时，我深切感

"一眨眼工夫"表现了日出变化之快，边读边仔细体会。

dài

到这个光彩夺目的黎明，正是新中国瑰丽的景象。我忘掉了为这一次看到日出奇景而高兴，而喜悦，我却进入一种庄严的思索，我在体会着"我们是早上六点钟的太阳"这一句诗那最优美、最深刻的含意。

作者在思索着什么？你知道"我们是早上六点钟的太阳"这句诗的含意吗？

日积月累

喷薄而出	旭日东升	金光万缕	璀璨夺目
艳阳高照	光芒四射	烈日当空	骄阳似火
日薄西山	落日余晖	瑰丽多彩	残阳如血

❷ 松堂游记

朱自清

去年夏天，我们和S君夫妇在松堂住了三日。难得这三日的闲，我们约好了什么事不管，只玩儿，也带了两本书，却只是预备闲得真没办法时消消遣的。

出发的前夜，忽然雷雨大作。枕上颇为怅怅，难道天公这么不作美吗！第二天清早，一看却是个大晴天。上了车，一路树木带着宿雨，绿得发亮，地下只有一些水塘，没有一点尘土，行人也不多。又静，又干净。

想着到还早呢，过了红山头不远，车却停下了。两扇大红门紧闭着，门额是国立清华大学西山牧场。拍了一会儿门，没人出来，我们正在没奈何，一个过路的孩子说这门上了锁，得走旁门。

"出发的前夜""第二天清早"，请找到类似的语句圈画出来。通过这些语句，你是否发现了作者的写作顺序呢？

旁门上挂着牌子，"内有恶犬"。小时候最怕狗，有点趑趄^①。门里有人出来，保护着进去，一面吆喝着汪汪的群犬，一面只是说，"不碍不碍"。

过了两道小门，真是豁然开朗，别有天地。一眼先是亭亭直上，又刚健又婀娜的白皮松。白皮松不算奇，多得好，你挤着我我挤着你也不算奇，疏得好，要像住宅的院子里，四角上各来上一棵，疏不是？谁爱看？这儿就是院子大得好，就是四方八面都来得好。中间便是松堂，原是一座石亭子改造的，这座亭子高大轩敞，对得起那四围的松树，大理石柱，大理石栏杆，都还好好的，白、滑、冷。白皮松没有多少影子，堂中明窗净几，坐下来清清楚楚觉得自己真太小，在这样高的屋顶下。树影子少，可不热，廊下端详那些松树灵秀的姿态，洁白的皮肤，隐隐的一丝儿

"两扇大红门""过了两道小门"，找一找类似这样的语句，再通过这些语句，试着画出作者的游览路线。

———————————

① 趑趄：想前进又不敢前进的样子。

凉意便袭上心头。

　　堂后一座假山，石头并不好，堆叠得还不算傻瓜。里头藏着个小洞，有神龛(kān)、石桌、石凳之类。可是外边看，不仔细看不出，得费点心去发现。假山上满可以爬过去，不顶容易，也不顶难。后山有座无梁殿，红墙，各色琉璃砖瓦，屋脊上三个瓶子，太阳里古艳照人。殿在半山，岿(kuī)然独立，有俯视八极气象。天坛的无梁殿太小，南京灵谷寺的太黯淡，又都在平地上。山上还残留着些旧碉堡，是乾隆打金川时在西山练健锐云梯营用的，在阴雨天或斜阳中看最有味。又有座白玉石牌坊，和碧云寺塔院前那一座一般，不知怎样，前年春天倒下了，看着怪不好过的。

　　可惜我们来的还不是时候，晚饭后在廊下黑暗里等月亮，月亮老不上，我们什么都谈，又赌背诗词，有时也沉默一会儿。黑暗也有黑暗的好处，松树

松堂是文章介绍的重点，为什么作者要提及天坛的无梁殿、南京的灵谷寺呢？

的长影子阴森森的有点像鬼物拿土。但是这么看的话，松堂的院子还差得远，白皮松也太秀气，我想起郭沫若君《夜步十里松原》那首诗，那才够阴森森的味儿——而且得独自一个人。好了，月亮上来了，却又让云遮去了一半，老远地躲在树缝里，像个乡下姑娘，羞答答的。从前人说："千呼万唤始出来，犹抱琵琶半遮面。"真有点儿！云越来越厚，由它吧，懒得去管了。可是想，若是一个秋夜，刮点西风也好。虽不是真松树，但那奔腾澎湃的"涛"声也该得听吧。

西风自然是不会来的。临睡时，我们在堂中点上了两三支洋蜡。怯怯的焰子让大屋顶压着，喘不出气来。我们隔着烛光彼此相看，也像蒙着一层烟雾。外面是连天漫地一片黑，海似的。只有远近几声犬吠，教我们知道还在人间世里。

作者写的"月亮上来了"这一部分极其生动，一个"躲"，一个"羞"，使月亮的形象显得那样美丽迷人。

❸ 苏州漫步（节选）

陆文夫

在所有的园林当中，我最爱"留园"。它像所有的艺术杰作一样，带着深深的含蓄。入口处一条朴实的走廊，普通的庭院。慢慢地，面前出现了一排漏窗，透过窗上的各种图案向北望，园林中部的池台亭榭便隐约可见。等到穿过"涵碧山房"，站在近水的凉台上时，只见一派假山迎面而起，山石犬牙交错，"可亭"的六角高耸在山石的上面，高高低低的三道小桥横卧在山涧上。远望迂回曲折，仿佛深不见底。到这里，便感到人在画中，但又不见画的全貌。

登上爬山的游廊，走进"闻木樨^{xī}香轩"，园中部的景物便全都呈现在眼

作者在"留园"中都看到了哪些画面？闭上眼睛，想象一下自己身在画卷之中的情景，体会"留园"的含蓄美。

前。东面是楼阁参差，古木奇石掩映着亭台水榭，南面是廊台，花墙，小巧的"明瑟楼"凌驾于一切建筑之上，楼前是满池清水，倒映着南面的全部景色，造成了园外园的奇景。池塘当中，有一个小岛，叫"小蓬莱"，这里的桥、亭都和水面相平，登上"小蓬莱"好像站在湖心水底，而觉得四面皆山。过了"小蓬莱"到达"曲溪楼"的底层时，中部的景物都已一览无余，可以告一段落了。但是，"曲溪楼"旁还有许多砖框、漏窗，它像取景框一样，把园中的景色浓缩起来，使人处处凌虚，移步换影。抬头西望，深秋时，鲜红的枫叶漫铺在高下起伏的云墙上，叫人留恋不已，回味无穷。

园外园的奇景是怎样的？请你尝试绘制简易的方位图，并用自己的话介绍园中的景物。

④ 天然湖与果子沟①

碧　野

在天山的高处，常常出现巨大的天然湖。湖面明净如镜，水清见底。高空的白云和四周的雪峰清晰地倒映在水中，把湖山天影融为晶莹的一体。在这幽静的湖中，唯一活动的东西就是天鹅。天鹅的洁白增添了湖水的明净，天鹅的叫声增添了湖面的幽静。人家说山色多变，而事实上湖色也是多变，如果你站立在高处瞭望湖面，眼前是一片爽心悦目的碧水茫茫，如果你再留意一看，接近你的视线的是鳞光闪闪，像千万条银鱼在游动，而远处平展如镜，没有一点纤尘或者一根游丝的侵扰。

作者通过天鹅的"动"，突显了天然湖的"静"。

---

① 本文选自碧野的《天山景物记》，略有删改。

湖色越远越深，由近到远，是银白、淡蓝、深青、墨绿，非常分明。传说中有这么一个湖是古代一个不幸的哈萨克族少女滴下的眼泪，湖色的多变正是象征着那个古代少女的万种哀愁。

美丽的神话传说，赋予了这个湖神秘的色彩，令人神往。

就在这个湖边，传说中的少女的后代子孙们现在放牧着羊群。湖水滋润着湖边的青草，青草喂胖了羊群，羊奶哺育着少女的后代子孙。这象征着哈萨克族不幸的湖，今天已经变为实际的幸福湖。山峦爽朗，湖水清净，日里披满阳光，夜里缀满星辰。牧民们的毡包随着羊群环湖周游，他们的羊群一年年繁殖，他们弹琴歌唱自己幸福的生活。

高山的雪水汇入湖中，又从像被一刀劈开的峡谷岩石间泻落到千丈以下的山涧里。水从悬崖上像条飞练似的泻下，即使站在十里外的山头上，也能看见那飞练的白光。如果你走到悬崖跟前，脚下就会受到一种惊心动魄的震撼，俯视水练冲泻到深谷的涧石上，溅起密密的飞沫，在日中的阳光下，形成蒙蒙的瑰丽的彩色水雾。就在急湍的涧边，绿色的深谷里也散布着一顶顶牧民的毡包，像水洗的玉石那么洁白。

如果你顺着弯弯曲曲的涧流走，沿途汇入千百条泉流，逐渐形成溪流，再汇入许多涧流和溪流，就形成河流，奔腾出天山。

就在这种深山野谷的溪流边，往往有着果树夹岸的野果子沟。春天繁花开遍峡谷，秋天果实压满山腰。每当花红果熟，正是鸟雀野兽的乐园。这种野果子沟往往不为人们所发现。其中有这么一条野果子沟，沟里长满野苹果，连绵五百里。春天，五百里的苹果花开无人知；秋天，五百里累累的苹果无人采。老苹果树凋枯了，更多的新苹果树茁长起来。多少年来，这条长沟堆积了几丈厚的野苹果泥。

作者是如何从天然湖写到果子沟的？你发现了作者写作视角是如何变化的吗？

春天的花，秋天的果，五百里的苹果树，处处充满了果子的香气，难怪此地名为果子沟！

·20·

现在，已经有人发现了这条野苹果沟，开始在沟里建立酿酒厂，把野苹果酿造成大量芬芳的美酒，让这大自然的珍品化成人们的营养，增进人们的健康。

朋友，天山的丰美景物何止这些，天山绵延几千里，不论高山、深谷，不论草原、森林，不论溪流、湖泊，处处有丰饶的物产，处处有奇丽的美景，你要我说可真说不完。如果哪一天你有豪情去游天山，临行前别忘了通知我一声，也许我能给你当一个不很出色的向导。不过当向导在我只是一个漂亮的借口，其实我私心里很想找个机会去重游天山。

文章的结尾给读者留下了浓浓的酒香，给景色增加了无限的魅力。相信你也很期待游览天山吧！

世界之大，景色万千，每个人心中都有最爱的一处美景。快速默读下面四篇文章，找一找作者都描写了哪些景色。边读边想：文中哪些美景让你印象深刻，作者是如何带领你欣赏这世间美景的呢？

① 三亚落日

王唯唯

在三亚看落日真有诗意。夕阳滑落的景象美妙绝伦，一点儿也不比日出逊色。

三亚在海南岛的最南端，被蓝透了的海水围着，洋溢着浓浓的热带风情。蓝蓝的天与蓝蓝的海融为一体，低翔的白鸥掠过蓝蓝的海面，真让人担心洁白的翅尖会被海水蘸蓝了。挺拔俊秀的椰子树，不时在海风中摇曳着碧玉般的树冠。海滩上玉屑银末般的细沙，金灿灿亮闪闪的，软软地暖暖地搔着人们的脚板，谁都想捏一捏、团一团，将它揉成韧韧的面。

活跃了一天的太阳，依旧像一个快乐的孩童。它歪着红扑扑的脸蛋，毫无倦态，潇潇洒洒地从身上抖落下赤朱丹彤，在大海上溅出无数夺目的亮点。于是，天和海都被它的笑颜感染了，金红一色，热烈一片。

时光悄悄地溜走，暑气跟着阵阵海风徐徐地远离。夕阳也渐渐收敛了光芒，变得温和起来，像一只光焰柔和的大红灯笼，悬在海与天的边缘。兴许是悬得太久的缘故，只见它慢慢地下沉，刚一挨到海面，又平稳地停住了。它似乎借助了大海的支撑，再一次任性地在这张硕大无朋的床面上顽皮地蹦跳。大海失去了原色，像饱饮了玫瑰酒似的，醉醺醺地涨溢出光与彩。人们惊讶得不敢眨眼，生怕眨眼的一瞬间，那盏红灯笼会被一只巨手提走。我瞪大双眼正在欣赏着，突然那落日颤动了两下，最后像跳水员那样，以一个轻快、敏捷的弹跳，再以一个悄然无声、水波不惊的优美姿势入了水，向人们道了"再见"。

哦，这就是三亚的落日！

❷ 美洲之夜

［法国］夏多布里昂

一天傍晚，我在离尼亚加拉瀑布不远的森林中迷了路。转瞬间，太阳在我周围熄灭，我欣赏到了新大陆荒原美丽的夜景。

日落后一小时，月亮在对面天空出现。夜空皇后从东方带来的馥（fù）郁的微风好像她清新的气息，率先来到林中。孤独的星辰冉冉升起：她时而宁静地继续她蔚蓝的驰骋，时而在好像皑皑白雪笼罩山巅的云彩上憩（qì）息。云彩揭开或戴上它们的面纱，蔓延开去，成为洁白的烟雾，散落成一团团轻盈的泡沫，或者在天空形成絮状的耀眼的长滩，看上去是那么轻盈、那么柔软和富于弹性，仿佛可以触摸似的。

地上的情景也同样令人陶醉：天鹅绒般的淡蓝的月光照进树林，把一束束光芒投射到最深的黑暗之中。我脚下流淌的小河有时消失在树木间，有时重新出现，河水辉映着夜空的群星。对岸是一片草原，草原上沉睡着如洗的月光；几棵稀疏的白桦在微风中摇曳，在这纹丝不动的光海里形成几处漂浮的影子的岛屿。如果没有树叶的坠落、乍起的阵风、灰林鸮^{xiāo}的哀鸣，周围本来是一个万籁俱寂的世界。远处不时传来尼亚加拉瀑布低沉的咆哮，那咆哮声在寂静的夜空越过重重荒原，最后湮^{yān}灭在遥远的森林之中。

这幅图画的宏伟和令人惊悸^{jì}的凄清是人类语言所不能表达的。试图在耕耘过的田野上扩展我们的想象是徒劳的；它不能超越四面的村庄；但在这蛮荒的原野，我们的灵魂乐于进入林海的深处，在瀑布深渊的上空翱翔，在湖畔和河边沉思……

（程依荣　译）

③ 观莲拙政园

周瘦鹃

也许是因为我家祖祖辈辈传下来的堂名是爱莲堂的缘故，因此对于我家老祖宗《爱莲说》作者周濂溪先生所歌颂的莲花，自有一种特殊的好感。倒并不是为它出淤泥而不染，是花中君子，实在是爱它的高花大叶，香远益清，在众香国里，真可说是独有千古的。年年农历六月二十四日，旧时相传为莲花生日，又称观莲节，我那小园子里的池莲、缸莲都开好了，可我看了还觉得不过瘾，总要赶到拙政园去观赏莲花，也算是欢度观莲节哩。

可不是吗？拙政园的水面，占全园面积的五分之三，池水沦涟，正可作为莲花之家；何况中部的堂啊，亭啊，轩啊，都是配合着莲花而命名的，因此拙政园实在是一个观莲的好去处。例如远香堂、荷风四面亭、倚玉轩，还有那船舫形的小轩"香洲"，以至西部的留听阁，都是与莲花有连带关系而可以给你坐在那里观赏的。

我们虽为观莲而来，但是好景当前，不会熟视无睹，也总要欣赏一下；况且这个园子已被列为第一批全国重点文物保护单位之一，真该刮目相看。怎么叫作"拙政"呢？原来明代正德年间，御史王献臣因不满于权贵弄权，弃官归隐，把这里大弘寺的一部分基地造了一个别墅，取名拙政园。王死后，他的儿子爱好赌博，就在一夜之间把这园子输掉了。到了公元一八六〇年，太平天国忠王李秀成攻下苏州时，就园子的一部分建立忠王府，作为发号施令的所在。

从东部新辟的大门进去，迎面就看到新叠的湖石，分列三面，傍石植树，点缀得楚楚可观，略有倪云林①画意。进园又见奇峰几座，好像是案头大石供。这里原是明代侍郎王心一归田园遗址，有些峰石还是当年遗物。这东部是近年来所布置的，有土山密植苍松，浓翠欲滴；此外有亭有榭，有溪有桥，有广厅作品茗就餐之所。从曲径通到曲廊，在拱桥附近的水面上，先就望见一小片莲叶莲花，给我们尝鼎一脔^(luán)；这是最近新种的，料知一二年后，就可蔓延开去了。

①倪云林：指元代画家倪瓒，字元镇，号云林子、幻霞子等。

从曲廊向西行进，就是中部的起点，这一带有海棠春坞、玲珑馆、枇杷园诸胜，仲春有海棠可看，初夏有枇杷可赏，一步步渐入佳境。走过了那盖着绣绮亭的小丘，就到达远香堂，顾名思义，不由得想起那《爱莲说》中的名句"香远益清，亭亭净植"八个字来，知道堂名就由此而得，而也就是给我们观莲的好地方了。

远香堂面对着一座挺大的黄石假山，山下一泓池水，有锦鳞往来游泳，堂外三面通廊，堂后有宽广的平台，台下就是一大片莲塘，种着天竺种千叶莲花，这是两年以前好容易从昆山正仪镇引种过来的。原来正仪镇上有个顾园，是元代名士顾阿瑛"玉山佳处"的遗址。在东亭子旁，有一个莲池，池中全是千叶莲花，据说还是顾阿瑛手植的，到现在已有六百多年，珍种犹存，年年开花不绝。拙政园莲塘中自从把原种藕秧种下以后，当年就开了花，真是色香双绝，不同凡卉。第二年花花叶叶，更为繁盛，翠盖红裳，几乎把整个莲塘都遮满了。并蒂莲到处都是，并且一花中有四五芯、七八芯，以至十三个芯的，花瓣多至一千四百余瓣。只为负担太重了，花头往往低垂着，使人不易窥见花芯，因此苏州培养碗莲的专家卢彬士老先生所作长歌中，曾有"看花不易窥全面，三千莲媛总低头"之句，表示遗憾。其实我们只要走到水边，凑近去细看时，还是可以看到那捧心西子态的。今夏花和叶虽觉少了一些，而水面却暴露了出来，让我们欣赏那水中花影，仿佛姹^{yà}婭欲笑哩。

远香堂西邻的倚玉轩，与船舫形的香洲遥遥相对，北面的斜坡上还有一个荷风四面亭，三者位在三个角度上，恰恰形成鼎足之势，而三处都可观莲，因为都是面临莲塘的。香洲贴近水边，可以近观；倚玉轩隔一条花街，可以远观；而荷风四面亭翼然高处，可以俯观；好在莲花解意，婉娈^{luán}可人，不论你走到哪一面，都可以让你尽情观赏的。穿过了曲桥，从假山上拾级而登，就见一座楼，叫作见山楼，凭北窗可以看山，凭南窗可以观莲，并且也可以远观远香堂后的千叶莲花了。

走进别有洞天，就到了园的西部，沿着起伏的曲廊向西行进，就看到一座美轮美奂的花厅，分作两半。一半是十八曼陀罗花馆，庭中旧时种有山茶十八株。另一半是三十六鸳鸯馆，前临池沼，养着文羽鲜艳的鸳鸯，成双作对地在那里戏水，悠然自得。池中种着白莲，让鸳鸯拍浮其间，构成了一个美妙的画面；正如宋代欧阳修咏莲词所谓"叶有清风花有露，叶笼花罩鸳鸯侣"，真是相得益彰，而大可供人观赏、供人吟味的。

向西出了三十六鸳鸯馆，向北走过一条小桥，就到了留听阁，窗户挂落，都是精雕细刻，剔透玲珑。我们细细体味阁名，原来是从那句"留得残荷听雨声"的古诗句上得来的。这个阁坐落在西部尽头处，去莲塘不远，到了秋雨秋风的时节，坐在这里小憩一会儿，自可听到残荷上淅淅沥沥的雨声的。

阅读链接

中国四大名园

北京颐和园、河北承德避暑山庄、江苏苏州拙政园、江苏苏州留园。

④ 五彩池

叶文玲

九寨沟的海子①，大都是水色蔚蓝而异常清澈的。可是，五彩池的水，则倍加幽蓝，倍加纯洁，纯洁得几近透明。不，岂止是纯洁透明，她还能映衬出多种颜色，名曰"五彩"，是一点也不夸张的。

纯洁透明的五彩池，不只是色彩斑斓，还常温不冻。据说，无论四季怎样雨旱交替，池水永远不增不减。哦，就像蒙娜丽莎那永恒的微笑一样，五彩池的美，也是永恒的。

我见到的就是她如"永恒的微笑"那样的景致！身处这令人情思绵绵无限温暖的境地，我情不自禁地设想着这里的冬日……哦，当朔风凛冽，天寒地冻，当周围的群峰都白雪皑皑时，这一汪碧水，依然保持着宝蓝、黛绿、鹅黄、橙红的色彩，这一汪碧水依然清波微漾、水温可人。你说，你能不为这无比奇美的

———————————————
① 海子：湖泊。

景致啧啧叫绝吗？

五彩池之所以令人特别赞叹，还在于她那奇妙的地理位置。这独特的位置使它的呈现更多了一种"临去秋波那一转"的魅力。

沿着"Y"形的西路颠簸前进，山越走越高，沟越盘越深。在高岗低谷盘回的人车，几乎要被深深的绿色淹没了，可绵延不断的林木还是一望无尽。那浓淡不同的油绿，越发层层深幽，虽有泉声林涛伴着这无穷无尽的路，人也毕竟困乏了。正在倦眼懒对时，突然，似宝镜回光，铮明耀眼，一泓澄碧的水，突现在深深的山谷。那就是斑斓绚丽的五彩池！

哦，那浓蓝黛绿的颜色，比开屏的雀翎还要鲜艳；流霞映彩的波光，就如钻戒宝石一样光华灿灿！也许就因为它像宝石一样奇美，所以才深深镶嵌在谷底，而欲近前观赏，必须翻过眼前这座没有路的崖头。这百余米的山崖，十分峭削且布满荆棘，人只能攀扯着盘根错节的枯藤膝行蛇移，半道上，那棵倒横的巨树，也只容你猫下身子才能慢慢钻越……哦，管什么荆棘钩挂，管什么苍苔冷滑，人到其时，大概都无法抗拒美的诱惑！

到了，到了！摔一跤、滑几跤又算得了什么？你看，你看这五彩池啊，这池子哪里是水？这哪里只是水？掬起每一滴都是金玉，撩起每一串都是珠链。啊，不，还是莫动、莫动吧！莫动她的一点一滴。是的，美是不该随便惊扰的，最美好的纪念，便是在这里多多留影。这多彩的纪念啊，摄在你我的相机里，也将嵌在你我的心屏中……

阅读链接

　　九寨沟，在四川省九寨沟县西南。因沟内原有九个藏族村寨而得名。原为林区，在崇山峻岭中，自然风光极其优美，分布有108个海子（湖泊），各湖之间多飞瀑，如树正瀑布、诺日朗瀑布，气势磅礴。还有大熊猫、金丝猴、羚牛等珍贵动物。为国家级自然保护区。

活动一

这四篇文章描写了不同地方的美丽景色。请快速浏览文章，找一找这四篇文章主要写了哪些景物，它们各自有哪些特点。请从文中提取关键词，填在表格中。

文章题目	景物	特点
《三亚落日》		
《美洲之夜》		
《观莲拙政园》		
《五彩池》		

活动二

按照一定的顺序、结构描写景物，往往能让读者更清晰地了解景物特点。通过阅读这四篇文章，你发现作者是按照怎样的顺序描写景物的？请先从文中找出关键词，再做出判断。（上面一行填关键词，下面一行填"时间顺序"或"空间顺序"）

《三亚落日》

《美洲之夜》

《观莲拙政园》

《五彩池》

选择一处你游览过并且非常喜爱的景点，先在方框中为这次游览拟个题目，再在鱼骨图上构思写作框架。

题目：＿＿＿＿＿＿＿＿＿＿＿

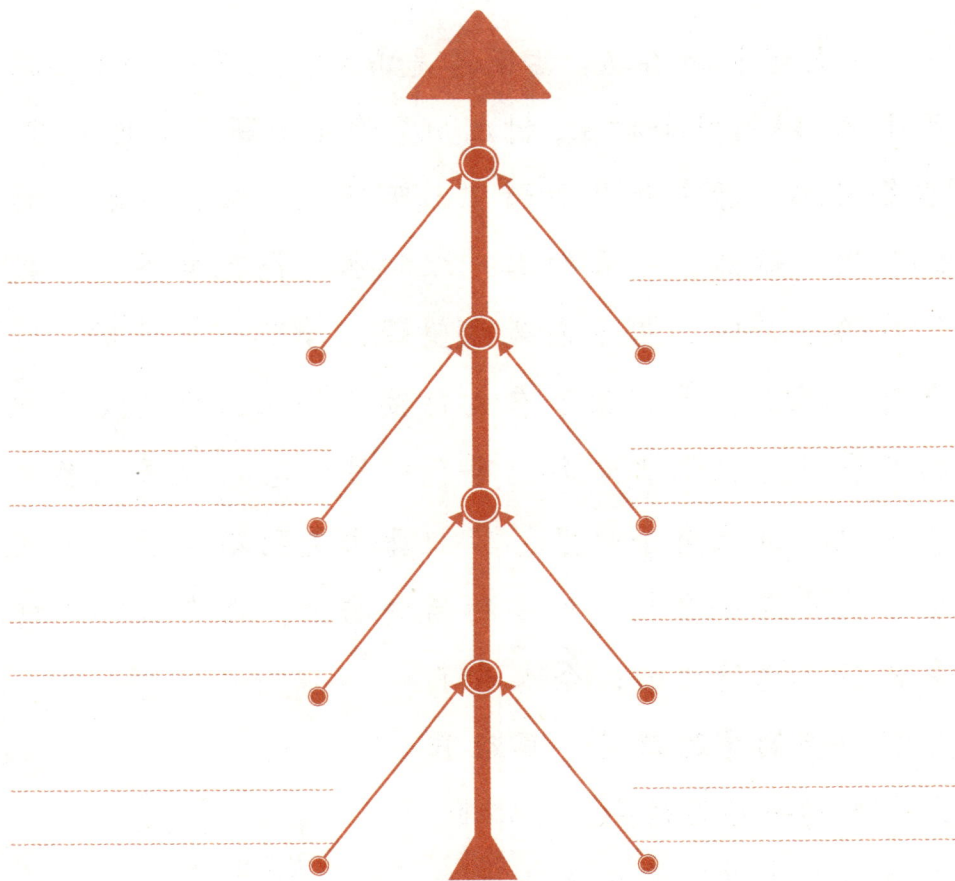

① 山阴道上

徐蔚南

一条修长的石路，右面尽是田亩，左面是一条清澈的小河。隔河是个村庄，村庄的背景是一联青翠的山冈。这条石路，原来就是所谓"山阴道上，应接不暇"的山阴道。诚然，"青的山，绿的水，花花世界"。我们在路上行时，望了东又要望西，苦了一双眼睛。道上行人很少，有时除了农夫自城中归来，简直没有别的人影了。我们正爱那清冷，一月里总来这道上散步二三次。道上有个路亭，我们每次走到路亭里，必定坐下来休息一会儿。路亭的两壁墙上，常有人写着许多粗俗不通的文句，令人看了发笑。我们穿过路亭，再往前走，走到一座石桥旁，才停步，不再往前走了，我们去坐在桥栏上瞭望四周的野景。

作者的游览顺序特别清晰，你发现了吗？

桥下的河水，尤清洁可鉴。它那喃喃的流动声，似在低诉那宇宙的永久秘密。

下午，一片斜晖映照河面，有如将河水镀了一层黄金。一群白鸭聚成三角形，最魁梧的一头做向导，最后的是一排瘦瘠的，在那镀金的水波上向前游去，向前游去。河水被鸭子分成两路，无数软弱的波纹向左右展开，展开，展开，展到河边的小草里，展到河边的石子上，展到河边的泥里……

我们在桥栏上这样注视着河水的流动，心中便充满了一种喜悦。但是这种喜悦只有唇上的微笑，轻匀的呼吸与和善的目光能表现出来。我还记得那一天，当时我和他两个人看了这幅天然的妙画，我们俩默然相视了一会儿，似乎我们的心灵已在一起，已互相了解，我们的友谊已无须用言语解释，更何必用言语来解释呢！

远地里的山冈，不似早春时候尽被白漫漫的云雾罩住了，巍然接连着站在四围，闪出一种很散漫的青的薄光来，山腰里寥落的松柏也似乎看得清楚了。桥左旁的山的形式，又自不同，独立在那边，黄色里泛出青绿来。不过山上没有一株树木，似乎太单调了；

山麓下却有无数的竹林和丛薮。

　　离桥头右端三四丈处，也有一座小山，只有三四丈高，山巅纵横四五丈，方方的有如一个露天的戏台，上面铺着短短的碧草。我们每登上这山顶，便如到了自由国土一般，将镇日幽闭在胸间的游戏本能，尽情发泄出来。我们毫没有一点害羞，毫没有一点畏惧，我们尽我们的力量唱起歌来，做起戏来。我们大笑，我们高叫。啊！多么活泼，多么快乐！几日来积聚的烦闷完全消尽了。玩得疲乏了，我们便在地上坐下来，卧下来，观着那青空里的白云。<u>白云确有使人欣赏的价值</u>，一团一团的如棉花，一卷一卷的如波涛，连山一般地拥在那儿，野兽一般地站在这边：万千状态，无奇不有。这一幅最神秘、最美丽、最复杂的画片，只有睁开我们心灵的眼睛来，才能看出其间的意义和幽妙。

作者说："白云确有使人欣赏的价值。"你认同吗？请结合文章，说说你的理由。

　　太阳落山了，它的分外红的强光从树梢头喷射出来，将白云染成血色，将青山也染成血色。在这血色中，它渐渐向山后落下，忽而变成一个红球，浮在山腰里。这时它的光已不耀眼了，山也暗淡了，云也暗淡了，树也暗淡了。这红球原来是太阳的影子。

苍茫暮色里，有几点星火在那边闪动，这是城中电灯放光了，我们不得不匆匆回去。

阅读链接

山阴道，在今浙江绍兴西南一带。这条可以通往兰亭的古道，历来以风景优美著称。东晋书法家王羲之有云："山阴道上行，如在镜中游。"其子王献之也有云："从山阴道上行，山川自相映发，使人应接不暇。"本文《山阴道上》开头所述"山阴道上，应接不暇"当出于此处。

❷ 我爱生趣园

廖子瑜

　　我看过花团锦簇的花坛，也看过高大挺拔的参天大树，却从未看过如此美丽的生趣园。

　　走进生趣园，沿着鹅卵石铺成的小路，就来到了"小树林"。这里有芭蕉树、橘子树，还有苹果树。看啊，黄澄澄的金橘像金元宝一样挂满了枝头，在微风中含笑点头。成熟的金橘皮薄多汁，让人口水直流。一转头，前面怎么有一只小熊猫呢？走近一看，原来是栩栩如生的雕塑啊！它那憨厚的神态，似乎给它一根竹子，它就会开心地抱着啃了。

　　往前走，来到一座小桥。桥的两边是或浓或淡的绿植，还有各式各样的花。桥下面是水池，池水又浅又清，一条条金鱼在水里欢快地游着。瓦蓝瓦蓝的天空倒映在水中，还飘着几朵云，再加上翠绿茂密的树的倒影，仿佛组成了一幅恬静淡雅的水彩画。抬头看假山，同学们不禁连连叫绝！这里居然有条小瀑布，水哗啦啦地流，让人感觉清爽凉快。在大树的掩映下，这又是一幅清幽致远的水墨画。

小作者把小桥附近的景色比喻成水彩画和水墨画，这两幅画有什么区别吗？

"嘘！"我把食指放在嘴上，同学们放慢了脚步，竖起耳朵听，原来植物在开"演唱会"呢！树叶沙沙作响，小草微微摆动，好像在为跳着圆舞曲的小花伴奏；柳树姐姐摇摆着它那柔嫩枝条，跳起了华尔兹；金橘也随着风妹妹上下摆动，在谱写一曲大自然的乐章。

我忽然觉得，我像是走进了连绵不断的画卷。这就是我最爱的生趣园！

（学生习作）

少年啊，少年

少年的你，总是满怀激情与梦想，带着自信与光彩，乐此不疲地探索和冒险。关于少年的故事，本专题既有抗日小英雄惊心动魄的战斗故事，也有寻常少年成长的点滴趣事，还有表现大朋友和小朋友之间纯真友谊的温馨故事……

本组大多数文章篇幅较长，阅读时，我们可以先读懂每部分的主要内容，再借助已有的小标题或自拟的小标题把握全文的主要内容，将事情的经过说清楚。

① 匡衡①勤学

《西京杂记》

匡衡字稚圭，勤学而无烛，邻舍有烛而不逮②，衡乃穿壁引其光，以书映光而读之。邑人③大姓④文不识⑤，家富多书，衡乃与其佣作⑥而不求偿⑦。主人怪，问衡，衡曰："愿得主人书遍读之。"主人感叹，资给以书⑧，遂⑨成大学。

这两句话让我们感受到了匡衡勤奋好学的精神。

注 释

① 匡衡：西汉经学家，博览群书，擅长解说《诗经》。
② 不逮：这里指烛光照不到。逮，到，及。
③ 邑人：同乡。
④ 大姓：有名望的家族。
⑤ 文不识：人名。
⑥ 佣作：受雇为人劳作。
⑦ 偿：工钱。
⑧ 资给以书：把书借给他读。
⑨ 遂：终于。

　　匡衡勤奋好学，但家中没有蜡烛。邻居家有蜡烛，光线却照不到他家，匡衡就在墙上打洞，凿穿墙壁，引来邻居家的烛光，用光映照着书来读。同乡有个大户叫文不识，家中有很多书，于是匡衡就到他家去做雇工却不求报酬。文不识对匡衡的举动感到奇怪，于是就问他，匡衡说："我希望能够读遍主人家的书。"文不识感到惊叹，就把书借给他读。最终匡衡成为大学问家。

② 怀素写字

《书林纪事》

怀素居零陵①时，贫无纸可书，乃种芭蕉万余株，以蕉叶供挥洒，名其庵曰"绿天"。书不足②，乃漆一盘书之，又漆一方板，书之再三，盘板皆穿。

怀素持之以恒、勤学苦练，终于成为唐代大书法家。

注 释

① 零陵：在今湖南。
② 不足：不够。

译 文

怀素早年居住在零陵的时候，因为贫穷无钱买纸书写，于是种植芭蕉万余株，用蕉叶来练习书法，并将住处命名为"绿天"。但这样仍然不够练字使用，他就漆了一个木盘练习书写，还漆了一块方木板，反复在上面练习。到后来，木盘和木板都被他写穿了。

③ 小英雄雨来（节选）

管 桦

"特务"是作者给这部分内容拟的小标题，你也可以试试换个小标题。

特 务

雨来他们出了高粱地，借前面一座苇塘的遮掩往前蹭。

雨来在前面，把一只手伸到背后，往下一按，后面的人都张着嘴巴，眨着眼睛蹲下来，竖起耳朵听了听。然后都站起来弯着腰，眼睛滴溜溜地乱转，扫视着四周。他们悄悄地迈着脚步，不让脚底下发出一点儿声音，沿着苇塘长满薄荷草的斜坡，往墙根下绕去。

靠墙根，有一棵笔直的白杨树。因为雨来爬树爬得快，他们决定让他先上去瞧一瞧。

雨来爬到树半腰，迈到墙头上，向院里张望。其实，那特务就隐藏在院里他脚下墙根的草垛里呢。雨来哪里知道。只见院里和大街上空空荡荡，一个人也没有。院里粪堆旁边的猪圈门敞着，门口有一摊血，圈里的猪已经没有了。大车旁边，有一件粉红色的花褂子，一卷白线，大概是从敌人抢走的包袱里掉出来的。街上有一团带血的鸡毛，空纸烟盒子，摔碎的瓷瓶。雨来向站在墙外树底下的小朋友们大声说："鬼子走啦！你们等着，我把旁边那个角门开开！"

　　雨来用胳膊抱住墙头，先把两腿悬空地伸下去。下面正好有一个不大的草垛。他想踩着草垛跳到院子里。突然，他"啊呀"惊叫一声。他感到脚下踩的不是草，低头一看，正踩在一个人的脑袋上。雨来想要把脚收回，那人伸手一拉，雨来扑通一声跌到地上。雨来急忙

这段内容与后面雨来被抓有什么关系呢？

危急时刻，雨来第一时间想到的是同伴的安全。

向墙外喊："快跑，快跑！里头有敌人！"

铁头、三钻儿他们返身跳进苇塘里。路北墙里的特务朝苇塘砰砰打了几枪。因为有芦苇和高粱遮掩，他们都安全地逃了出来。只有雨来落在敌人手里了。

这个特务，身穿白布小褂。瘦长的脸上满是小红疙瘩，分头发式像女人一般油光光的，满口金牙。他两眼上下打量着雨来，那份儿高兴的样子，就像得到了一件宝贝。他一边拍打着身上的干草，一边得意地说："逮住一个也就够啦。要不是你这小兔崽子踩着我的脑袋，你们一个也跑不了！"

雨来坐在地上，四下里瞧瞧，再没有别的特务了，心里说："我得跑，不能叫他这么把我逮了去。"雨来见这特务只顾拍打身上的干草，一翻身起来就跑。特务一伸腿，绊住雨来的脚腕子，扑通一声，雨来又趴倒在地上了。

特务抓住雨来的后脖领儿，往上一提，叫声："给我老实地走！"

雨来在前面走，心里想："这可怎么办呢？叫他带到据点去，非没了命不可。还是得跑。"雨来走着走着，突然一伸腿，特务没提防这一手，四爪着地dī趴倒在地上，雨来上去就夺枪，可是那特务已经翻过身来，把枪对着雨来的胸口，叫道："别动！开枪啦！"

特务把枪口直对着雨来，站起身，吐出嘴里的沙土，翻动着眼珠，恶狠狠地拉长声调，说："嗬！小兔崽子，你也会这一手！"

上去就是两个嘴巴子，打得雨来直liè qiè趔趄。然后把枪口在雨来鼻梁的地方指点着："老实地给我走！再这么着我可就不客气啦！"

特务把雨来带到村西北河边上。二百多敌人在堤岸旁边坐着。一个特务

被特务抓住后，雨来不仅不慌张，还几次想办法逃跑，敢去夺敌人的枪，不愧是小英雄。

说："去了半天，逮这么个小崽子来啦！"

逮雨来的特务回答说："别看他人小，胆子可不小呢。敢夺我的枪！"

鬼子和特务吃惊地瞧着雨来头上的八路军帽和腰间扎着的牵牛花藤蔓。一个紫黑脸宽鼻子的特务，在雨来的胸脯上打了一拳，瞪着眼珠子咬着牙，说："就欠拿刀子把你肚子里的八路气儿放出来！"

这个特务又把雨来的军帽使劲往下一拉，遮住两眼。那些鬼子兵，露出大黄板牙，哈哈大笑。

雨来用手猛力地把帽子往上一推，戴得端端正正，一声不响地挺直身子。他缠在腰间的花朵和绿叶，也一动不动地撅_{juē}翘着。

这部分内容，我们也可以用"雨来被抓"作为小标题。

从雨来护军帽这个动作中，你感受到了什么？

"这儿是中国的土地！"

满脸大胡子的鬼子指挥官，在那又长又密的眉毛底下闪动着一对凶恶的圆眼睛，嗖的一声抽出指挥刀，放在雨来的脖子上，用中国话说："小害（孩）带路！死拉（了）的没有！"

雨来没有回答，心里暗暗打主意，怎么办呢？把敌人带到哪里去呢？

鬼子指挥官见雨来直瞪着眼睛不说话，以为这小孩吓昏了，把刀从他脖子上拿开，语气变得温和起来，好像是安慰雨来，说："害怕的不要，给皇军带路，死拉（了）的没有！"

雨来心里想："把他们带进地雷阵，这倒是个好机会。"

见雨来还是直瞪着眼睛不说话，那个瘦长脸上长满小红疙瘩的特务弯下腰，直望着雨来的眼睛，大声叫道："听见没有？给皇军带路就把你放了，要是不带路就割掉你的脑袋！"

雨来心里说："要是顺顺当当地答应给他们带路，他们也许还要疑心呢，不能叫敌人看出破绽来。"

细腻的心理描写将雨来的机智、镇定刻画得十分生动。文中这样的描写还有很多，圈画出来，仔细体会。

鬼子指挥官见雨来只是直瞪着眼睛不说话，就把刀在他头上挥动着，吼叫："带路！带路！"

那个紫黑脸宽鼻子的特务，在雨来的背上打了一拳，又顺手往前一推，叫声："走！"雨来这么被推搡着在前面走，二百多个鬼子和特务在后面跟着。雨来站住脚，脸上装出恼怒的神情，说："这么推搡，还不把我推到地雷上？"

联系上文，就能明白雨来为什么要在这里装恼怒，并特意提到"地雷"。

鬼子指挥官向那特务挥了一下手。特务向雨来说："好，好，不推搡啦。就这么乖乖地给皇军带路！"

到了村东的大路上，连鬓胡子指挥官，耗子一样的小圆眼睛滴溜溜地转动着，瞧瞧那些土块下面的红绿纸条，又瞧瞧雨来。紫黑脸宽鼻子的特务急忙上前问雨来："这些都是地雷吗？我就不信！"

雨来回答说："不信？对啦，没有

地雷。你去踩一踩吧！"

紫黑脸宽鼻子的特务伸出大巴掌，给了雨来一个脖儿拐，咒骂着："小兔崽子，我知道你没安好心眼儿！"

雨来一会儿把敌人领到漫地里，一会儿又领到大路上，弯弯转转，在这片假地雷阵里走。雨来故意扯开嗓子喊叫一声："小心地雷呀！"

一个鬼子兵，正好踩到松软的地上，以为踏着地雷了，惊叫一声，趴倒在地上。这一叫，整个鬼子大队都呼啦呼啦闪到一边，叽里咕噜趴下来，吱哇乱叫。

趴了一会儿，不见雷响，鬼子们才松口气站起来。很多鬼子，因为刚才把脸埋在土里，弄得满脸沙土，只露着滚动的小眼睛。一个个缩头缩脑惊慌的样子，仿佛都吓掉了魂。

雨来带着敌人继续往前走。广阔的田野上，一块两块没有收割的豆子地，

"呼啦呼啦""叽里咕噜""吱哇"等拟声词把敌人被吓倒的情形描述得真形象。

田野上的一切事物都在"等着看"鬼子踩雷,这样的环境描写为故事情节的发展做了铺垫。

火焰似的高粱穗儿,雪白的棉花球,耸入云天的白杨树,这一切都仿佛瞪着眼睛,等着看鬼子怎样踏到地雷上。

一块没有刨掉的秫秸(shú jiē),哗啦哗啦抖动着干叶子。还乡河水打着漩涡,阳光下闪耀着发白的浪花,以及水鸟的叫声,都使鬼子心惊肉跳。

雨来故意领着敌人从那写着几个大字的路边经过。一个个鬼子兵走过时,都战战兢(jīng)兢地瞧一眼地上那行特别显眼的白粉笔字:

"这儿是中国的土地!"

雨来见很多鬼子兵的腿都打着哆嗦,腮帮子嘴唇乱动。雨来心里说:"他们在嘟哝些什么呢?诅咒天皇不该把他们送上中国这块可怕的土地吗?还是祈祷天皇保佑他们走出这天罗地网呢?"

如果他们是咒骂天皇,就狠狠地咒骂吧!如果是祈祷,就是最后的祈祷吧！他们所抢夺的土地，马上就要变成他们冰冷的坟墓了。因为雨来已经把他们带到了真正的地雷阵。

愤怒的土地！

现在，雨来正领着鬼子大队在河岸上走。雨来一边走着，一边心里说："已经把鬼子领到地雷阵的当中来啦，我得想个办法脱身啦。怎么脱身呢？"雨来一边走着，一边在心里打主意。

鬼子队伍背后的河堤上、大路上，漫地里都是地雷。前面的河堤上、大路上，漫地里也是地雷。

离第一个地雷只有两丈远了……一丈远了……还有几尺远了。

雨来回头向鬼子指挥官说："前面，地雷的没有啦！"

雨来故意一边走，一边回头说话，故意迈空了脚步，身子一歪，"哎哟"叫了一声，像一团小旋风似的滚进河里

拟小标题时，可以直接引用原文中的词语或短句。"这儿是中国的土地！"和"愤怒的土地！"都用了这种方法。

去了。

雨来在水里游着。他故意从水里冒出头来，扬手喊了声："救——命——啊——"就假装被波浪打进水里。接着，仿佛被涌起的波浪推上水面似的，又闪露了一下小脑袋，就沉进河底去了。大连鬓胡子鬼子指挥官瞪着小眼睛，见带路的小孩被河水冲走，心里说："天皇保佑，幸亏出了地雷阵！"

可是，一个地雷山崩地裂似的爆炸了。河堤上升腾起来的浓烟，卷着沙土和炸碎的鬼子衣片直冲上天空。民兵的枪也响了起来，子弹带着咝咝的啸声，飞进鬼子混乱的队伍里。鬼子兵这个的枪碰了那个的脑袋，胳膊肘、肩膀碰了别人的鼻子，别人又碰了自己的眼睛、鼻子……跌倒在地上的，后面的就踩着他的脖子或是脊背跑了过去。

轰！轰！轰！一个个地雷，像连珠炮似的响起来。啊！愤怒的土地，把

敌人对自己陷入了地雷阵竟毫无察觉，雨来一步步的设计真是太精妙了。

撕碎的敌人抛上天空，扔进滚滚的烟尘中。军帽和带着血块的军装破片飞舞着，挂在庄稼秆上，挂在树枝上。皮鞋、炸断的步枪，在半空中打着筋斗……

雨来从老远的地方爬上河岸，战斗已经结束。他拧着湿淋淋的衣裳，只见落日把旷野上浮动的烟雾映得红红的。民兵爆炸组正在打扫战场。

鬼子和特务，除了炸死的和乱枪打死的，只逃走了三十多人。

雨来精光着身子，抱着湿衣裳，向战场跑去。见铁头、三钻儿他们也在人群里搜罗鬼子的枪支和子弹。二黑戴着个鬼子钢盔，穿着快没到大腿根儿的皮靴，手里拿着一把真正的鬼子军刀，远远地向雨来喊："嘿！胜利品！"

对"落日"的描写烘托出了胜利的气氛。

❹ 小侦察员

峻 青

五月。

在做着垂死挣扎的日本侵略者，对胶东沿海地区，开始了疯狂的"清剿""扫荡"。

激烈的反"清剿"、反"扫荡"斗争，在海阳前线英勇地展开了。英雄的海阳人民，在这场尖锐而残酷的斗争中，都表现出惊人的顽强、勇敢。就是老人、妇女和孩子们，也都怀着一颗充满了憎恨的心，尽自己所能发挥力量，配合着自己的军队，与残暴的敌人进行着不屈不挠的斗争。

信子，就是在这场斗争中千万个英勇的孩子里面的一个。

他今年只有十岁，刚刚参加了儿

敌人"清剿"和"扫荡"时任意烧杀掠夺，给百姓带来了极大的痛苦。

童团。他的村子紧靠着海边。他常常和他的小伙伴们到海滩上去拾贝壳、捉螃蟹。

一天上午，他又到海滩上去，忽然看见老洋里有两条兵舰，大得像座小山，在碧绿的海面上，喷着浓厚的黑烟。一会儿，又有两架贴着"红膏药"的飞机，低低地掠过了海面，在他村子的上空，盘旋了几个圈子，向北飞去了。

兵舰和飞机的出现，意味着村民们宁静的生活即将被打破。

第二天，五龙河边就传来了隆隆的炮声。村中风传着鬼子来了。人们在慌慌张张地藏东西，有的往别处搬走了。

信子呆瞪着正在患病的妈，又是害怕，又是着急。

二十七日，鬼子黄压压的一大片到他村里，安上了据点。一天两三次到他家里满屋乱翻。家里倒没有东西可翻的，鬼子却故意端起枪，把那黑洞洞的枪口，瞄着信子的胸口。

他又是怕，又是恨。

他闷在家里，生活在恐怖中，有时想起了海滩，想起了小螃蟹。

可是他不敢去。

好苦闷的日子啊！

他一直在屋里躲了三天。最后，他终于背着妈，悄悄地溜上了大街。

街上满是些咕咕噜噜的鬼子兵。鸡毛满街飞。

他躲躲闪闪地向村头上走去，村子完全变了样。

房子扒成了一片瓦砾场，街头乱七八糟地堵着箱子、大柜、乱石头；村边的树木带着绿油油的叶子，躺倒在地上，树枝上挂着铁棘子。

六月的熏风，从广场上带来了燃烧衣物的焦苦味。

看见砍倒在地上的树，他猛然想起他的杏树来了，他拔步便跑——向他的杏树那里跑。

你能感受到信子心中的恐惧与怨恨吗？

60

"啊呀！"他的杏树！他的杏树，带着累累满枝的青杏，躺在地上。

　　完了，杏树完了。

　　杏是多么好啊！又大又甜。同伴们都说："信子呀，你的杏真好吃，第一！"

　　每年，每年，都结着很多的杏子，熟了，金黄黄的满树。这时，和同伴们在树荫下，吃着杏子，唱着歌，是多么甜蜜的生活啊。然而，现在，现在……

　　现在，鬼子砍倒了他的杏树！鬼子毁灭了他甜美的生活！他恨死了鬼子。他眼泪汪汪地跑回家去，告诉了病着的妈妈。

　　夜里，村子的四周一宿到亮地响着枪声。他咕噜着"打杀日本鬼子，打杀日本鬼子……"，一直到疲乏把他带入了梦乡。

　　恐怖，已经不复威胁着他了，他现在只有恨，他常对他妈说："妈妈，我

日本人毁掉的不只是令信子骄傲的、果实累累的杏树，还有他和伙伴们原本甜蜜美好的生活。信子内心对日本人充满了仇恨。接下来，他会怎么做呢？

能不能和打死螃蟹那样打死鬼子？"

"孩子，你还小啊。"妈安慰他说。

一天，东屋的小三跑来告诉他，后大庙有一些好玩意儿，有大枪，还有带腿的枪……

下午，信子和一帮小孩子，蹦蹦跳跳地上了后大庙，一进门就看见一些乱哄哄的鬼子，院子里放着很多的枪。他忽然想起，在儿童团里听说儿童团员当侦察，配合八路军打鬼子的故事。于是，他笑着，跳着，却暗暗地数着枪的数目，数了这堆，又数那堆，当他数到五十几支的时候，过来了一个汉奸，拍着他的肩：

"小孩，你几岁啦？"

"七岁。"他只说了七岁。然而这一答话，却忘了枪数；他走开，重新另数。就这样在人丛中钻来钻去，三番五次地数着，最后他终于数完了，牢牢地

读到这里，我们可以给上面的内容拟一个小标题：痛恨鬼子。继续往下读，又会发生什么事呢？给后面发生的几件事也拟上小标题，再说说文章的主要内容。

记在心里，一百二十一，还有四个有腿的。

"小孩，来！"一个穿黑衣的汉奸，拿了一盘肉在招呼着。"告诉我你村哪里有洞，我给你们肉吃！"

"俺不知道！"孩子们嘈杂着。

"小孩，你该知道哪里有洞？"汉奸抚摸着信子的头。

"我知道有很多的洞！"信子回答得很干脆。"在哪里？你领我去看看吧。"汉奸高兴了。

"好，不远，村南海滩上，可多着呢。可是，你要拿着铁桶啊，挖出来，把它扔在铁桶里，它就爬不出来啦。"

wǎng
"什么爬不出来？"汉奸有些迷惘。

"螃蟹！"

"该杀的！谁问你螃蟹，我是问你村里藏东西的洞。"汉奸受骗之后，发火了。

信子明明知道敌人指的和他指的不是同一个"洞"，为什么还要故意骗敌人？

"这个咱不知道！"信子摇摇头。

孩子们嘻嘻哈哈地一阵笑，走开了。

傍晚，信子悄悄地溜出了村子，在北山的松林里，找到了我们的队伍。其中有一个正是以前常到他家去教歌的张同志，他像见了自己的亲哥哥一样，亲热地拉着他的手，一五一十把据点里探得的情况告诉了大家：

"……大庙里住着真鬼子，有一百二十一支枪，还有四支有螺丝带腿的枪……"

同志们忍不住笑起来，他也羞涩地笑了。

…………

谈明白了情况以后，他要回家了。同志们亲昵地抚摸着他的头说："你是个好孩子，怎么光着屁股不穿衣裳？没有吗？送件给你吧。"

"不，我不要。叫鬼子上了眼，就

信子真是个对自己要求严格的好侦察员。

不能再侦察啦。"他诚恳地拒绝了。

"啧！好一个机警的小侦察员啊。"

听到同志们叫他小侦察员，他感到这是一个光荣的称号，心里乐滋滋的。

从这天起，他像又有了一个家一样。回到村里去，不在屋里闷着了，和一帮同伴们跳跶着满街跑，满屋钻。他知道了哪屋住的是真鬼子，哪屋住的是二鬼子①；他知道哪条街上有多少哨兵，有几挺螺丝枪……他探得许许多多的军事情况，得了机会，就溜了出去，到北山上，找到自己的队伍，报告情况。——他做得精致巧妙，敌人一点儿没有发觉他，这样我们的队伍，把据点里的敌军情况，弄得清清楚楚。

一次夜袭弄得敌人满腹狐疑：八路军怎么会恰恰从南巷口兵力弱的地方冲进来呢？怎么会知道"皇军"住在庙上

你怎样理解"他像又有了一个家一样"呢？联系上下文说一说。

---

① 二鬼子：是对抗战时期那些投靠日本人的中国人的蔑称。

这颗"炸弹"的威力究竟有多大？让我们继续往下读。

呢？<u>但是他们没有想到，那个平日不令人注意的光着腚(dīng)的孩子，就是"皇军"肚子里的一颗炸弹。</u>

六月二十八日，刚吃过早饭，金井中队长带着大队人马，又要出来"清剿"了。刚出了据点，突然一个倒栽葱，从马上摔了下来，鼻子里、口里鲜血直冒。紧接着许多鬼子捧着肚子，弓着腰，呕吐起来。倒了，倒了，躺下一大片。最后扶的扶，抬的抬，又回了据点。

我们的队伍在北山上，正在纳闷：敌人怎么又回去了呢？一瞥眼，看见山下一个光着腚的小孩子，飞也似的跑上来了。

是信子，吁吁地还没喘定，小手就指指画画地讲起来了：

"……昨天我带回那些药去，撒在鬼子的面里，他们今天早上吃了，才出村头就药死了两个，倒下了二三十个，像螃蟹，真好玩！"他是那样的兴奋，小脸上闪着红光。

　　"我们的小侦察员！"同志们听了，欢喜地把他抱了起来，一个传一个地把他高高地举了起来……

"螃蟹"在文中出现了多次，有没有特殊寓意？

阅读链接

　　峻青是当代著名作家，创作了一系列以革命斗争为题材的优秀作品。在峻青的小说中，人物活动的环境总是险恶严峻的，人物所进行的斗争又总是惊心动魄的。作者善于把人物放在这样的环境中，通过他们在血与火、生与死面前的举止、抉择等来表现他们的思想性格和精神品质。

⑤ 我们家的男子汉（节选）

王安忆

他对父亲的崇拜

他和父母在一起的时候很少，和父亲在一起，就更少了。假如爸爸妈妈拌嘴，有时是开玩笑地拌嘴，他也会认真起来，站在妈妈一边攻击爸爸，阵线十分鲜明；并且会帮助妈妈向外婆求援。有一次因为他叙述的情况不属实，酿成了一桩冤案，父子二人一起站在外婆面前对证，才算了结了此案。然而，假如家里有什么电器或别的设施坏了，他便说："等我爸爸回来修。"有什么人不会做什么事，他会说："我爸爸会的。"在他的心目中，爸爸是无所不能的。有一次，他很不乖，我教训他，他火了，说："我叫我爸爸打你。"我也火了，

你会在哪些时候特别崇拜自己的爸爸呢？

说："你爸爸，你爸爸在哪儿？"他忽然低下了脑袋，嗫嚅(niè rú)着说："在安徽。"他那悲哀的声音和神情叫我久久不能忘怀，从此，我再不去破坏他和他那无所不能的爸爸在一起的这种境界了。

联系上下文，我们可以猜出"嗫嚅"是指想说话而又吞吞吐吐不敢说出来的样子。

他的眼泪

"他哭起来眼泪很多。"这是一个医生对他的评语。每当眼泪涌上来的时候，他总是一忍再忍，把那泪珠儿拦在眼眶里打转。他从不为一些无聊的小事哭，比如不给他吃某一种东西啦，没答应他某一种要求啦，碰疼了什么地方啦。他很早就开始不为打针而哭了。他尤其不为挨打哭。挨打就够屈辱了，何况为挨打哭，因此，挨打时，他总是说："不痛，不痛。"甚至哈哈大笑起来，很响亮很长久地笑，两颗豆大的泪珠便在他光滑饱满的脸颊上滚落下来。后来，他终于去了安徽和爸爸妈妈在一

不为无聊的小事哭；泪水都滚落下来了，还会哈哈大笑。这个小男子汉还真是有个性啊！

· 69 ·

起生活了。有一次，我给他写信，信上说："你真臭啊！"这是他在上海时，我时常说他的一句话。因为他很能出汗，无论冬夏，身上总有一股酸酸的汗味儿。据姐姐来信说，他看到这句话时，先是大笑，然后跑进洗手间，拿起一块毛巾捂住了脸。他用拼音字母回了我一封信，信上写："王安忆，你真是一个好玩的大坏蛋！"这也是他在上海时，时常说我的一句话。

❻ 铜号和一张脸

一

小挑子把铜号摔了。小挑子是营里的号手，那天夜里急行军，十岁的小挑子跟不上同伴，步子迈出老大，不小心被石头绊了个跟头，在坡坎上滚出老远。营长以为他摔着了。可是没有，小挑子毫发未损，但他的那把铜号却摔出条细缝儿。

再吹号时，号音就哑了许多。

小挑子找到营长，他说："这号声音不对。"营长把手一摊，也没有办法。那时队伍里没有备用的号可换，红军的号都是从敌人手里缴来的，好些日子没跟敌人交火了，上哪儿换号去？

·71·

营长说："凑合着用吧。"

小挑子说："声音不对咧。"

营长说："我知道我知道，铜号摔起了缝缝，起了缝号就走音，声音当然不对。你人小气不足，气足些要好一点，你看，我吹，音就不一样。"营长举号吹了一声，果然比小挑子吹得响亮。

营长说："是声音走点调调，那没啥，大家能听到就行。"

小挑子嘟起了嘴。那些日子，小挑子整日嘟着嘴，一副不开心的模样。

这一部分主要讲了什么？可以给它拟一个小标题，比如"铜号摔出条细缝儿"。

二

小挑子找了很多人，有营里的伙伴，也有镇子上那些工匠。

"能帮我把这号修好，我给你们一块大洋。"小挑子跟人说。

那块大洋是小挑子参加鲫鱼排战斗后师长奖赏的。那回打完仗小挑子他们打扫战场，小挑子在一个石洞搜到一个白军。那人出来后，手里举了一袋大洋，说："小兄弟，你放了我，这五十块大洋归你了。"

小挑子朝他狠狠地"呸"了一口，把那人俘虏了。

后来知道，那人是敌人的一个师长。

庆功会上，师长拿出五块大洋奖赏小挑子。小挑子说："我不要！"师长说："这是你该得的。"他于是拿了一块。他说："那我就拿一块吧，我给我娘买件褂儿。"他没能给娘买成褂儿，娘在端午节前一天死了。娘一直生病。娘把小挑子送到队伍那天对小挑子说："崽，你去队伍吧，等你回来，娘病就好了。"小挑子说："娘，回来时我给你带件新褂儿。"但这事没弄成，娘就死了。小挑子哭了三天，后来，他把这块大洋放在贴身的地方。

这几段描写对表现人物品质有什么作用？

小挑子一心想弄好他的号，很多人跟他说："能听到响声就行了，又不碍事，你不必那么焦心。"可小挑子在乎，小挑子觉得那号就是他自己，号音就是自己的脸，号音响时，那张脸就显现在同伴面前，显现在敌人面前，号音哑着，那脸岂不是蔫（niān）着灰着？

哪能不重要?!

好多人给小挑子想办法，他们挖空心思，但到底没能把那只号弄好。

三

每天早晨小挑子都去林子里练气。

小挑子不甘心铜号的那种声音，他记起营长说过：气足些，那声音就正了。

所以他去练气，他想只有这条路可走了，他要把气练足，练足了气，那铜号就不再走调调了。

小挑子用一团布将号管堵了，练气时那号就闷声不响，伙伴们不知道这伢（yá）

"那号就是他自己，号音就是自己的脸"，这不正是小挑子想方设法地要把铜号修好的原因吗？

子天不亮就去竹林里干些什么，都说：
"细伢贪玩，细伢就是细伢……"

"细伢爱贪玩……"他们说。

有一天，士兵们听到一串串嘹亮的号声，那激昂尖锐的声响，一如从前。

士兵被号声激励，斗志高昂，他们冲锋陷阵，勇敢无比，一场战斗打得漂亮利索。

伙伴们问小挑子："咦？你把那只铜号修好了？"

小挑子不说话，只朝大家笑笑。

"你看你，不说话，大家问你话哩……"

小挑子还是不说话，他想说，可是说不出，他喉咙痛。小挑子练吹号把喉咙练肿了。

小挑子被送去了红军医院。小挑子起初不肯去，营长沉着脸下死命令："你一定要去！这是命令！"小挑子还是不允。营长说："你再这么弄下去，

为了吹出嘹亮的号声，鼓舞士气，赢得战斗的胜利，小挑子把喉咙都练肿了。读到这儿，我们更能理解小挑子为什么那么在乎号音正不正了。

"再也不能吹号"对小挑子意味着什么?

喉咙说不定就坏了，就再也不能吹号了。"

营长这句话很厉害。营长这么说，小挑子应允了。

四

医院里躺了很多伤兵，大家都是战场上挂的花，伤胳膊伤腿，流很多血，只有小挑子的伤来路不明。人家问他，他说不出话，只用手指指喉咙。伤员们不明白，面面相觑(qù)，然后都哄堂大笑。他们说："哈，伢崽，你和哪个抢狗肉吃烫了喉管？"他们说："喉咙里生疖(jiē)子了，偷吃东西喉咙里才生疖子……"他们笑得前仰后合。

伤员们并没什么恶意，只是躺在医院里太闷太烦，他们喜欢说些什么话让自己开开心。他们那么说，小挑子"哇"地就哭起来。伤员们以为细伢就那么个样，逗逗就会笑了，所以没太在意，可是小挑子却哭了三天。

　　小挑子伤好归队后，队伍上得了一把新号，是营长专门从战利品中挑出来的。营长以为小挑子有了这把新军号会喜笑颜开，没想到小挑子却不要。小挑子说："我还是用这把号吧，我能吹得不走调调了。"

　　就这样，小挑子一直用着那把铜号。

小挑子为什么不要新军号，仍要用那把摔出了缝儿的旧军号呢?

日积月累

业无高卑志当坚，男儿有求安得闲。——［宋］张耒
以身殉道不苟生，道在光明照千古。——［宋］文天祥
英雄心事无今古，神物风云各有时。——［明］张佳胤

⑦ 迷 路①

雪弟走出弄堂，穿过一条马路，头也不回地往前走。他要躲开孩子们的哄笑声，躲得越远越好。雪弟在乡下时，常常一个人走得很远，乡下的路，一条路看得到头，走得再远，回来还是这条路，路边的树丛、芦苇和庄稼地，都像是路标指引着方向。他才不怕迷路呢。

雪弟走过一条马路，又穿过一条马路，看到旁边的一条路人很少，就拐了个弯再往前走。路边有很多小商店，也有曲曲折折的小弄堂，雪弟一路走，一路记着，等会儿可以找到回家的路。雪弟相信，只要往前走，一定会找到阿爹说的那条河。可是前面只有陌

雪弟只想逃离弄堂，逃离这个陌生的环境。

---

① 本文选自赵丽宏的《童年河》。

生的街道和房屋，河呢？河就是不肯出现。雪弟走着走着，发现自己走在一条完全陌生的马路上。前面的街道他不认识，回头看，后面的房子好像也从来没见过。他有点紧张了，觉得不能再往前走。转过身，雪弟想沿着来路走回去。走到一个十字路口，他觉得这是自己曾经转弯的地方，便改变了方向继续走。可是路边看不到任何他曾经记得的房子和商店，眼前出现的任何东西，都是新鲜陌生的。走着走着，他发现路上越来越热闹，飘着香味的点心铺子门口，很多人在排队；百货商店的橱窗里，花花绿绿摆满了货物；一家卖收音机的商店里，正在大声放着歌曲："社会主义好社会主义好，社会主义国家人民地位高……"这歌曲，雪弟在乡下的广播喇叭里也经常听到，但在这里听，感觉完全不一样。

　　新家所在的那条弄堂在哪里呢？怎

迷路的雪弟一边担心着，一边又对城里的事物感到好奇。

这一部分内容可以用小标题"雪弟迷路了"来概括。

么就像变魔术，所有一切都突然消失，突然改变，回家的路再也找不到了！

雪弟站在路边不知所措。路上的人越来越多，陌生的面孔像河里的潮水，迎着他汹涌而来，他觉得自己快被淹没了，他的"狗爬式"，在这里救不了自己。雪弟开始慌张了，他往前走几步，又往后退几步，像一只被人用鞭子抽打着的陀螺，不停地在原地打转。

"小弟弟，你在找谁？你家的大人在哪里？"

突然，有一个温和的声音在耳边响起。站在雪弟身边的，是一位白发苍苍的老人，他俯下身子，亲切地看着雪弟。

雪弟看着问话的人，目光里只有茫然，还有惊慌，他不知道说什么好。

"我……我找一条河。"雪弟嘴里冒出这句话，让自己也觉得有点滑稽。

"什么河？苏州河，还是黄浦

江？”

雪弟又愣了一会儿，才喃喃地说：“我阿爹说，我家附近有一条河。”

“你住在哪里？”

雪弟摇摇头，他说不清楚。

“哦，你是刚到上海吧，你能说出家里的地址和门牌号吗？”老人很耐心地问。

家里的地址和门牌号，雪弟不知道，他只能摇头。

雪弟已经慌张到完全记不得自己的家在哪儿了。

这时候，已经有好几个人站在雪弟身边。一个中年妇女上下打量着雪弟，问道：“你是乡下来的吧，是走亲戚还是自己跑来玩的？”

雪弟抬起头，只见周围的人越来越多，他看到那么多陌生的眼睛正盯着他看，就像看动物园里的小动物。他低下头，推开身边的人，拔腿就跑。

“唉，小弟弟，快回来！别乱跑啊！”

背后传来那个老人的喊叫声，雪弟却像没有听见一样，拼命地跑着，他只想离开那个包围圈，离开那么多目光的盯视。

雪弟茫无目标地跑着，就像梦游一样。路边的所有一切，都是陌生的，他没有方位感，也不知道新家在哪里。那些楼房，在雪弟的眼里都长得差不多，路边的商店，像万花筒一般在眼睛里转动变幻。而迎面走过来的人，无论大人还是小孩，都是第一次看见的陌生人。他真的迷路了。

雪弟在一个十字路口停下来。他担心自己会越走越远，但又不知道该往哪个方向去。他有点害怕，眼泪不争气地流出来，视野里的一切都变得模糊不清。站了一会儿，有人在背后拍拍雪弟的肩膀，他回头一看，是那个白发老人，原来他一直在后面追雪弟呢。

"小弟弟，你别乱跑啊。"白发

老人大概是走得快了，喘着气，"你说找一条河，是苏州河吧。我带你到河边去，看到河，你大概能找到家的。苏州河离这里不远，你跟我走。"老人说着，转身往前走。

从这些描写中，我们可以感受到白发老人对雪弟的关爱。

雪弟用手背擦了一下脸上的泪水，他不想给人看到自己害怕的样子。他跟在老人的身后，一声不吭地走着。走了不多一会儿，前面出现了一座大桥。桥有点陡，骑自行车和踩三轮车的人都下了车，吃力地推拉着车往桥上走。有一群孩子等在桥边，有三轮车过来，他们就帮着推车上桥。

"你看看，你的家是不是在这里附近呢？"老人把雪弟带到桥边，指着周围的房子问。

桥头两边的房子看上去都差不多，斑斑驳驳的墙面，木头的门窗，门口堆放着杂物，好像都没什么两样。雪弟找不到自己的新家。然而透过桥的栏杆，可以看到苏州河，雪弟被河里的景象吸引了。

这是一条大河，虽然没有黄浦江那么浩瀚，但比老家那条小河要宽阔多了。河水是黄色的，正在以很快的速度流着。河两岸泊满了大大小小的木船，也有机器船。一只大木船正从桥洞里斜钻出来，船头上站着个满脸胡茬的艄_{shāo}公，赤着膊，身上闪烁着红褐色的光芒，手里挥动着一根长长的竹篙，威风凛凛的样子，就像阿爹讲的古代驾战车的武士。那根竹篙在桥桩上轻轻一点，顺流前进的木船改正了方向，稳稳地钻出了桥洞。船上装着很多木箱子，堆得像座小山。船尾巴上，摇橹的是母女两个，母亲是个结实的胖妇人，女儿还小，七八岁的样子，两个人齐心协力摇着橹，身体随着橹的摆动一起俯仰扭动，好像在跳舞。

雪弟看得发呆，竟忘记了自己已经

这一部分内容可以用小标题"寻找一条河"来概括。

迷路，也忘记了那位白发老人还站在他身边。突然，背后响起一片喊声："在这里呐！在这里呐！雪弟在这里！"

雪弟回头一看，只见一群孩子向桥上奔过来，奔在前头的是牛嘎糖和小蜜蜂。孩子们一下子把雪弟包围起来，七嘴八舌地抢着说话：

"唉，你乱跑干吗，我们找了你一个多钟头呢！"

"你阿爹急死啦！他去了好多地方，到派出所也去过啦！"

"从来没有看到你阿爹这么急，他急得要哭啦！"

"嗨，等会儿你肯定要吃生活①了，等着被打屁股吧。"

"……"

阿爹呢？他在哪里？雪弟越过孩子们的肩膀，看见阿爹正从桥下疾步赶来。远远的，雪弟看到了阿爹焦急的表

孩子们七嘴八舌地抢着说话，他们可能会用什么语气？请带着自己的感受试着说一说。

——————————————

① 吃生活：上海话，这里指父母打小孩。

· 85 ·

情，他面色通红，额头上都是汗，阿爹这样的表情，雪弟以前还没见过。阿爹走到桥头，三步并作两步跑过来，拨开围观的孩子，一把将雪弟拉到自己身边。雪弟感觉到，阿爹拉他的手用了多么大的力气。孩子们都不说话了，一个个瞪大了眼睛看着，他们大概想等着看雪弟怎样被他阿爹"吃生活"。然而阿爹根本没有要打雪弟的意思，他甚至连一句责怪的话也没有，只是把雪弟拉到身边，一只手抚摸着他的肩胛，一只手摸着他的头，嘴里连声说："总算找到你了，总算找到了！"雪弟仰起头看阿爹，他发现满脸是笑的阿爹眼圈是红的。

雪弟突然想起了那个白发老人，发现他已经走了。他刚才站在一边，看到了走失的父子见面的情景，默默地走开了。雪弟看到了老人走下桥去的背影，已经走得很远了，好像知道雪弟在看

雪弟等来的不是被他阿爹"吃生活"，他心里会是什么样的感受呢？

他，老人回过头来，向雪弟挥了挥手，脸上是淡淡的微笑。

　　雪弟跟着阿爹回家去，牛嘎糖、小蜜蜂和一群孩子在后面跟着。孩子们本来叽叽喳喳话不断的，可是回去的路上都无声无息。大概是雪弟阿爹这样的态度，让他们觉得惊奇。要在别人家里，如果你乱跑一气迷了路，爹妈不打你骂你才怪呢。雪弟家真是个异数。走到弄堂口时，雪弟听见牛嘎糖在后面嘟哝：“都怪我们不好啊……”

　　过后回想起来，雪弟真是难为情，这样的迷路，真是可笑啊，迷路的地方，离家才不到两百米。不过，雪弟也明白了，这个城市里，有各种各样的人，有码头上心怀鬼胎的骗子，也有马路上帮他寻找回家路的善良的老人。

不到两百米的实际距离，在雪弟的心里，却非常遥远。

这一部分内容可以用小标题"回家"来概括。

8 无法道歉

任大霖

从"急匆匆"和"赶紧"可以看出，"我"是多么急切地盼望听电台故事。

这事儿发生在暑假里。那天返校，活动一结束，我急匆匆地赶回家去。这几天电台播讲长篇故事《西游记》，我得赶紧回去收听。

"鸡肫皮，甲鱼壳！"传过来一声吆喝，我家门口站着个收购鸡肫皮的人，他推着自行车，一边挂一串鸡肫皮，一边挂一只甲鱼壳。小弟紧挨着他，好奇地瞧着那"非"字形的甲鱼壳，两人不知道在说些什么。

"小弟，回来！别在门口痴头怪脑的。"我边进门边叫了声，可小弟却只是"嗯"了一下，没挪动身子。

一上楼，我就赶紧找我的半导体收音机，真糟糕，床上、桌上、柜上、抽

·88·

屉里，到处都没有，时间已经到了，急得我直嚷："奶奶，快来啊！"

奶奶正戴着老花眼镜，在床上缝被，被我一嚷，吓得针也掉了。她捂住耳朵说："别这么嚷，军军，你知道奶奶耳朵过敏，声音响了什么也听不见。"

我只好压低声音说："奶奶，我的小收音机没了。"

奶奶想了想，说："刚才，好像小弟在拿着玩。你好好问他，别唬他……"

没等她说完，我就冲到窗口大吼一声："小弟，快上来！"见他没动，又叫道："吃西瓜了！"这一招挺有效，小弟迈着胖嘟嘟的小腿，急急地回来了。小弟一进门，我就拉住他的手厉声问："我的收音机呢？快说，搁哪儿啦？"也许我手势重了点儿，小弟一个趔趄，坐在地上，害怕地瞧着我，突然

收音机没了，"我"的心情如何？请结合关键词句品读。

哇的一声哭了起来，嘴里含着的一粒糖掉了出来，两只沾满泥巴的小手还紧紧地攥着几粒糖。

奶奶过来把我推开，抱起小弟，给他擦去手上的泥巴。"小弟，把哥哥的小收音机放哪儿啦？告诉奶奶，谁给你吃的糖？"

从"擦"和"偷偷瞧"等细节描写，可以看出小弟的心虚。收音机真是被他拿去换糖吃了吗？

小弟只是用手擦着眼，什么也没说，还偷偷瞧我的脸，显然是干了什么"亏心事"。我急得跺着脚说："你倒是说呀，收音机呢……哼，小馋鬼，准是拿收音机换糖吃啦，对吧？"

小弟的鼻子一抽一抽的，眼看着又要哭了。奶奶赶紧哄他："军军，别乱猜，小弟是乖孩子，不会那么糊涂。"

"还乖孩子呢，上次拿丹参片换糖吃的是谁！"那天，来了个小贩，专门收购药品，好多人把吃剩的消炎片、过期的青霉素都找出来，乱七八糟的，那人全要，小弟也赶热闹，把奶奶刚从医院配来的两瓶丹参片拿去，换来了五粒芝麻糖。等奶奶发觉，那小贩早走了。这收音机，我看也危险。好在那收购鸡肫皮的人还没走远，我得问他去。

想一想这一部分主要讲了什么，拟个小标题试试。

追了好长一段路，没见踪影。只见退休工人郑伯伯臂上套着“执勤”红袖章，站在树荫下。我刚想问他，突然前面传来“鸡肫皮，甲鱼壳”的吆喝声，我急忙奔过去，果然，刚才那小贩慢吞吞地骑着车，在寻生意。这会儿又在树荫下歇了下来，从兜里拿出一只小收音机，放在耳边听。我定睛细瞧，那收音机红白相间，小巧玲珑，正是我的那只！好呀，这一下“人赃俱获”，看你有什么好说的！我快步上前一把揪(jiū)住他，喝道：“走，到派出所去！”

小贩一怔(zhèng)，抬头瞧着我。这时我才看清，他不过比我大两三岁，还是个大孩子。圆黑的脸，白白的牙齿，右眼皮上有个黑痣。真没想到，年纪这么轻就出来做生意。

　　他急忙把收音机放进兜里，甩开我的手，说："干什么，你想打架？"喔，好家伙，这人力气真大，差点儿把我推倒。我扑上去，嚷道："干什么，你心里明白，到派出所去！"

　　"不去，我没干坏事，不到派出所去！"看得出他心里有点害怕，做贼心虚嘛！

"我"为什么认定他做贼心虚呢？我们在关注小贩动作、神态的同时，还要注意体会"我"的心理活动。

　　"不去就把收音机拿出来！"我掏他的兜。

　　"你抢劫！"他紧紧护住收音机，嘴巴颤动着。

　　"你诈骗！"我也气得眼泪快掉下来了。

　　"你是抢劫犯！"

　　"你是诈骗犯！"

　　两人正扭成一团，郑伯伯突然出现了，他把我们分开，劝解说："别打架，有话好好说。军军，是怎么回事？”

我喘着气，一五一十告诉了郑伯伯。小贩慌了，把收音机拿出来，叫屈说：“老师傅，没有那回事，我看那小弟弟好玩，给了他几粒糖，可这收音机，是我自己买的！”

郑伯伯问：“有发票吗？”

“发票……早丢了。”他惊恐地说。

“我可有发票，在奶奶那儿！”我嚷道。

郑伯伯把收音机拿在手中，说：“你们各自说说吧，收音机有什么特征，我不袒护任何一方。”

我抢着说：“是快乐牌的，九元钱一只。”

他也说：“是九元钱买的，快乐牌。”

郑伯伯笑道：“这样不行，你们得分别告诉我，别让对方听到。”

读完两人的争辩，你认为谁说的是实话？为什么？

我附在郑伯伯耳边，悄声说："里面装的五号电池，是白象牌的。还有，机壳下角有点儿磨损，是小弟摔的。"

郑伯伯让小贩说，他愣了半天，只说了句："新的。"

"什么牌的电池？"

"这……没留意，反正是小号的。"他吞吞吐吐地说。

郑伯伯打开底盖，看了电池，是白象牌的；又摸摸机壳，是有点磨损。郑伯伯的脸变得严肃了，对小贩说："这事儿对你挺不利，军军说的几个特征全对头，你却什么也说不出。看来只好到派出所去一趟了！"

"走！"我抓住他的脚踏车，推着就走。

小贩哭丧着脸说："我不去派出所，不去！"郑伯伯似乎有点可怜他："不去也行，可收音机怎么办？"

小贩使劲挠着自己的头发。突然，

郑伯伯的脸变得严肃起来，到目前为止，所有证据都指向小贩手里的收音机就是"我"的，他已经无话可说。

他扑过来把脚踏车一拉，我一个趔趄，他已骑上了车，声音哽咽地说："拿去吧，把收音机拿去吧，算我倒霉好了……"他呜咽了一声，眼里含着泪，脖子上青筋暴胀，回头瞪了我一眼，从呜咽声中挤出一句话，"你……你会后悔的！"

望着他远去的背影，我从郑伯伯手里接过收音机，心中充满了胜利的喜悦。当天我把这事儿写成了作文，题目是《我的胜利——暑假中的一件事》。这是我最得意的作文之一，我一共用了17个形容词，20个惊叹号。

然而，我只得意了一个晚上，事情就发生了意想不到的变化。第二天上午，奶奶叫我给阳台上的那株日本月季换盆子。我在松土的时候，咯的一声，花铲碰上了一块硬东西，挖出来一看：红白相间，小巧玲珑，正是我的那只快乐牌收音机！我傻啦，一摸口袋，收音

真是小贩换走了收音机吗？这一部分可以用"我的胜利"作为小标题。

机不是好好地躺在里面，怎么花盆里又出来一只？我又忘了奶奶的耳朵过敏，大叫起来："奶奶，快来呀！"

奶奶丢下针线，过来一看，也傻了。我的惊叫把小弟也招来了，他往花盆里一瞧，手舞足蹈地唱着："是我种的收音机，拔呀拔呀拔出来！哎嘿嘿……"天哪，他把收音机当作萝卜来种了，还"哎嘿嘿"地挺得意呢！我都差点儿气炸了，怪不得昨天他满手是泥……"你把收音机藏在这里，昨天我问你，为什么不说？啊？"

事情真是出人意料！

小弟看我的脸色不对，马上躲到奶奶身后，露出半个脑袋瞧着我。哼，他不但是小馋鬼，还是小笨蛋，如果不是我表弟而是亲弟弟的话，我非揍他屁股不可！

奶奶叹着气说："哎，世界上就有这样的事，你看上去是这样，它实际上却是那样。现在真相大白了，可是冤屈了那小贩，怎么好！"奶奶挺不安，手指被针扎了好几下。

我心里像猫抓似的难受。"你……你会后悔的！"我想起了那一张愤怒而悲伤的脸，意识到自己扮演了一个蛮不讲理的角色……我立刻骑了车，到附近几个新村去兜了一转，问了好多人，都没有发现他的踪迹。

我每天竖起耳朵，注意"监听"小贩们的吆喝声："豆腐！""甜酒酿！""磨菜刀！""赤豆棒冰！""爆米花！"……独独没有听到那怯生生的、清脆而有点变音的"鸡肫皮，甲鱼壳！"……

一晃眼暑假结束了。一天在放学的路上，我碰到一个收购鸡肫皮的满脸皱纹的老汉。我向他打听那个少年小贩的下落。老汉摇头说，干这一行的人他见到过不少，却从没那么年轻的。我告诉他少年的特征，老汉才恍然地说：

事情还真不是看上去的那样，这一部分可以用"真相大白"作为小标题。接下来，"我"又会怎么做呢？

"喔，是那个眼皮上有黑痣的半大孩子吗？见过见过。他不是小贩，是小贩的孩子。你找他干吗？"

我红着脸把事情的经过说了一遍，问他能不能把收音机给捎去。老汉摇着头说："办不到，那孩子早就回浙江乡下去了，又不知道地址。只知道他叫阿根，在乡下念书。他爸爸在上海做小贩，前一阵生了病，阿根是趁暑假到上海来看望爸爸的。是个老实巴交的孩子，胆子也小。暑假没结束就跟爸爸一起回乡下去了。"

"我"想方设法找小贩道歉，最终却没有实现。这里可以用"永远的遗憾"作为小标题。

我感到无限失望。抚摸着那个收音机，想到这个世界上有一个被我伤害了的人在怨恨着我，而我无法向他道歉，这是多么令人难受啊！

"鸡肫皮，甲鱼壳！"的吆喝声在文中出现了几次？每次出现时，"我"的心情有什么不同？

"鸡肫皮，甲鱼壳！"远处，又响起了苍老而颤抖的吆喝，余音在新村上空久久回荡。我迈着沉重的脚步，慢慢地向家里走去……

大人们不仅喜欢和大人交朋友，还很珍惜和小朋友之间的友谊。快速默读下面三篇文章，看看这些大人和小朋友之间发生了哪些有趣或难忘的事情。读完后，想一想：是什么使这些大人和孩子成了好朋友？

① 我的朋友容容（节选）

任大霖

在我所有的朋友中，容容也许能算是我最亲密的一个了，虽然她也是最年轻的一个，到今年总共三十六个月，就是说，正满三岁。

我们住在一个院子里。住在这院子里的人可不少，但是最著名的人物却还得算容容，关于她的生活故事，这院子里"流传"得可多呢。下面，就是我记载下来的一部分。

从狩猎到饲养

我们院子里的一位老先生（系某出版社校对）

听说我要为容容写"传"，就摇着头不以为然地说："古之圣贤才能立传，而容容乃是一个幼儿，除了吃就是玩，有何可传者乎？"其实我写的根本不是什么《容容传》；至于说容容的生活"除了吃就是玩"，这样的评价却是不够公允的。至少从容容的角度来看，她一天到晚"除了吃"之外，大部分时间是忙于劳动、工作、公益等项，甚至有时忙到连吃饭也忘了，需得她奶奶拿着饭碗，紧跟在后面，瞅空就喂她一口，实行"监督吃饭"，因为当时容容正坐在一排椅子上，忘我地在为一群无形的乘客驾驶着公共汽车。试问终点站还没到，作为一名负责的司机兼售票员，怎能光顾自己爬下来回去吃饭呢？何况容容要做的工作绝不是仅仅这一项而已，开完汽车，她还得去煮饭给"小宝宝"（就是她的洋娃娃）吃，而且这几天"小宝宝"在生病，还得给他打针；此外，她还要"做电影"给奶奶看，而邻居的小珍、小琳还在邀她去举行"红旗大游行"呢！你瞧，容容多忙呀！近来，容容忽然又搞起饲养工作来了，但这却得从"狩猎"说起。因为她所饲养的动物，几乎全部是猎取来的。这一点，倒颇有原始人的风气。就拿目前还活着的一群饲养物来看，计有：大蚱蜢三只，小蚱蜢十余只，金虫一只，驼背乌壳虫一只（据她奶奶说，这是"放屁虫"，可是容容却认定是一只"知了"，所以还是养着），其他不知名的昆虫若干只，这一切都是从后园草丛中捉来的；只有大肚子蝈蝈儿一只，是奶奶从市场上买来的，但因为样子长得奇丑，得不到容容的欢心，养了两天，就遭到"放逐"，被丢到篱笆外边的野草丛里去了。

如果你能亲眼看看容容打猎的情景，你必定会很感动，而且不得不承认，她是一位极其勇悍的猎人。当她在草丛中赶出一只蚱蜢的时候，她那本来就很大的眼睛立刻瞪得像两粒玻璃弹子，然后，用整个身体猛扑下去，如果蚱蜢飞开了，她就赶紧爬起来，追过去，又用全身扑过去，总之，不把蚱蜢逮住，就是接连摔上十来跤也在所不惜。有一次，我看她有些可怜，就走过去帮她个忙，给她逮住了蚱蜢。谁知道我的行动反而惹她不高兴，她扭腰跺脚地几乎哭起来，我连忙把蚱蜢放了，再让她自己扑到地上去，亲手捉了这头"野兽"，她才喜笑颜开地跑去把它关进奶粉瓶里。由此可见，容容可称得上是"真正的猎人"，因为听说一个真正的猎人最关心的并不是猎获物的多少，而打猎的过程才是他们最大的乐趣。

一天，邻居一个孩子送给了她两只蟋蟀，这一下，那些大小蚱蜢和各色昆虫全都倒了霉，它们被一股脑儿地塞进了火柴匣子，奶粉瓶腾出来成了蟋蟀的新居。以后，容容的钟爱都集中在这两只蟋蟀身上了。每餐吃饭，她总要从饭碗里抓一大撮饭粒，丢到瓶内，并且看着蟋蟀捧饭大嚼，把肚子胀得老大，她才安心地自去吃饭。她对这两只蟋蟀寄予多大的期望啊！她要把它们养得比大肚子蝈蝈儿还大，而且唱好听的歌给她听。

几天过去了，两只蟋蟀既不长大，也没有叫过一声，就是一个劲儿地吃粮食。容容终于耐不住了，她捧着瓶子，到处打听："奶奶，我的蟋蟀干吗不唱歌啦？""任叔叔，我的蟋蟀过几天才会唱歌？"我细细地看了她的蟋蟀，发现它们原来都是"三枪"，就是尾巴上长着三根"枪"的，任何一个孩子都知道这是毫无用处的，既不会叫，也不会斗，其价值并不比一只"放屁虫"高多少。但是我们都没有向她说清这点，所以她暂时还保留着这两个"食客"。

金铃子的故事

　　一天，容容家来了一个乡下客人，是奶奶的远房侄子。他送容容一对金铃子，关在一个小巧的竹根雕成的嵌着玻璃的盒子里。只要稍稍喂一点儿饭粒什么的，小小的金铃子就会一天到晚叫着"铃铃铃，铃铃铃"。这声音又清脆又优美，听了叫人想起秋天的原野，想起田里丰实的玉米秆，想起早上露水点点的牵牛花。这样的东西对于每一个城市孩子来说都是极珍贵的礼物，容容更是把它当作宝贝一样。那两只蟋蟀就此失宠，终于被丢掉了。

　　容容整天拿着金铃子不放，甚至晚上睡觉的时候，也把它们放在枕边。金铃子的声音在夜间显得更清脆动听，容容把头枕在小手上，久久地欣赏着这来自农村的音乐，听着听着，她说："奶奶，金铃子的家是在乡下的。""奶奶，乡下有很多很多的田，田里有草，草上有米的。"奶奶知道她是在说稻，因为乡下来的叔叔曾给容容讲了不少关于农村的事情，现在容容把金铃子的叫声和那些新鲜的事情融合在一起了。她一边出神地听，一边又说："奶奶，乡下还有很多很多河浜，河浜里有很多很多鱼。乡下的鱼是活的，会游泳的。乡下还有真的牛，不会咬人的……"她记得的就是这些。听着听着，她睡着了，小脸上还留着深情的微笑，也许她在梦中正骑着"真的牛"，在"草上有米"的田边走着……

金铃子成了容容最心爱的伙伴，相比之下，连小汽车、"小宝宝"和橡皮鹅也黯然失色了。但谁能料想得到，有一天她居然肯把这么心爱的东西送给我呢！

那时我生病住在医院里。一天，容容的奶奶来探望我了，她是作为我们院子里所有邻居的代表来的，带来了好些吃的东西：这两只饼是某大婶的，那两只苹果是某大伯的……最后，她从兜里掏出了一个竹根雕成的小盒子，"这是容容送给你的"。

我一看，这不是那对金铃子吗？我简直愣住了。

"就是那对金铃子，容容当成宝贝的。"奶奶说，"容容一定要我拿来，她要金铃子唱歌给你听，她简直有些可怜你，也许金铃子的叫声能给你解些寂寞。"

我捧着盒子，就像捧着一颗炽热的孩子的心，而泪水在眼眶里转。我笑着说："谢谢您，奶奶，您的容容有多善良啊！金铃子带回去给她吧，我终究是大孩子了，没有金铃子也不会寂寞的。"

"留下吧，她任叔叔，她说定了给你，带回去反而要惹她哭闹的，她的脾气你知道，倔强得像牛犊。"

金铃子就这么留在病床边。它的叫声确实给我减少了病房生活的寂寥。这时高时低的"铃铃"声，常常把我带到童年时代的回忆中去，使我想起故乡的秋天，想起童年时代那些淘气可笑的事情来。我还记得那时有个好朋友，是一个小女孩，名叫秋姑。我和她一起放鹅，一起在河滩上捞螺蛳(luó sī)和河蚌，也一起在屋后寻找被风吹落的枣子。有一次她病了，我孤单得要命。她要一对金铃子，我就钻进矮矮的小枣树丛中去为她寻找，枣树刺扯破了我的肩胛，马蜂把我的小手指叮得像一颗红枣，但我还是不顾一切地找着，终于捉住一对金铃子，拿去送给秋姑……当我躺在病床上回忆着这遥远的一切时，我自己也忍不住笑了。金铃子的叫声就是这样的富有魅力！

几天后，我病好出院了。当我回到家里，第一件事就是把金铃子送去还给容容。我亲热地抱着她打转，她也高兴地用小手拍打着我的脑袋，纵声大笑着。

"大 学 生"

容容忽然成了"大学生"了。院子里的人全叫她"大学生"。

这绝不是因为容容真的考进了大学。不，她连幼儿园还没进呢！

那么是怎么回事呢？原来最近容容开始认识了几个阿拉伯数字，从1到5，还有7和8，至于6和9，她还是稀里糊涂的。这几个数字是她从钟面上学来的，是奶奶教会她的。

这么一来，她总算是有文化了。有了文化，自然就得读书读报。而容容又是个特别用功的人，喜欢读书，看见人家读书，她总要爬到膝盖上来，"1，2，3，4"地抢着念。原来她是光念页码，不看正文的。这速度多快呀！人家才读了两行，她已经把整本书"念"光啦。

容容开始从我的书架里找书念。她看了《呐喊》，又看《彷徨》，接着又阅读《西游记》《红楼梦》和《莫泊桑中短篇小说选集》，不到一天，她已经读完了全部的安徒生童话和契诃夫小说集。根据这样的阅读速度，不出两天，她肯定大大超过我的阅读程度了，因为我到今天还没把契诃夫的全部小说读完呢！所幸的是，她虽然读得那么快，但终究是不看正文，只念页码的；而我却正相反，是不念页码，只读正文的。这就是我跟她读书方法上主要的区别。

但无论如何，容容总之是在我们院子里出名了。她走到哪儿，哪儿的人就管她叫"大学生"，因为她读书读得既多又快，就跟大学生一样。

容容的奶奶知道容容把我的书架翻乱了，来向我赔不是。她说，容容这些天来越发淘气了，整天干些顽皮的勾当，缠着问些古怪的问题。我说，这不能算淘气，这是说明她长大起来了，好奇心也越发浓厚了，该把她送到幼儿园里去受教育了。

奶奶思想斗争了好一阵，终于给容容到幼儿园去报了名。回来的时候，顺路买了个漂亮的小书包。

容容就真的变成一个学生了。你瞧，她头上梳了一条朝天辫，身穿工装裤，背着小书包，满院子走来走去，看见人就说："明天我要上学去了！我们学校顶顶好，高房子，园里有小小楼梯（就是滑梯）。老师也顶顶好，老师喜欢容容。"

晚上，容容睡不着，一次一次爬起来看天。一会儿，她在院子里说："奶奶，天上棉花多起来了，星星看不见了！"一会儿又说："奶奶，天下雨啦！院子里下雨，不知道大门外边下不下？"跑到大门外边，又说："奶奶，大门外边也在下雨呢！奶奶，学校里下雨吗？"奶奶好说歹说才哄她睡着的。

第二天，天空没有一丝儿"棉花"，太阳分外明亮，把院子里的槐树叶照得透明翠绿，就像是碧玉雕成似的。我们的容容，背着书包，由奶奶领着，第一天上幼儿园去。全院子的人，包括那位出版社校对科的老先生在内，都到大门口来送她，好像她不是上学去，而是出国旅行去似的。

再见！再见！

再见，容容！祝你学习顺利，从幼儿园直到大学毕业，都像今天这么幸福，永远生活在这样明亮、和煦、温暖、灿烂的阳光下。

❷ 曹迪民先生的故事

梅子涵

曹迪民先生是我的朋友，在上五年级。曹迪民先生的父亲是我的朋友，叫曹旭。原本曹迪民先生是不能算作我的什么正式朋友的，但因为他父亲去日本了，而且后来他母亲也去了，结果我们就算是正式的朋友了。

变成正式朋友的主要原因在于他老要给我打电话。在他父亲和他母亲没去日本之前，他是不能随随便便想打电话就打电话的。父亲不说母亲会说；母亲不说父亲要说。父亲不说母亲也不说，那不是没有去日本跟去日本一样了吗？这是不可能的。再说小孩子随随便便想打电话就打电话，想给谁打电话就给谁打电话，想在电话里说什么就在电话里说什么，那么每个月电话费起码一百元，那就太浪费了。但是现在曹迪民先生的父亲不在家里了，母亲也不在了，只有一个奶奶，虽然奶奶的吆喝并不输给父亲和母亲，但奶奶的吆喝总是奶奶的吆喝，奶奶的吆喝怎么能够等同于父亲母亲的吆喝呢？何况曹迪民先生只要一句话就可以骗奶奶了："我问梅子涵功课！"曹迪民先生的父亲和母亲走之前都对曹迪民先生说过，功课不懂问梅子涵叔叔。

曹迪民先生打电话给我从来没问过一次功课，而全是扯他的故事。我不得不承认，曹迪民先生的故事不能算少。曹迪民先生的故事有的的确是蛮精彩的。有些不能算故事的事情经曹迪民先生一说，也有点像起了故事。我们就来看看吧！

有一个电话里，曹迪民先生这样问我："考初中的时候，老师会不会面试？"我说："没听说过考初中要面试，不会面试的。"他说："考小学的时候要面试的。"我说："那不叫考小学，叫进小学，你又没有考，老师不知道你的情况，行还是不行，聪明不聪明，所以就要提几个问题问问你，看看你的反应和口齿。"他说："你知道老师问我什么问题吗？"我说："什么问题？"

"老师问我长大想干什么。"

"这没什么稀奇，老师无非就是问这一类的问题，你叫什么，你爸爸妈妈是干什么的，你长大了想干什么，等等。"

"我说我想当剃头师傅。我边说边冲上去在老师头上假装剃头，咔嚓咔嚓，把老师吓了一大跳。"

我说："老师笑起来没有？"他说："笑起来的哦，笑得要命！"

"是男老师还是女老师？"

"女老师。"

"你是真的想当剃头师傅，还是乱说的？"

"是灵机一动。"

这是在另外一个电话里。他问我："你知道我今天上数学课的时候犯了一个什么错误？"

我说："什么错误？讲话？做小动作？"

"不对，再猜。"

"打架？睡觉？睡着了？"

"不对！是随地小便。"

"随地小便？"

"我说我要小便了，老师说等到下课再小，我来不及了，就在教室的角落里小起来。"

我说："你是活宝，怎么可以在教室里小便！"

他说："的确不像话，但是实在来不及了，忍无可忍，无可奈何。"我说："你现在成语倒是蛮多的！但是以后千万不可以在教室里小便！不成体统！宁可小在裤子上！"他说："小在裤子上不是也会流到地上吗？"

第三个电话，第三个故事。

他问我知道不知道他最怕什么。我说："最怕你爸爸。"他说："不是的。""你妈妈！"他说："不是的。""那么是鬼。"他说："不是的。""你们老师。""不是的。""是什么？"他说："是狗。"

我说狗有什么可怕的，一个敢在教室里当着人家小姑娘的面小便的人居然怕狗，可笑至极，荒唐至极。

他说狗会咬他裤腿，狗每一次看见他都要冲上来咬他裤腿。我说："那肯定是你裤腿太脏的缘故，是不是因为你妈妈不在家，你奶奶不经常给你换裤子，你裤子上有了一种狗喜欢的味道，所以一见着你就激动万分，要咬你的裤腿？"他说："但是我换了新裤子它也要咬。"

我说："这件事有点好玩。"

他说："如果你不相信，明天下午放学的时候可以来看。"

"在什么地方？"

"就在我家门口那儿。"

"是固定的一条狗吗？"

"是一条毛比较长的狗。"

"别的狗呢？"

"没有别的狗。"

"我明白了，你爸爸没有去日本以前，有一次经过时，这条狗拼命朝他叫，他怒火万丈，飞起一脚，虽然没踢中，但肯定使那条狗怀恨在心了，跑得了和尚跑不了庙，所以现在就一直咬你的裤腿了。"

我说："那么，你每天放学的时候怎么办呢？"他说："跑呗。""跑有没有用？""有时有用，有时没有用。"

我说："很好，这是一种锻炼，每天放学让狗咬一咬裤腿。"

他说："狗咬你裤腿的时候，腿凉丝丝的。"

我说："严格来讲，你只是怕这条狗而不是怕所有的狗，你说是不是？"

第四个电话，第四个故事。这也是我要写的最后一个电话，最后一个故事。因为编辑说了，在他们这个刊物上写故事不能写长，哪怕是伟大人物的故事也不要写长，因为篇幅有限，何况曹迪民先生不属于伟大人物。

第四个电话第四个故事的中心意思是说他给他的爸爸曹旭先生写了一封信，信的第一句话怎么写，他说是这样写的：

亲爱的曹旭先生：

　　等你以后从日本回来再打我，我可不怕你了，我会在手上装一个反弹器，你打我，我的反弹器就会让你自己打自己，啪啪啪啪啪啪啪啪一直打下去。

我问他，这是从哪本书上或者是电视里看来的，他说是从话剧《陈小虎》里看来的。我问"陈小虎"三个字是不是这样写，他说不知道。

我说："曹迪民，你不要老是迷恋在反弹器之类的里面，要把书读好。"他说："我是把书读好的呀！"我说："你读好啥了，你以为我不知道吗，你前几天做数学题，有一道题目订正了六遍还是错，原

·114·

来你第一遍就把题目抄错了，后来照着抄，就一直错。"

"你怎么知道的？"

"我碰到你们侯老师了。"

"你认识我们侯老师？"

"我跟他是哥们儿。"

"那么你跟我是不是哥们儿？"

"也是哥们儿。"

侯老师说："曹迪民这个家伙，将来长大会很有出息。"

我说："据说他爸爸小时候跟他差不多，但现在是博士和教授。"

曹迪民先生说："数学题目我是抄错了六遍，但是这次英语测验我是47分噢，班级第六名！——总分是50分。"

③ 两个小孩子

　　我喜欢小孩；但我不说那一句美丽到俗不可耐的程度的话：小孩子是祖国的花朵。我喜欢就是喜欢，我曾写过《三个小女孩》，现在又写《两个小孩子》。

　　两个小孩子都姓杨，是叔伯姐弟，姐姐叫秋菊，六岁；弟弟叫秋红，两岁半。他们的祖母带着秋菊的父母，从河北某县的一个农村里，到北大来打工，当家庭助理，扫马路，清除垃圾。垃圾和马路都清除得一干二净，受到这一带居民的赞扬。

　　去年秋天的一天，我同我们的保姆小张出门散步，门口停着一辆清扫垃圾的车。一个小女孩在车架和车把上盘旋攀登，片刻不停。她那一双黑亮的吊角眼，透露着动人的灵气。我们都觉得小孩异常可爱，便搭讪着同她说话。她毫不腼腆，边攀登，边同我们说话，有问必答。我们回家拿月饼给她吃，她伸手接

·116·

了过去，咬了一口，便不再吃，似乎不太合口味。旁边一个青年男子，用簸箕把树叶和垃圾装入拖车的木箱里，看样子就是小女孩的父亲了。

从此我们似乎就成了朋友。

我们天天出去散步，十有八次碰上这个小女孩，我们问她叫什么名，她说："叫秋菊。"有时候，秋菊见我们走来，从老远处就飞跑过来，欢迎我们。她总爱围着小张绕圈子转，我们问她为什么，她只嘿嘿地笑，什么话也不说，仍然围着小张绕圈子不停，两只吊角眼明亮闪光，满脸顽皮的神气。

秋菊对她家里人的工作情况和所得的工资了若指掌。她说，爸爸在勺园值夜班，冬天烧锅炉，白天到朗润园来清掏垃圾，用板车运送，倒入垃圾桶中。奶奶服侍一个退休教师，做饭，洗衣服，打扫卫生。妈妈在一家当保姆，顺便扫扫马路。这些事大概都是大人闲聊时说出来的。她从旁边听到，记在心中。她同奶奶住在一间屋里，早餐吃方便面，还有包子什么的。奶奶照顾她显然很好，她那红润丰满的双颊就足以证明。秋菊是一个幸福的孩子。

我们出来散步，也有偶尔碰不到秋菊的时候，此时我们真有点惘然若失。有时候，我们走到她奶奶住房的窗外，喊着秋菊的名字。在我们不注意间，她像一只小鹿连蹦带跳地从屋里跑了出来，又围着小张绕开了圈子，两只吊角眼明亮闪光，满脸顽皮的神气。

有一天，我们问秋菊愿意吃什么东西。她说，她最喜欢吃带木棍的糖球。我们问：

"把你卖了行不行？"

"行！卖了我吃糖球。"

"把你爸爸卖了行不行？"

"行！卖了爸爸吃饼干。"

"把你妈卖了行不行？"

"行！卖了俺妈吃香蕉。"

"把你奶奶卖了行不行？"我们正恭候她说卖了奶奶吃什么哩。她却说：

"奶奶没有人要！"

我们先是一惊，后来便放声大笑。秋菊也嘿嘿地笑个不停。她显然是了解这一句话的含义的。两只吊角大眼更明亮闪光，满脸顽皮的神气。

今年春天，一连几天没有能碰到秋菊。我感到事情有点蹊跷。问她奶奶，才知道，秋菊已经被送回原籍上小学了。我同小张都颇有点黯然神伤的滋味。

过了不久，我同小张又在秋菊奶奶主人的门前碰到这一位老妇人。她主人的轮椅的轱辘(gū lù)撒了气，我们帮她把气儿打上。旁边站着一个极小的男孩，一问才知道他叫秋红，两岁半，是秋菊的堂弟。小孩长的不是吊角眼，而是平平常常的眼睛，可也是灵动明亮。黑眼球仿佛特别大而黑，全身透着一股灵气。小孩也一点不腼腆，我们同他说话，他高声说："爷爷好！阿姨好！"原来是秋菊走了以后，奶奶把他接来做伴的。

从此我们又有了一个小伙伴。

但是，秋红毕竟太小了，不能像秋菊那样走很远的路。可是，不管他同什么小孩玩，一见到我们，老远就高呼："爷爷好！阿姨好！"铜铃般的童声带给我们极大的愉快。

有一天，我同小张散步倦了，坐在秋红奶奶屋旁的长椅子上休息。此时水波不兴，湖光潋滟(liàn yàn)，杨柳垂丝，绿荷滴翠，我们顾而乐之，仿佛羽化登仙，遗世独立了。冷不防，小秋红从后面跑了过来，想跟我们玩。我们逗他跳舞，他真的把小腿一蹬，小胳膊一举，蹦跳起来。在舞蹈家眼中，这可能是非常幼稚可笑的，可是那天真无邪的模样，世界上哪一个舞蹈家能够有呢？我们又逗他唱歌。他毫不推辞，张开小嘴，边舞蹈，边哼唧起来。最初我们听不清他唱的是什么，经过几次重复，我才听出来，他唱的竟是李白的"床前明月光，疑是地上霜。举头望明月，低头思故乡"。我不禁大为惊叹：一个仅仅两岁半的乡村儿童竟能歌唱唐代大诗人李白的名篇，这情况谁能想象得到呢？

又有一天，我同小张出去散步，坐在平常坐的椅子上，小秋红又找了我们来，我们又让他唱歌跳舞。他恭恭敬敬地站在我们眼前，先鞠了一大躬，然后又唱又舞，有时候竟用脚尖着地，作芭蕾舞状。舞蹈完毕，高声说："大家好！"这一套仪式，我猜想，是他在家乡看歌舞演出时观察到的，那时他恐怕还不到两岁，至多两岁出头。又有一次，我们坐在椅子上，小秋红又跑了过来，嘴里喊着："爷爷好！阿姨好！"小张教他背诵：

锄禾日当午，

汗滴禾下土。

谁知盘中餐，

粒粒皆辛苦。

小张只念了一遍，秋红就能够背诵出来。这真让我大大地吃了一惊。古人说"过目成诵"，眼前这个两岁半的孩子是"过耳成诵"。一个仅仅两岁半的乡村儿童能达到这个水平，谁能不吃惊呢？相传唐代大诗人白居易三岁识"之""无"①，千古传为美谈。如今这一个仅仅两岁半的孩子在哪一方面比白居易逊色呢？

中国是世界上的诗词大国，篇章之多，质量之高，宇内实罕有其俦②。我国一向有利用诗词陶冶性灵、提高人品的传统，用今天的话来说就是提高人文素质。然而，由于种种原因，近半个世纪以来，此道不畅久矣。最近国家领导人以及各有识之士，大力提倡背诵诗词以提高审美能力，加强人文素质，达到让青年和国民能够完美全面地发展的目的，这会大大有利于祖国的建设事业。我原以为这是一件比较困难、要长期努力的工作，我哪里会想到于无意间竟在一个

① 季羡林曾发文《关于〈两个小孩子〉的一点纠正》指出，此处存在错误，白居易的《与元九书》中记载白居易出生六七个月时就已认识"之""无"二字。

② 罕有其俦：很少有它的同类。即很少有能与它相比的。

才两岁半农村小孩子身上看到了曙光，看到了光辉灿烂的未来。我不禁狂喜，真要手之舞之足之蹈之了。

秋红到了21世纪不过才到三岁，21世纪是他们的世纪。如果全国农村和城市的小孩子都能像秋红这样从小就享有提高人文素质教育的机会，我们祖国前途真可以预卜了。我希望新闻界的朋友们能闻风而动，到秋红的农村里去采访一次。我相信，他们决不会空手而归的。

现在，不像秋菊那样杳如黄鹤，秋红还在我的眼前。我每天半小时的散步就成了一天最幸福的时刻，特别是在碰到秋红的时候。

1999年7月27日

活动一

快速默读这三篇文章，梳理一下三个作者的好朋友分别是谁，文章写了作者和好朋友之间的哪些事？在表格中用关键词记录下来。

文章题目	作者	好朋友	事件
《我的朋友容容（节选）》	任大霖		
《曹迪民先生的故事》	梅子涵		
《两个小孩子》	季羡林		

活动二

这些小朋友身上有哪些特点吸引了这些大人，使他们成了好朋友？这些小朋友身上有没有共同的地方？写完后，和小组的同学一起交流。

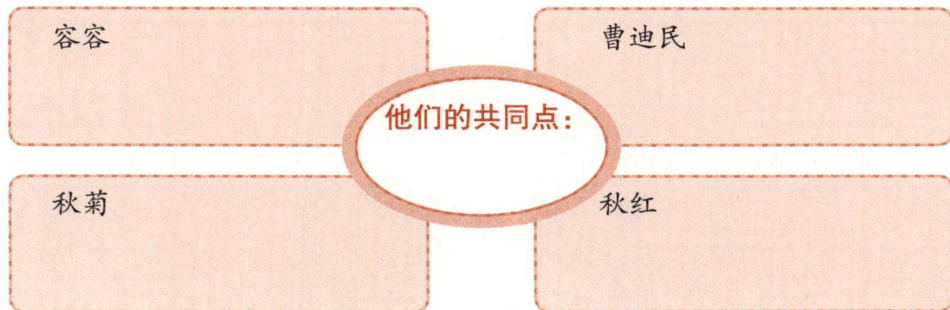

容容

曹迪民

他们的共同点：

秋菊

秋红

　　记事的文章通常是按照一定的顺序来写的，如《我的朋友容容（节选）》中容容成长过程的每一件趣事都是按时间顺序写的，《曹迪民先生的故事》则是按照曹迪民先生先后给"我"打的四个电话——讲述的，《两个小孩子》是根据"我"先后遇见这两个孩子的时间顺序来写的。

　　在你的成长过程中，遇见过和你特别投缘或者是你特别喜欢（崇拜、信任）的大朋友吗？将你和他（她）之间发生过的有趣或难忘的事情按一定顺序来写一写吧。在写之前可以先用小标题的方式概括要写的事情，这样写作的时候思路才会更清晰哟。

　　我的大朋友：

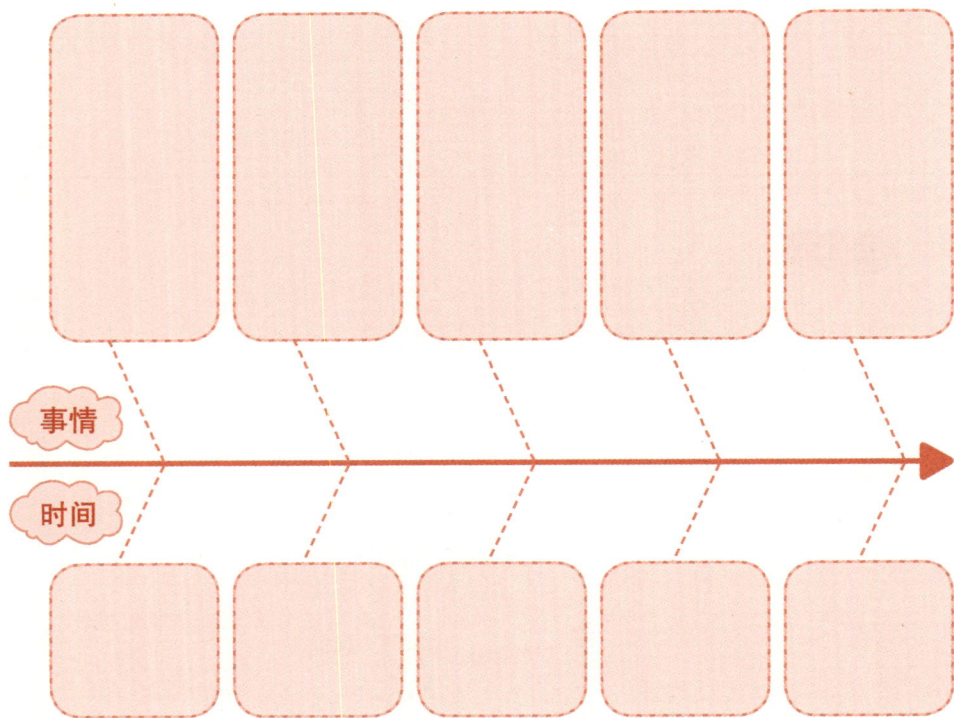

《老人与海》

［美国］海明威

同学们，在你的成长过程中，是否遇到过很多困难？是否有过在困难面前裹足不前甚至想要放弃的经历？要知道，正是这些挫折和困难让我们变得成熟和睿智。回想一下，你是不是在每次克服困难后都感受到了成功的喜悦？在这里给大家推荐的《老人与海》，写的就是一位老人用勇气和智慧克服困难的故事。书中有一句很精彩的话："人并不是生来就要吃败仗的。一个人可以被消灭，但不可以被打败。"让我们通过阅读这本书，走进那永不服输的充满勇气的世界，看看什么样的人才是真正的强者。

作者简介

海明威（1899—1961），美国作家，被誉为美利坚民族的精神丰碑。他创造了"新闻体"小说。海明威的文风简约明晰，代表作有《太阳照样升起》《永别了，武器》《丧钟为谁而鸣》《老人与海》等。1954年，海明威获得了诺贝尔文学奖。

内容梗概

《老人与海》写的故事发生在20世纪中叶的古巴，主人公是一位叫桑地亚哥的老渔夫。

一连84天桑地亚哥都没有钓到一条鱼，他消瘦憔悴，却仍然不肯放弃，终于在第85天钓到一条大马林鱼，老人异常高兴。

但这条鱼实在太大了，它拖着船向大海深处游去。经过努力，老人最终克服了重重困难杀死了这条大鱼并将鱼拴在船边。归途中，鲨鱼来抢夺老人的战利品。经过一番搏斗，大鱼被吃光。老人精疲力竭地拖回了一副大鱼骨架。

精彩片段

现在我要想一想加个拖拽的事情了，他心想。这有危险，也有好处。假如它使劲儿拉，桨做的拖拽又很管用，船儿一下子变得很重，我就有可能赔掉好多钓索又丢了鱼。船儿轻延长了双方的痛苦，却是我的安全保险：它的速度能达到非常之快，虽然至今还没显露出来呢。不管接下来事情会怎样，我得把鲯鳅（qí qiū）的肚肠掏出来，别让它坏掉；再吃点儿它的肉，添些力气。

我先歇上一个多钟头，等感觉到它安安稳稳的，再挪动回船尾去干这活儿，然后决定加不加拖拽。这段时间我可以看看它的动静，看它有没有要变化的表示。用桨做拖拽是个好计策，但现在已经到了谨慎行事的时候。这鱼儿依旧汉子得很，我看见钓钩挂在它嘴角上，它却紧闭着嘴不张开。钓钩的酷刑算不上什么。饥饿的酷刑，再加上它对抗的是它不理解的对手，这才是最重要的。歇着吧，老头儿，让它去干活儿，下一回轮到你的时候再说。

　　他歇了一阵儿，自己估摸有两个钟头。月亮要到很晚才会升上来，现在他没有办法判断时间。他也并没有真得到休息，只是相对而言松快了一点儿而已。他的肩膀依然一直承受着鱼儿的拉力，但他将左手放在船头的舷边上，将对抗鱼儿的重负越来越多地托付给了小帆船本身。

　　假如把钓索系在船上，事情会变得多么简单哟，他心想。但鱼儿只要稍微一晃，就能将它挣断。我必须用身体垫着，缓冲钓索上的压力，并且时时刻刻准备着双手将钓索放出去。

　　"可你还未曾睡过觉呢，老家伙，"他大声说，"已经有半天一夜，再加今天一个白天，你没睡过觉了。你得想个办法，趁着它安静平稳，稍稍睡上一会儿。你要是一直不睡，脑子会糊涂的。"

　　我脑子够清楚的，他心想，太清楚啦。我像我的星星兄弟们一样清楚。但我仍旧得睡。星星睡觉，月亮和太阳也睡觉，就连海洋有时也睡觉，在没有湾流、波平风静的日子里。

　　别忘了睡觉，他心想。要强迫自己睡觉，并想出一个简单又稳妥的办法来处置钓索。现在回船尾去吧，把鲯鳅收拾停当。假如一定要睡，装上桨当拖拽就太危险啦。

他对自己说：我也可以这样一直不睡。不过那太危险啦。

他双手双膝着地，开始挪动回船尾去，小心翼翼地，避免猛一拽惊动了鱼儿。兴许它正半睡半醒着，他心想。可我不想让它歇。它得一直拖着船，直到死去。

回到船尾后他转了个身，好用左手攥住紧绷绷勒在肩膀上的钓索，腾出右手将小刀抽出鞘来。这会儿星光明亮，他看鲯鳅看得很清楚。他将刀身攮^{nǎng}入鱼头，将它从船尾拖了出来。他一只脚踩住鱼，一刀从它的肛门下去，直剖到下颚的尖端。然后他放下刀子，把右手伸进去，将肚肠掏得干干净净，并把鳃也全部去除。他感觉到鱼胃在手里沉甸甸、滑溜溜的，便将它剖了开来。里面有两条飞鱼，挺新鲜的，而且硬邦邦的。他把两条小鱼并排放下，将鱼肚肠和鱼鳃扔出了船尾。那一坨东西沉下去时，在水里留下了一缕磷光。这会儿在星光下，鲯鳅凉冰冰的，呈现出一种麻风病人似的灰白。老头儿用右脚踩住鱼头，剥去

129

它一侧的皮；然后将它翻过来，剥去另一侧的皮；最后从鱼头到鱼尾，将两侧的鱼肉全割了下来。

他让鲯鳅的残骸从舷边滑下水去，并用眼睛望着，看它有没有在水里打旋儿。但只看到它慢慢沉下去时一路留下的磷光。于是他扭过头来，将两条飞鱼夹在长长的两片鱼肉中间，又将刀子插回鞘里。他慢慢地挪动回船头。钓索上的分量压得他脊背弯曲，收拾好的鱼拿在他的右手里。

回到船头之后，他将长长的两片鱼肉摊在船头板上，两条飞鱼则放在旁边。完事后，他将勒在脊背上的钓索移了个新地方，重新改用左手攥住它，摁在船舷上。然后他将身子探出船舷外，在水里面清洗飞鱼，同时留意着海水扑过右手的速度。剥鱼皮时他的手沾上了鳞，他不住地望着海水扑过他的手。水流没那么强劲了。他在小帆船的外侧船板上蹭蹭手掌边，水面上随即浮起一粒粒细小的鱼鳞，慢慢地向船尾漂去。

"它乏了，要不就是在休息，"老头儿说，"现在我把吃鲯鳅这件事做完，然后歇一歇，稍微睡一会儿。"

夜在不断地变冷。在星光下，他吃下去半片鲯鳅肉，一整条掏去肚肠、切掉了鱼头的飞鱼。

"鲯鳅要是煮熟了吃，味道是极美的啊，"他说，"生吃味道就差得很了。下回不带上盐或者酸橙汁，我决不出海。"

我要是有点儿脑子，就该整个白天往船头上泼水，这样海水一干就有盐了，他心想。话说回来，我是在太阳快落下去时才钓到鲯鳅的。但还是得怪我准备不足。不过我是把它嚼烂了吃下去的，不曾犯恶心。

东方的天空正在被云遮蔽起来，他熟识的那些星辰，一颗接一颗地消失了。现在他仿佛是在驶向一个云的大峡谷，风也停了。

（张炽恒　译）

阅读小贴士

阅读一本小说，我们要关注小说中的人物和情节。作者通过情节塑造人物形象，又通过人物推动情节的发展，两者相辅相成。

每读完一部分，我们都要回顾思考。除了要思考这部分主要写了什么，还要想一想在这一部分作者塑造了什么样的人物形象。当我们把人物和情节结合到一起去分析时，会发现更多读小说的乐趣。

我们可以根据已有的经验、对文章的理解和从文本中获得的信息，去预测情节会如何发展，预测作者或主要人物的想法和行动。然后在继续阅读中，不断地检验预测结果。

活动一　阅读记录

读了这本书，让我们来填一填下面的"读书记录卡"吧！

读书记录卡

《老人与海》这本书的作者是：

这本书最打动我的故事情节是：

因为：

在广阔无垠的大海上，如果我就是这位筋疲力尽的老渔夫，此时此刻我会想到：

最后，我一身疲惫地拖着一副巨大的鱼骨架回到岸上，我是胜利了，还是失败了？理由是什么？

活动二　阅读思考

同学们，读《老人与海》这本书时，你的心情一定会随着情节的发展而变化，让我们把自己的心情记录下来吧！请在方框内简单概括你读到的情节，并在括号内写出你当时的心情。

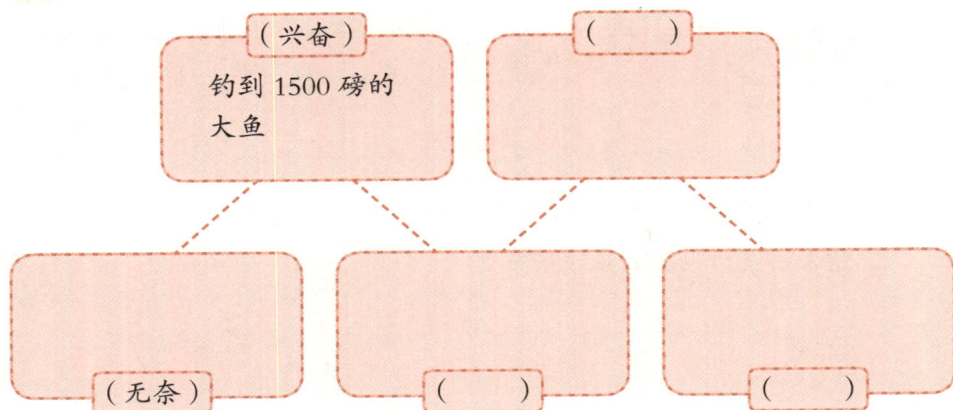

（兴奋）
钓到 1500 磅的
大鱼

（　　）

（无奈）

（　　）

（　　）

活动三　阅读链接

在上述情节中，哪些是老渔夫桑地亚哥遇到的困难，他是怎样克服的？相信你在生活中也遇到过困难，你又是怎样克服的呢？

老渔夫遇到的困难：

老渔夫战胜困难的法宝：

我在生活中遇到的困难：

我战胜困难的法宝：

敬 启

　　为编好这本书，我们与收入本书的作品（含图片）作者进行了广泛联系，得到了各位作者的大力支持。在此，我们表示衷心的感谢。但是，由于个别作者地址不详，虽经多方努力，仍无法取得联系。敬请各位有著作权的作者尽快与我们联系，以便我们支付稿酬，并致谢忱！

　　我们还要感谢使用本书的师生们。希望你们在使用本书的过程中，能够及时把意见和建议反馈给我们，对此，我们深表谢意，并将给予一定奖励。让我们携起手来，共同完成本书的建设工作。

联 系 人：梁老师　刘老师

联系电话：010-58022100-6362

联系邮箱：ztxx2008@sina.com

网　　　址：http://www.ywztxx.com

地　　　址：北京市海淀区知春路7号致真大厦A座18层

图书在版编目（CIP）数据

探索与发现/李凤君主编. — 上海：上海教育出版社，2021.12

ISBN 978-7-5720-0810-8

Ⅰ.①探… Ⅱ.①李… Ⅲ.①阅读课—小学—教学参考资料 Ⅳ.①G624.233

中国版本图书馆CIP数据核字（2021）第260866号

本书部分文字作品的版权由中国文字著作权协会代理及转付稿酬，电话：010-65978917，传真：010-65978926，E-mail：wenzhuxie@126.com

责任编辑　李光卫
封面设计　陈丽娟　王艺霖
著作权人　北京华樾教育科技有限公司

探索与发现

李凤君　主编

出版发行　上海教育出版社有限公司
官　　网　www.seph.com.cn
地　　址　上海市闵行区号景路159弄C座
邮　　编　201101
印　　刷　河北泓景印刷有限公司
开　　本　720×1010　1/16　印张 36
字　　数　400千字
版　　次　2021年12月第1版
印　　次　2021年12月第1次印刷
书　　号　ISBN 978-7-5720-0810-8/G·0626
定　　价　168.00元（全四册）

如发现质量问题，请向本社调换　　021-64373213

探索与发现

TANSUO YU FAXIAN

主 编 李凤君

4

上海教育出版社
SHANGHAI EDUCATIONAL
PUBLISHING HOUSE

编 委 会

总 主 编 崔 峦

主 　 编 李凤君

编 　 委

　　　刘 珂　马学军　刘冰冰　宋道晔　江锡琴

　　　王在英　安 永　万 静　李凤君　孙传文

　　　王传贤　黄学慧

编写人员

　　　黄学慧　李 莹　魏兰英　刘 丹　游珊珊

　　　韩瑞雪　杨晓丽　丁培花　刘冰冰　姚 焰

广泛阅读，可以提高阅读理解力；

广泛阅读，可以丰富知识，开阔视野；

广泛阅读，可以提升思维力、鉴赏力；

广泛阅读，可以促进人的精神成长。

新编的读本，包括古诗文经典诵读、优秀作品专题阅读和整本书阅读，是落实课内外阅读一体化的优质资源。

捧起这套读本读起来，你会越来越享受阅读，你的一生一定会因为阅读而精彩！

崔峦

用阅读滋养你的心灵，
让你变得聪明善良，胸怀
宽大，更富激情和创造力。

张秋玲

发现美，学会爱，表达自己，
在阅读和写作中不断进步！

王一梅

阅读是开启美
好人生的钥匙

赵丽宏
庚子九月

为自己读书
为美好读书

肖复兴
庚子冬末

读经典的书
做优秀的人

陈岳

幻想，从现实起飞

刘先平

·2·

目录

经典诵读

　　"少年辛苦终身事，莫向光阴惰寸功"是勤奋好学，"高标
逸韵君知否？正是层冰积雪时"是高尚俊逸，"负笈千里""立
雪程门"是尊重师长……

　　请同学们诵读本组古诗文，结合注释、译文了解大意，感受
古诗文中所表现的古人的美好品格。

① 题弟侄书堂（节选）

［唐］杜荀鹤

窗竹影摇书案①上，

野泉声入砚池中。

少年辛苦终身事，

莫向光阴惰②寸功。

注 释

① 案：几案。

② 惰：偷懒，懈怠。

译文

　　窗外竹子的影子还在书桌上摇摆，洗砚台的池塘边，还能听到山野中泉水叮咚的声音。年轻时候的努力是有益终身的大事，对着匆匆逝去的光阴，不要有丝毫的松懈和懒惰啊！

❷ 紫薇花

[唐] 杜牧

晓迎秋露一枝新，

不占园中最上春①。

桃李无言②又何在？

向风偏笑艳阳人③。

注 释

① 上春：早春。

② 桃李无言：意谓桃花、李花不说话，不夸耀自己。此处以桃李之朴素与花期之短来反衬紫薇的艳丽与花期之长。

③ 艳阳人：指在艳阳春天里开的花。

译 文

　　一枝初绽的紫薇在秋露里迎接晨光，而不是在早春与百花争奇斗艳。无言的桃花、李花现在又在何处呢？只有紫薇花向着寒冷的秋风，笑对那些在艳阳春天里开过的花朵了。

③ 梅花绝句二首（其二）

[宋] 陆游

幽谷①那堪更北枝②，

年年自分③著花④迟。

高标逸韵⑤君知否？

正是层冰积雪时。

注释

① 幽谷：深幽的山谷。
② 北枝：北向不朝阳的树枝。
③ 自分：自己料定，有甘愿之意。
④ 著花：开花。
⑤ 高标逸韵：高尚的气节，俊逸的风韵。标，标格，风度、气概之义。

译文

　　一树梅花长在背阴的山谷，加上枝条伸向北方，阳光终年罕至，所以每年开花总是比较迟。但你可知道它那高尚的气节、俊逸的风韵？要知道，当它吐苞时，正是那冰雪覆盖、最为严酷的寒冬时节啊！

❹ 送人赴安西^①

[唐] 岑参

上马带胡钩^②，翩翩^③度陇头^④。

小来思报国，不是爱封侯。

万里乡为梦，三边^⑤月作愁。

早须清黠虏^⑥，无事莫经秋^⑦。

注 释

① 安西：唐代设安西都护府，治所在今新疆维吾尔自治区境内。
② 钩：一种似剑的弯曲的兵器。
③ 翩翩：形容骑马疾驰时的轻快样子。
④ 陇头：即陇山。绵延于今陕西、甘肃边境。
⑤ 三边：古时称幽州、并州、凉州所辖地区为三边。诗中泛指西北边境地带。
⑥ 黠虏：狡猾的敌人。虏，古时对敌方的蔑称。
⑦ 经秋：经年。

译文

手执胡钩跨上骏马，英姿勃勃地越过陇山。从小就立志报效国家，杀敌立功绝不是为了做官封侯。离家万里，夜间萦绕着思乡的梦，边地的月光也会引起想家的愁思。此去应该早日平息狡猾的敌人所挑起的战乱，不要将战事拖延很久。

⑤ 幼学琼林（节选）

[明] 程登吉

负笈①千里，苏章②从师之殷；立雪程门，游杨③敬师之至。**弟子称师之善教，曰如坐春风之中；学业感师之造成，曰仰沾时雨之化。**

注释

① 笈：书箱。

② 苏章：东汉扶风平陵（今属陕西咸阳）人，少时背着书箱不远千里寻找老师。

③ 游杨：指游酢和杨时，他们都是程颐的学生。他们初次去拜见程颐时，程颐正闭目休息，他俩就侍立在老师身旁，没有离开，等到程颐醒来时，那门外的雪已经一尺多深了。

译文

"负笈千里"，是形容苏章寻找老师的殷勤，"立雪程门"，是形容游酢和杨时对老师程颐的尊重。学生称赞老师善于教导，就说像坐在感化万物的春风中一样；学业有成，感谢老师的教导，就说受到了合乎时令的雨露的滋润和感化。

❻ 管宁割席①

[南朝宋] 刘义庆

管宁、华歆②共园中锄菜，见地有片金，管挥锄与瓦石不异，华捉③而掷④去之。又尝同席⑤读书，有乘轩冕⑥过门者，**宁读如故⑦，歆废⑧书出看。宁割席⑨分坐，曰："子非吾友也！"**

注 释

① 选自《世说新语》，题目为后人所加。管宁，字幼安，三国北海朱虚（今山东临朐东南）人，不仕而终。

② 华歆：字子鱼，三国平原高唐（今山东禹城西南）人，被征入京后官至尚书令，魏文帝时任司徒，魏明帝时被封博平侯。

③ 捉：拿起来，拾。

④ 掷：扔。

⑤ 同席：古人在地上铺席，席地而坐。同坐一张席叫同席。

⑥ 轩冕：此处只取"轩"的意义。轩，古代一种有帷幕而前顶较高的车。冕，指天子、诸侯、卿大夫的礼帽。乘轩戴冕的是大夫以上的贵人。

⑦ 如故：像原来一样。

⑧ 废：放下。

⑨ 割席：割开席子。原来两人同坐一席，割断席子分开坐，表示鄙视对方。后以"割席"为绝交的典故，出自此处。

　　管宁和华歆同在园中刨地种菜，看见地上有一块金子，管宁仍旧挥动着锄头，把金子看得如同瓦片石头一样，华歆却把金子拾了起来，后来才扔掉。他们又曾经同坐在一张席子上读书，有个乘坐华丽车子的显赫人物从门前经过，管宁还像原来一样读书，华歆却放下书跑出去观看。管宁就割断席子和华歆分开坐，说："你不是我的朋友了！"

高尚品质

有的人忠于职守，勇于担当；有的人勤勤恳恳，任劳任怨；有的人舍生取义，视死如归……

阅读本专题的文章，边读边圈画出描写人物语言、动作等的词句，从中感受人物的高尚品质。

① 芙蓉楼送辛渐（其二）

[唐] 王昌龄

"明月心"
表达了诗人对朋
友的纯真感情。

丹阳①城南秋海阴，

丹阳城北楚②云深。

高楼送客不能醉③，

寂寂寒江明月心。

注 释

① 丹阳：唐天宝时以京口（今江苏镇江）为丹阳郡。丹阳郡之前称润州。

② 楚：丹阳即属春秋战国时楚国之地。

③ 不能醉：因心情郁闷不能开怀畅饮。

译 文

丹阳城的南面一湖秋水灰蒙蒙，丹阳城的北面楚天寥廓，遍布阴云。
在高高的芙蓉楼上饯别不能一醉，江天寒凉沉寂，心如圆月一样澄明。

❷ 塞下曲（其一）

［唐］李白

五月天山①雪②，无花只有寒。
笛中闻折柳③，春色未曾看。
晓战随金鼓④，宵眠抱玉鞍⑤。
愿将腰下剑，直为斩楼兰。⑥

借用西汉傅介子慷慨复仇的故事，表现诗人甘愿赴疆场、为国杀敌的雄心壮志。

注释

① 天山：横贯新疆维吾尔自治区中部，西端延伸至哈萨克斯坦和吉尔吉斯斯坦，山上终年积雪不化。

② 雪：这里作动词用，下雪。

③ 折柳：即《折杨柳》，伤离的乐曲。

④ 金鼓：古代行军鸣金击鼓，以整齐步伐，节制收兵与进攻。

⑤ 玉鞍：以玉装饰的马鞍。抱鞍而眠，是说作战辛苦。

⑥ "愿将……"两句：这里用了西汉傅介子的故事。由于楼兰王贪财，屡次杀害前往西域的汉使，傅介子受霍光派遣出使西域，计斩楼兰王，为国立功。楼兰，西域国名，这里指楼兰王。

译文

五月的天山上还覆盖着白雪，没有百花之芳香，只有那袭人的寒气。笛子吹奏的是《折杨柳》的曲子，却不见杨柳青青的春色踪影。白天在鼓声中行军作战，夜里就抱着马鞍露宿旷野。愿用腰间佩带的宝剑，斩下楼兰王的首级。

③ 梅花绝句二首（其一）

［宋］陆游

丰富而大胆的想象，把诗人对梅花的喜爱之情淋漓尽致地表达了出来，同时也表现了诗人高雅脱俗的品格。

闻道梅花坼^①晓风，
雪堆^②遍满四山^③中。
何方可化身千亿，
一树梅前一放翁^④。

注 释

① 坼：裂开，此处指梅花绽放。
② 雪堆：比喻梅花如白雪般纷繁。
③ 遍满四山：四山非实指，形容漫山遍野。
④ 放翁：陆游，字务观，号放翁。

译文

听说梅花已经在清晨的寒风中开放，在漫山遍野中纷繁似雪。有什么法子把自己也化为千亿个，让每一棵梅花树前都有一个陆放翁在尽情观赏呢？

④ 被停职的英雄

石 兵

2011 年 4 月 10 日上午，在英国南斯塔福德郡的乡间小路上，51 岁的女邮递员朱莉·罗伯茨像往常一样正开着邮递车四处送信，她打开车窗，享受着一阵阵春风吹拂，非常惬意。突然，在一个拐角处，因为转弯过急，她放在车窗边的签字钢笔被甩了出去。朱莉连忙停下车，走出车子去捡掉在地上的钢笔。不料，就在此时，意外发生了。

朱莉弯下腰捡钢笔的时候，身后的车子引擎突然响了起来。<u>朱莉心中一惊，这才想起，刚才急着下车找钢笔，车钥匙放在点火开关上没有拔出来。</u>

她顾不上捡钢笔，连忙回头向邮递车冲去，只见车子正驾驶位置已经坐上

这句话交代了"意外"发生的原因。

了一个一脸凶相的中年男子。中年男子看到朱莉冲过来，竟启动邮递车冲了过去。面对危险，朱莉没有一丝犹豫，她奋力一跃跳上了引擎盖，死死抓住车前盖，并大声叫喊起来。

看到朱莉奋不顾身的样子，偷车贼也慌了神，他发动车子猛踩油门，试图把朱莉甩下去，但是朱莉此时却爆发出了超乎常人的力量，她死死抓住车子，叫喊的声音也越来越大。这时，周围的车辆看到这一幕，纷纷开足马力冲过来要帮助朱莉。

转眼间，邮递车就冲出了一公里，偷车贼被朱莉的气势吓坏了，他趁着后面的车子没有追上来，连忙停下车，打开车门疯狂逃窜了。

虽然没有现场抓住偷车贼，但朱莉却记住了偷车贼的样子。在她的配合下，警察很快抓住了这个惯犯，并追回了不少赃物。在经过当地报纸报道后，朱莉

"跃""抓""叫喊"等动词的准确运用，写出了朱莉在危急中奋不顾身的样子。

一下子成了民众心目中的英雄，并被警察局授予了"勇敢市民"的称号。

但是，当朱莉回到皇家邮政公司，上司在了解到具体情况后，一方面安慰了朱莉，另一方面，却又做出了让朱莉停职的处理决定。原来，朱莉下车后还把车钥匙留在点火开关上的举动违反了公司相关规定，按照规定，朱莉将被停职扣发薪金甚至还可能被解雇。

很快，朱莉在公司的遭遇被报纸报道了，她收到了一百多封来自公众的支持信，还有人给皇家邮政公司写信，请求解除对朱莉的停职处理，让她立刻回到工作了 13 年的岗位上。后来，朱莉事件的影响越来越大，很多英国议员，包括英国下议院领袖，都呼吁解除对她的停职处理。

但最终的结果却让人很意外，英国皇家邮政不但没有让朱莉回到热爱的岗位，还把她调到伍尔弗汉普顿的一家邮

上司对朱莉的处理决定，让你对"责任"有了怎样的认识？

件分类办公室转行从事邮件分类工作。

面对这样的决定，朱莉显得很无奈，但她也表示自己将会尊重公司，因为毕竟是自己违反了公司规定，而且她很快调整了心态，恢复了一直保持的乐观。面对记者，她笑着说："我当然想回到原来日常投递的岗位上，这是最理想的结果，但能继续留在皇家邮政工作已经很不错了。上司找我谈了话，我明白，公司规定是面对所有员工的，不能因为我就特殊，所以，我主动要求对自己扣发薪金，但是上司却告诉我，因为我的勇敢，公司决定奖励我一笔钱，而这笔钱要比扣发的薪金金额还多一点，呵呵。"

朱莉的表现令英国民众更加赞叹不已，英国下议院领袖乔治·扬说："朱莉是一名勇敢的女性，她尽全力保护了英国皇家邮政的财产。同时，她更是一名称职的员工，她是所有英国公民的楷模。"

朱莉很勇敢，她是称职的员工，更是一位勇于承担责任的人，值得大家学习。

被停职的朱莉依然被称为英雄，但是"英雄"二字的含义却更加丰富了。因为她成为令英国民众更信服的典范，不仅因为她的勇敢，更因为她的勇于承担责任，而这才是她打动每个普通人的真正原因。

日积月累

这个社会尊重那些为它尽到责任的人。

——梁启超

责任就是对自己要求去做的事情有一种爱。

——歌德

生命跟时代的崇高责任联系在一起就会永垂不朽。

——车尔尼雪夫斯基

一个人若是没有热情，他将一事无成，而热情的基点正是责任心。

——列夫·托尔斯泰

⑤ 危急时，他挺身而出

若金之波

开头便介绍了研制原子弹的危险，为后面描写人物做了铺垫。

你知道吗？研制原子弹，是一项相当危险的工作！一旦发生核爆炸和核辐射，就会随时危及人的生命安全。尽管科学家在研制过程中，千方百计地防范，但仍然有人受到伤害，甚至还有人为此献出了宝贵的生命。在研制世界第一颗原子弹的时候，就有一位科学家为了避免一场核浩劫，挺身而出，成为第一位为原子弹研制而献身的人。他的名字叫斯洛达。

第二次世界大战中，美国政府在爱因斯坦等科学家的建议下，决定研发核武器。为此，美国一方面投入大量人力物力加紧研制原子弹；另一方面向英国和加拿大求援，希望这些国家派出优秀的核科技人员支援美国。于是，就有大量英国和加拿大的科技人员，在政府的支持下陆续来到美国，协助美国展开原子弹研制工作。斯洛达就是加拿大科技代表团中的一名科学家。

斯洛达来到美国后，和同事一起积极投入研制工作，在自己负责的核项目研究中，不断地取得进展。为此，他还被任命为实验室主任，负责原子弹的引爆实验工作。

一般来说，用于制造原子弹的核材料，如果质量达到一定水平，就有可能发生爆炸。所以，核材料平时都是小块存放的。这天，斯洛达在进行实验时，发生了一件意想不到的事：他用于拨动核材料的一把螺丝刀，不小心掉了下来，使得原本不在一起的两小块核材料滑动起来，并且越滑越近。斯洛达很清楚，一旦两块核材料相撞，便会引起一场大爆炸，所有实验设备和实验成果都将毁于一旦；如果这时有人去阻止核材料的

这段描写对表现人物的品质有什么作用？

滑动，那么一旦碰到或靠近它们，人的身体便会受到强烈的辐射，生命安全会受到威胁。

在这危急关头，斯洛达并没有想太多，就在两块核材料即将相撞的时候，他挺身而出，毅然伸出双手将它们分离开来。

这一行为，无疑避免了一场严重的核事故，也使附近的科学家避免了一场意外，并保全了实验设备。然而，大家也都很清楚，斯洛达与两块核材料的短暂接触，受到的辐射将是致命的；斯洛达无疑是用生命保住了大家的安全。科学家们既感动又担忧，不约而同地走向斯洛达，关切地问候他。虽然斯洛达摇摇头，表示没有什么，但他很清楚，自己的生命即将终结。

几天后，斯洛达终于抵挡不住核辐射的伤害，遗憾地闭上了自己的眼睛，永远离开了他毕生追求和倾注了热情的事业。

这个动作深深地印在了我们的脑海中，令人震撼、敬佩、感动。

斯洛达舍己为人的精神真令人感动啊！

⑥ 最后一颗子弹

东郭冰冰

每年清明节，奶奶都要到市郊的烈士陵园去扫墓，带上鲜花、水果，穿一身素净的衣服，表情庄重、肃穆。

开头对气氛的渲染，烘托了人物的心情。

一开始奶奶带我的父亲去，后来有了我，也就一起带着。奶奶在一个个墓碑前放上鲜花，摆上水果，然后撕心裂肺地哭。回来后，奶奶一连几天都会闷闷不乐，一言不发。

听父亲说，奶奶是去祭奠她过去的战友，其中有个战友是替她牺牲的，奶奶内心一直有一种愧疚感。

后来我慢慢长大了，听奶奶讲了她在抗日战争时期的那段难忘经历，我对奶奶和她牺牲的战友肃然起敬。

奶奶是 1940 年参加革命的，她在八

路军的一个团卫生医疗队当卫生员，就是在这个时候，她认识了爷爷并和爷爷结了婚。爷爷当时是八路军独立团的副营长。他们在战火硝烟中相亲相爱，并很快有了孩子，也就是我的父亲。由于工作忙，经常行军打仗，他们顾不上幼小的孩子，奶奶一狠心，把他寄养在一个农民家里。

战争是残酷的，爷爷和奶奶一年在一起的时间加起来连一个月都不到。一次，爷爷的部队又要开赴抗日根据地了，和奶奶分别的时候，他郑重地对她说："小花，记住，不管什么时候，手枪里都要留最后一颗子弹，不要成为日本鬼子的俘虏。"

爷爷的话表明了抗日战争的残酷，"使劲点点头"写出了奶奶不怕牺牲的精神。

奶奶使劲点点头，她明白爷爷这句话里的含意。

日本鬼子到处烧杀掠夺，无恶不作，落在他们手里的女八路军的命运是可想而知的。

奶奶给爷爷整了整左胳膊上的绷带，不舍地说："你一定要活着回来，我和孩子等着你。等打败了日本鬼子，我们就能过上好日子了。"

爷爷目光坚定地点点头，用右手把奶奶紧紧搂在怀里。

奶奶一直把一颗珍贵的子弹缝在衣服的袖子里，如果放在枪里，她怕战斗的时候一不留神打光了，缝在袖子里才是最保险的。有时，奶奶摸着袖子里光溜溜的子弹，心想："子弹呀子弹，你跟我好几年了，就像我的护身符，但愿这辈子别用上你。"

此处的描写为故事的发展埋下了伏笔。

一次，奶奶她们卫生队在撤退时，不幸遇到了一小队日本鬼子。双方交了火，负责掩护她们的警卫排战士全部牺牲了。卫生队都是女同志，战斗力很弱，在日本鬼子密集的火力下，人员伤亡惨重，奶奶和几个女队员借着树木的掩护向山上撤退。

小兰的语言和奶奶的动作，让我们感受到了她们舍己为人的精神和战友间的情谊。

一阵炒豆子般密集的枪声过后，奶奶身边的战友一个个倒下了，只剩下护士小兰和她并肩战斗。忽然，小兰被一节树根绊倒了，脚腕扭伤，坐在地上起不来。"别管我，你快突围吧。"小兰对奶奶说。奶奶二话没说，俯下身背起小兰就走。奶奶的身体十分娇小，经过刚才激烈的战斗，她的体力消耗很大，背着小兰行走十分吃力，好几次她腿肚子一软，差点儿栽倒在地。

奶奶把腰间的皮带紧了又紧，咬紧牙关坚持着，心里只有一个念头：不能扔下战友不管。

最后奶奶背着小兰撤退到一个悬崖边，由于地形不熟，她们走上了绝路。前面是万丈悬崖，后面是穷凶极恶的日本鬼子，奶奶绝望了。

奶奶脸色惨白，气喘吁吁，在一块大青石前，她把小兰从背上放下来。小兰浑身软得像没了骨头，坐不住，一下子躺倒在地上。奶奶一愣，她这才发现小兰面色苍白，呼吸粗重，像不停拉动的风箱，显然身体受了重伤。

原来，在奶奶背着小兰逃跑的过程中，一颗无情的子弹打中了小兰的背部。奶奶忍不住流下了眼泪，她想：这是小兰帮我挡了子弹啊，没有小兰，这颗子弹就打进我自己的身体了。

小兰断断续续地说："大姐……我拖累你了……千万别让日本鬼子捉活的……"

奶奶擦了擦眼泪，使劲点点头。

奶奶打开枪膛，发现里面一颗子弹都没有了。她毫不犹豫地撕开衣服袖子，从里面抖出了那颗亮铮铮的子弹。

读一读描写奶奶神态、动作的语句，体会奶奶的情感。

"快给我一枪……让我少受些罪吧……"小兰的目光在乞求，嘴里全是血沫。

奶奶的眼泪再一次涌了出来。她把子弹推进枪膛，枪口对准了小兰，然后把脸扭向一边，紧紧咬着嘴唇，扣动了扳机。枪响了，小兰停止了呼吸。

追击的日本鬼子距离越来越近了，子弹呼啸着从奶奶身边飞过，前面那个日本军官手里拿着明晃晃的指挥刀，在阳光下闪着耀眼的寒光。

圈出本段中描写奶奶动作的词语，感受奶奶英勇无畏、视死如归的精神。

奶奶将手枪在山石上摔个粉碎，面对逼上来的气势汹汹的日本鬼子，她眼睛里喷着怒火，回头望了一眼自己部队的方向，扭头跳下了万丈悬崖……

奶奶的命真大，她跳崖后，衣服挂在了悬崖绝壁的一棵松树上，没有摔死，只是昏迷了过去。两天后，她被一个上山采药的山民发现并救了下来。养好伤后，奶奶重返部队，继续参加抗日战争。

后来，爷爷和奶奶团聚了，孩子也从老乡那里被接了回来……

每到清明节，祭奠完烈士后，奶奶总是说："真想念当初的战友啊，她们都是二十多岁的小姑娘，像含苞欲放的花朵，好日子还没开始呢，一个个却惨死在日本鬼子的枪口下。还有小兰，是她救了我的命啊，本来那最后一颗子弹是为我自己留的……"

每次听奶奶讲这段难忘的经历，我都会泪流满面。

阅读链接

　　中国人民抗日战争是从1931年9月18日"九一八事变"开始，至1945年9月2日日本签署无条件投降书结束，共14年。中国人民抗日战争是近代以来中国反抗外敌入侵第一次取得完全胜利的民族解放战争，是世界反法西斯战争的重要组成部分。

7 血色雕塑

一

十米长，八米高，这是一座由无数条火红的赤岩石连接，由无数双青筋毕露的粗糙大手一斧一凿雕琢而成的雄浑壮美的雕塑。江风徐徐，碧浪泱泱（yāng），在垂柳白桦和青草鲜花的簇拥中，雕塑火红、亮丽，静静矗（chù）立于眼前。

雕塑的主体，是一群美丽的女子。

说一说从这句话中你感受到了怎样的英雄气概。

二

那是一个年代久远的故事。在一个阴风怒号、风云涌动的秋日，八个美丽的女子谱写着牡丹江上最为撼人心魄的旋律……

枪弹呼啸，硝烟弥漫。她们没有时间理理鬓间散乱的乌发，任由泥土、血渍遮住秀美的容颜。她们一颗一颗地投掷着手榴弹，一枪一枪地消灭着前面的敌人。偶尔，她们会回头看看身后那一片红高粱和大豆、玉米饱满的田野。她们知道，庄稼地的尽头，是家乡可爱的山、可亲的水和自己魂牵梦萦的村庄。

这样过了多久，她们谁也不知道。只是在弹尽粮绝之后，她们挽着受伤的战友，以一种极为坦然的回归母亲怀抱的姿势向着牡丹江——这条养育了自己和父老乡亲、战友同志的江水中走去，脸上是一种欣然的微笑。

半个世纪之后，满怀无比崇敬的艺术家们——或许其中就有你们当年战友的儿女——抓住了这一悲壮的瞬间，以精湛_{zhàn}的笔触和注满深情的斧凿将它定格在这江边，于是，便有了这座血色雕塑。

三

她们是一群美丽的女子。如果，没有那场持续十四年的战争……

"投掷""消灭""回头看看"这些动词既写出了八位女战士英勇战斗的情景，也让我们感受到了她们对家乡的热爱。

"坐在""哼着""绣着"……这是一幅多么美好的画面啊！

把本段中的动词圈画出来，体会一下她们本应该享有的生活吧。

或许，在一个春意融融的晌午，她们会坐在贴花的窗前，嘴里哼着小曲，精心绣着两只鸳鸯。山腰围猎汉子的吆喝，江边飘荡的渔舟，村头恋人翘首张望的目光……这些，在一个月如银盘的秋夜，或许全会荡入她们心间。

或许，几年之后，她们会骑上一匹小骒马，带着哭腔翻过道道山梁，越过条条大江，头上盖着一袭红纱，由少女走向成熟，为自己生育了黑土地上的新一代而开心地笑。

或许……

然而，日寇的枪声震碎了这些美丽女子的美好梦想。于是，在1938年的某一天，牡丹江就有了八女投江的悲壮！

四

雕塑巍然，赤岩如火。

是英雄血泪浸染、浇铸的吗？雕像无语。美丽的眼眸凝视处，是这一方殷实富饶的土地。

在这一方黑土地上，有森林煤矿，有大豆高粱，有奔腾不息的河流，有绵延千里的群山，还有千千万万勤劳勇敢的东北儿女……生于斯长于斯的中华民族的英雄啊，正是为了这片土地的宁静与安详，他们在洒尽了最后一滴鲜血的时候又倒在了这里。于是土地愈加肥沃，滋养了这一方人民的骨骼和精髓。

　　牡丹江，奔涌千年的牡丹江啊，你是吸吮了太多英雄的鲜血而汹涌澎湃的吗？或许，你本就是华夏的精魂的再现！

8 寻访"最后一代的挑山工"

冯骥才

作者开门见山，直接点明登岱的目的。

这次登岱纯粹是为了挑山工了。

都是缘自挑山工日渐减少的讯息一次次传来。还有一次与一位刚刚游过泰山的朋友聊天，当我向他询问关于挑山工的见闻时，他竟然说："挑山工？没有见到挑山工呀。"

于是抢在今年入九之前赶往泰山，寻访"最后一代"挑山工。这次事先的工作准备得好，联系到两位真正的"老泰山"。一位是中天门索道运营的负责人葛遵瑞。当年他主持泰山索道修建时，所有重型钢铁构件都是挑山工连背带抬搬上去的，这位负责人对挑山工知之甚深。一位是学者型泰山管理者刘慧，他有过几部关于泰山历史文化的研究著作，

读着"主持泰山索道修建""连背带抬搬上去的"这些语句，你脑海中浮现出了什么样的画面？

· 32 ·

学术功力相当不错，还身兼泰山文博研究员。这两位老泰山为我的安排很专业。分三步，先在山下对两位老挑山工做口述；再到中天门路上去看"泰山中天门货运站"，从那里也可了解到当今挑山工的一些生活状况；最后到中天门对另两位正在"当职"的中年挑山工做口述调查。

这样的安排既全面又有层次，能使我不长时间便能抓住我所关心问题的要害。我真要感谢这两位长期工作在山上的主人。

我的口述调查很顺利，也充分。我已将这次登岱最重要的内容写在长篇的《泰山挑山工口述史》中了。

口述完成后，天色尚好，幸运的是这天的天气不冷。西斜的太阳照在苍老嶙峋的山岩上发红发暖，山谷一些松柏依旧苍翠。如果只盯着这松柏看，就像还在夏日里。我想既然人在山中不能不到山顶，可是如今我腿脚的力量不比年

从两位"老泰山"的安排可以看出，作者之后的所见所闻就是挑山工最真实的生活状态。

轻时，已经爬不动十八盘了，便乘缆车到南天门，一路景物都在不断与记忆重合，无论是天门左边巨石那"果然似我"四个豪气张扬的题刻，还是关帝庙前那块嵌墙的珍罕的石刻关公像，都是五十年前打动我的，至今未忘，再次看到，如见故人般的亲切。

在天街一侧，头一次看到我题写的石刻泉名"万福泉"，亦亲切，又欣然。我拉着妻子在这个地方留个影——我喜欢这个泉名：万福。这两个字可以把你对所有事情美好的祈望都放在里边。

然而，我还是更留意挑山工的生态。此次在山上，不论从南天门向十八盘俯望，还是站在岱宗坊前向天街仰望，竟然未见一位挑山工。是由于他们晌后收工了，还是真的已然日渐稀少？一种忧虑和苍凉感袭上心头。这正是这些年来那种抢救中华文化常有的情感，竟然已经落到挑山工的身上。谁与我有此同样

作者抢救中华文化、记录中华文化、传承中华文化的迫切心情也深深地触动着我们的心弦。

的感受？于是我和泰山博物馆馆长刘慧先生谈论到建立"泰山博物馆"的话题了。

说到博物馆里的文物，刘慧对我说，他给我找到一件挑山工的文物——一根真正挑山工使用过的扁担。这扁担就是我头天的口述对象老挑山工宋庆明的，他使用了一辈子，决定送给我作为纪念。

我和刘慧都喜欢做博物馆，好似天性能从历史的证物中感受历史的真切。同时，感受到刘慧动人的心意，还有老挑山工朴实的情意。

我已经将这两端带着铁尖、几十年里磨得光溜溜的扁担立在我的书房的一角。它不是一个过去生活的遗物，而是一个昂然、苍劲又珍贵的历史生命。凡历史的生命都是永恒的。

临行时，我送给泰山管委会一幅字，以表达我对泰山几乎一生的敬意：

"岱宗立天地，由来万古尊，
称雄不称霸，乃我中华魂。"

作者将老挑山工用过的扁担立于书房的一角，说明他对挑山工充满了敬意。

从这幅字可以看出，作者不仅仅是赞美泰山，更是赞美泰山所彰显出的中华民族的精神。

9 桡[ráo]夫子①

川江里的船，多半用桡子②。桡子安在船头上，左一支右一支地间隔着。平水里推起来，桡子不见怎么重。推桡子的往往慢条斯理地推着，为的路长，犯不着太上劲，也不该太上劲。据推桡子的说，到了逆势的急水里，桡子就重起来，有时候要上一百斤。这在别人也看得出来，推桡子的把桡子推得那么重，身子前俯后仰的程度加大了。过滩的时候，非使上全身的气力，桡子就推不动。水势是这样的，船的行势是那样的，水那股汹涌的力量全压在桡子上。推桡子的脚蹬着船板，嘴里喊着"咋咋——呵呵

---

① 桡夫子：受雇为人划桨的船工，也叫船夫。
② 桡子：船桨。

呵"，是这些沉重的声音在叫船前进呢。过了滩，推桡子的累了，就又慢条斯理的了。

这些推桡子的，大家管他们叫"桡夫子"。

好些童话里说到永远摇着船的摆渡人，他老在找个替手，从他手里把桨接过去；一摆脱桨，他就飞一样地跑了，再不回头看一看他那摇了那么久的船了。在木船上二十多天，我们天天看桡夫子们做活，不禁想起他们就是童话里说的摆渡人。天天是天刚亮他们就起来卷铺盖。天天是喊号子的一声"喔——喔啰——啰"，弟兄伙就动手推桡子。天天是推过平水上流水，推过流水又是平水。天天是逢峡过峡，逢滩过滩。天天是三餐干饭。天天是歇力的时候抽一杆旱烟。天天听喊号子的那样唱："哥弟伙，使力推，推上流水好松懈"，"弟兄伙，用力拖，拢到地头有老酒喝"。这样，

几个"天天"写出了桡夫子的日常生活状态——单调辛苦却也干劲儿十足，体现了他们的乐观、朴实。

天天赶拢一个码头。随后，他们喝酒，末了在船头上把铺盖打开，就睡在桡子旁边。

那个烧饭的（烧饭的管做饭，看太平舱，是船上的总务，他的工钱比别的桡夫子大）跟我们说起过："到了汉口，随便啥子活路跟我说一个嘛，船上这个饭不好吃。"他说："岸上的活路没得这么'讨神'，一天三顿要做那么多人吃的，空下来还顶一根横桡，清早黑了又要看舱，是不是？船漏了是你的责任嘛。"他说："这么点儿钱，哪儿不挣了？"他年纪还轻，人很精灵，想要放下手里的桨，换个新活路。在他看来，除了自己手上的都蛮不错。

别的桡夫子们，有好几个已经三十多了。一个十六七岁的，上一代也吃船上饭，也是推桡子的。这些人却不想放下手里的桨，都是每天不声不响地提起桡子，按着节拍一下一下推着。他们拿

从这里可以读出桡夫子的老实本分。

· 38 ·

该拿的钱，吃该吃的饭，做该做的活。推船跟干别的活无非为了挣钱，他们干这一行，就吃这一行饭，靠这一行吃饭，永远靠这一行吃饭。"钱是各人各自挣的嘛，做得到哪一门活路，吃得成哪一门饭，未必是说着耍的，随随便便就拿钱给你挣了！"他们这样说。

画出文中对桡夫子的语言描写，说说从中你感受到了他们怎样的品质。

我们下来的时候，从重庆到宜昌推一趟，每人拿得到四五万元①。

在船开动的前一天，就散了一些工资。这是给桡夫子们安家买"捎带②"的。"捎带"各人各买，有买川连的，有买炭砖的，有买柴火的，也有买饭箕的。买了各自扛上船，老板有地方给他们安放。老板说："我不得亏待你们，总有钱给你们办'捎带'的。"桡夫子们说："牲钱（工资）拿来有啥用！不办点'捎

---

① 四五万元：不是指我们现在的人民币，是用当时的旧币单位计算的。大致相当于现在的四五元人民币。

② 捎带：本文指带货卖。船夫们在重庆买一些货物，到了宜昌再卖掉，从中赚一些差价。

带'，回来扯不成①洋船票，还走不到路哪。"这些"捎带"有赚有蚀②。听到底下哪门货色行市，他们就办哪门。也许这已经是几个月前的信息了，也许根本就没有这回事。不过他们总是高高兴兴地把"捎带"办了来，找个顶落位的地方放好，心里想，也许在这上头可以赚一笔大钱呢。

1946 年 6 月 29 日作

从梢夫子办"捎带"的行为中，我们仍然能够体会到他们的淳朴，以及对生活充满希望的乐观精神。

---

① 扯不成：换不成。

② 有赚有蚀：这里是指梢夫子捎带货有时候赚钱，有时候赔钱。

通过本专题的范文阅读，我们认识了很多英雄人物，从人物的语言、动作等描写中感受到了他们高尚的品质。

继续阅读下面的三篇文章，想一想文中的人物都有怎样的品质。

① 暴风雨中的大力神（节选）

毛芦芦

轰隆！2010 年 7 月 23 日凌晨 3 点，睡梦中的张玉滚突然被一声惊雷震醒。

大雨如注，满世界都是哗哗的雨声。即使隔了半里多路，依然能听见山洪在窄窄的溪岸间挣扎、奔涌的訇訇声。大雨和山洪，好像是要把闪电劈开、惊雷碾碎的一切都从大地上冲走、扫光呢。

这雷雨，来势如此汹汹，惊得张玉滚一下子从床上坐了起来。很自然地，他一下子想起了学校里的那些学生。

这是暑假期间，学生们都在家里。可是，有三分之

· 41 ·

二的孩子，父母并不在家里，因为他们的家长都在外面打工。这样的雨夜，没有父母陪伴的孩子，心里该多害怕呀！

张玉滚的脑子在快速转动着，他在想到底哪个孩子最需要他的帮助。

啊呀，不好，二年级的张明明，与年老体弱的爷爷相依为命，而且他们家住的是危房啊！

当张明明苍白的小脸在自己脑海里浮现出来时，张玉滚马上跳下床往门外冲去。妻子这时恰好醒来，见他那么张皇失措，忙问："玉滚，怎么啦？"

"下暴雨啦，我去张明明家看看……"张玉滚头也不回地冲妻子喊道。话音未落，人已经冲进了屋外的瓢泼大雨中。

"雨伞，带上雨伞啊！"妻子跳下床，找出雨伞，想追出去，可是，被门外那哗哗的大雨推了回来。张玉滚已经不见踪影了。妻子只好冲着村路大喊道："玉滚，你自己要小心啊！"

远远地，张玉滚听见了妻子的呼喊，但他没有回头，而是加快了前行的脚步。

雨那么大，张玉滚感觉自己就像是走在瀑布底下。

年轻力壮的他，竟然被大雨打得趔趔趄趄！于是，他索性在高低不平的村路上深一脚浅一脚地奔跑起来。而这时，从山溪里冲上来的大水，已经在村路上越涨越高了。

张明明住在村边的一幢破屋里。

啊，等张玉滚赶到时，他发现他最担心的事情已经发生了——张明明家的屋子已经倒了一大半。

在忽明忽暗的闪电下，那屋子就是一片绝望的废墟。

"张明明！张明明！"张玉滚担忧极了，急得眼里霎时滚出了泪珠，冲着那废墟声嘶力竭地大喊，"张明明你在哪儿？你和爷爷还好吧？"同时，他的心在不断地随雨点往下坠去，他真怕孩子和他的爷爷已经被那大半边倒塌的房子压在底下了呀！

"张老师，呜呜呜，张老师……"不幸中的万幸，从废墟一侧那仅存的房子一隅，传出了张明明的哭喊声。这孩子，竟然在第一时间就听出了张玉滚的声音。"别怕，老师来啦！"张玉滚闻声大喜，冲张明明那边扑了过去。

呀，映入张玉滚眼帘的那一幕，真是凄凉啊！张明明和他爷爷正紧紧抱在一起，躲在床头一角簌簌发抖，而大水已经快漫上他们简易的小床了。

那祖孙俩，简直就像被整个世界遗弃在了一个孤岛上，惊惶万分，正在痛苦地哭泣。

张玉滚在大水中奋力一跃，跳到他们身边，冲张明明喊道："孩子，来，到我怀里来！"

张明明一下子就扑进了张玉滚怀里，搂着他的脖子，委屈地大哭起来。

"别哭，孩子，我们还得救你爷爷哩！"张玉滚用一只手抱紧张明明，将另一只手伸向老人，"快，老人家，你快趴到我背上来！"

老人看看屋子内外的洪水，看看个子不高、怀里抱着他孙子的张玉滚，很坚决地摇了摇头说："别管我，我不想拖累你们，只要你和明明安全就可以了，我没关系的！你快走吧！"

"呀，你说什么话呢！我不能丢下你啊！"平时性子很绵软的张玉滚，听了老人的话，竟突然朝老人发起火来，用命令的口吻冲他喊道，"快，别磨蹭啦！快趴到我背上来！"

老人只好爬过来，趴在了张玉滚的背上。

张玉滚用一只手紧紧抱着怀里的张明明，用另一只手费力地托着背上明明的爷爷一大步一大步地在洪水中前行着，累得摇摇晃晃，却又走得那么坚定、勇毅。那时，很多乡亲已经被暴风雨惊醒，大水也把很多乡亲逼到了村庄高处去避难了。

张玉滚抱着一个小孩，背着一个老人，也奋力朝地势高处走去。

大水在使劲阻挡着他的脚步，刺啦啦的闪电、轰隆隆的响雷，依然在前后夹击着他。他就像行驶在波涛起伏的大海中的一只小舢板，随时都有被风浪打沉的危险。可是，他不放弃！因为他身上背负着活生生的两条性命！作为老师，他只想平安地救出他的学生和学生的爷爷！

啊，脚下的路在慢慢升高，水在慢慢变浅，他总算又斗罢了一回艰险。不过，这时，他已经累得差不多快迈不动脚步了。

"哇，那不是张玉滚吗？你看，他怀里抱着一个人背上还背着一个人，好勇猛啊！"突然，路边有乡亲认出了张玉滚，大喊起来。

"了不起，张玉滚太了不起啦！"很多乡亲都这么喊了起来。

这些惊叹声、夸赞声，给了张玉滚信心，给了张玉滚鼓舞，当然，也给了他一种无比的自豪感，所以，他浑身又充满了力量，一鼓作气地大踏步前进着。终于，他将张明明和他爷爷安全地送到了没有水的一个高墩上。

"天啊，没想到文弱书生张玉滚，在暴风雨中竟然变成了大力神！"高墩上的一个乡亲大喊起来。

"谢谢，谢谢你救了我们祖孙俩的命！"明明的爷爷感激地朝张玉滚跪了下去，但不等他跪倒，张玉滚已眼疾手快地把他扶了起来。

"别这样，千万别这样，我只是做了我该做的！"张玉滚说着，连忙跑走了。家里还有妻儿在等着他呢！在这样的暴雨之夜，妻子和孩子也是胆战心惊的呀！

"对不起，小云、宝宝，我总是把学生看得比你们重，对不起啦！"一回家，他就把妻儿紧紧地搂在怀里，歉疚地说道。

是的，长相并不出众、个子也不高的张玉滚，因为有一颗特别善良的心，因为十多年如一日地关心关爱学生，十多年如一日地尽心尽责工作，所以，无形中已经化成了伏牛深山里的一个爱之使者，虽然没有翅膀，却用爱飞翔在父老乡亲的心中，用心为黑虎庙小学的孩子们遮风挡雨，成了大伙公认的大力神。

❷ 记张自忠将军

梁实秋

我与张自忠将军仅有一面之雅，但印象甚深，较之许多常常谋面的人更难令我忘怀。读《传记文学》秦绍文先生的大文，勾起我的回忆，谨为文补充以志景仰。

一九四○年一月我奉命参加国民参政会之华北视察慰劳团，由重庆出发经西安、洛阳、郑州、南阳、宜昌等地，访问了五个战区七个集团军司令部，其中之一便是张自忠将军的防地，他的司令部设在襄樊与当阳之间的一个小镇上，名快活铺。我们到达快活铺的时候大概是在二月中，天气很冷，还降着蒙蒙的冰霰。我们旅途劳顿，一下车便被招待到司令部。这司令部是一栋民房，真正的茅茨土屋，一明一暗，外间放着一张长方形的木桌，环列木头板凳，像是会议室，别无长物，里间是寝室，内有一架大木板床，床上放着薄薄的一条棉被，床前一张木桌，桌上放着一架电话和两三叠镇尺压着的公文，四壁萧然，简单到令人

·47·

不能相信其中有人居住的程度。但是整洁干净，一尘不染。我们访问过多少个司令部，无论是后方的或是临近前线的，没有一个在简单朴素上能比得过这一个。孙蔚如将军在中条山上的司令部，也很简单，但是也还有几把带靠背的椅子，孙仿鲁将军在唐河的司令部也极朴素，但是他也还有设备相当齐全的浴室。至于那些雄霸一方的骄兵悍将就不必提了。

张将军的司令部固然简单，张将军本人却更简单。他有一个高高大大的身躯，不愧为北方之强，微胖，推光头，脸上刮得光净，颜色略带苍白，穿普通的灰布棉军服，没有任何官阶标识。他不健谈，更不善应酬，可是眉宇之间自有一股沉着坚毅之气，不是英才勃发，是温恭蕴藉的那一类型。他见了我们只是闲道家常，对于政治军事一字不提。他招待我们一餐永不能忘的饭食，四碗菜，一只火锅。四碗菜是以青菜豆腐为主，一只火锅是以豆腐青菜为主。其中也有肉片肉丸之类点缀其间。每人还加一只鸡蛋放在锅子里煮。虽然他直说简慢抱歉的话，我看得出这是他在司令部里最大的排场。这一顿饭吃得我们满头冒汗，宾主尽欢，自从我们出发视察以来，至此已将近尾声，名为慰劳将士，实则受将士慰劳，到处大嚼，直到了快活铺这才心安理得地享受了一餐在战地里应该享受的伙食。珍馐^{xiū}非我之所不欲，设非其时非其地，则顺着脊骨咽下去，不是滋味。

晚间很早地就被打发去睡觉了。我被引到附近一栋民房，一盏油灯照耀之下看不清楚什么，只见屋角有一大堆稻草，我知道那是我的睡铺。在前方，稻草堆就是最舒适的卧处，我是早有过经验的，既暖和又松软。我把随身带的铺盖打开，放在稻草堆上倒头便睡。一路辛劳，头一沾枕便呼呼入梦。俄而轰隆轰隆之声盈耳，惊慌中起来凭窗外视，月明星稀，一片死寂，上刺刀的卫兵在门外踱来踱去，态度很是安详，于是我又回到被窝里，但是断断续续的炮声使我无法再睡了。第二天早晨起来，参谋人员告诉我，这炮声是天天夜里都有的，敌人和我军只隔着一条河，到了黑夜敌人怕我们过河偷袭，所以不时地放炮吓吓我们，表示他们有备，实际上是他们自己壮胆。我军听惯了，根本不理会他们，他们没有胆量开过河来。那么，我们是不是有时也要过河去袭击敌人呢？据说是的，我们经常有部队过河作战，并且有后继部队随时准备出发支援，张将军也常亲自过河督师。这条河，就是襄河。

早晨天仍未晴，冰霰不停，朔风刺骨。司令部前有一广场，是扩大了的打谷场，就在那地方召集了千把名士兵，举行赠旗礼，我们奉上一面锦旗，上面的字样不是"我武维扬"便是"国之干城"之类，我还奉命说了几句话，在露天讲话很难，没讲几句就力竭声嘶了。没有乐队，只有四把喇叭，简单而肃穆。行完礼张将军率领部队肃立道边，送我们登车而去。

回到重庆，大家争来问讯，问我们在前方有何见闻。平时足不出户，哪里知道前方的实况？真是一言难尽。军民疾苦，惨不忍言，大家只知道"前方吃紧后方紧吃"，其实亦不尽然，后方亦有不紧吃者，前方亦有紧吃者，大概高级将领之能刻苦自律如张自忠将军者实不可多觏^{gòu}①。我尝以为，自奉俭朴的人方能成大事，讷^{nè}涩寡言笑的人方能立大功。果然五月七日夜张自忠将军率部队渡河解救友军，所向皆捷，不幸陷敌重围，于十六日壮烈殉国！大将陨落，举国震悼。

张将军灵榇^{chèn}由重庆运至北碚河干，余适寓北碚，

---

① 觏：遇见。

亲见民众感情激动，群集江滨，遗梓厝^{cuò}于北碚附近小镇天生桥之梅花山。山以梅花名，并无梅花，仅一土丘蜿蜒公路之南侧，此为由青木关至北碚必经之在，行旅往还辄相顾指点："此张自忠将军忠骨长埋之处也。"

　　将军之生平与为人，余初不甚了了，唯"七七事变"前后余适在北平，对于二十九军诸将领甚为敬佩与同情，其谋国之忠与作战之勇，视任何侪辈^{chái}①皆无逊色，谓予不信，请看张自忠将军之事迹。

阅读链接

　　张自忠（1891—1940），著名抗日将领，山东临清人。1940年5月枣宜会战中，在湖北宜城南瓜店前线同日军激战时牺牲。董必武写挽诗道："男儿抗日死沙场，青史名垂姓字香。中原倘有英灵护，争让倭奴乱逞狂。"

---

　　①侪辈：同辈。

③ 采蒲台的苇

孙 犁

我到了白洋淀，第一个印象，是水养活了苇草，人们依靠苇生活。这里到处是苇，人和苇结合得是那么紧。人好像寄生在苇里的鸟儿，整天不停地在苇里穿来穿去。

我渐渐知道，苇也因为性质的软硬、坚固和脆弱，各有各的用途。其中，大白皮和大头栽因为色白、高大，多用来织小花边的炕席；正草因为有骨性，则多用来铺房、填房碱；白毛子只有漂亮的外形，却只能当柴烧；假皮织篮捉鱼用。

我来得早，淀里的凌还没有完全融化。苇子的根还埋在冰冷的泥里，看不见大苇形成的海。我走在淀边上，想象假如是五月，那会是苇的世界。

在村里是一垛垛打下来的苇，它们柔顺地在妇女们的手里翻动。远处的炮声还不断传来，人民的创伤并没有完全平复。关于苇塘，就不只是一种风景，它充满火药的气息和无数英雄的血液的记忆。如果单纯是苇，如果单纯是好看，那就不成为冀中的名胜。

这里的英雄事迹很多，不能一一记述。每一片苇塘，都有英雄的传说。敌人的炮火，曾经摧残它们，它们无数次被火烧光，人民的血液保持了它们的清白。

最好的苇出在采蒲台。一次，在采蒲台，十几个干部和全村男女被敌人包围。那是冬天，人们被围在冰上，面对着等待收割的大苇塘。

敌人要搜。干部们有的带着枪，认为是最后战斗流血的时候到来了。妇女们却偷偷地把怀里的孩子递过去，告诉他们把枪支插在孩子的裤裆里。搜查的时候，干部又顺手把孩子递给女人……十二个女人不约而同地这样做了。仇恨是一个，爱是一个，智慧是一个。

枪掩护过去了，闯过了一关。这时，一个四十多岁的人，从苇塘打苇回来，被敌人捉住。敌人问他："你是八路？""不是！""你村里有干部？""没有！"敌人砍断他半边脖子，又问："你的八路？"他歪着头，血流在胸膛上，说："不是！""你村的八路大大的！""没有！"

妇女们忍不住，她们一齐沙着嗓子喊："没有！

没有！”

敌人杀死他，他倒在冰上。血冻结了，血是坚定的，死是刚强！

“没有！没有！”

这声音将永远响在苇塘附近，永远响在白洋淀人民的耳朵旁边，甚至应该一代代传给我们的子孙。永远记住这两句简短有力的话吧！

阅读链接

白洋淀是华北平原的一颗璀璨明珠，关于这里抗日战争中的红色文化更是名扬海内外。著名作家孙犁的创作活动，从一开始就和白洋淀的生活紧密相连。收入《白洋淀纪事》的短篇小说《荷花淀》是孙犁最广为人知的作品之一。后来，有不少当代青年作家追随孙犁的写作风格进行创作，最终形成了一个小说流派，称为"荷花淀派"。

活动一

通过阅读，你知道以下文章写了哪些人物？哪些描写最能展现人物的品质？请把关键词句填写在表格里。

文章题目	人物	语言、动作等描写
《暴风雨中的大力神（节选）》		
《记张自忠将军》		
《采蒲台的苇》		

活动二

阅读后，比较文中人物的品质有哪些相同之处和不同之处。小组合作交流后，把相关词句写在下面。

人物品质比较

不同点：

相同点：

生活中，有哪些人给你留下了深刻的印象？先和同桌交流一下，然后根据下面的提示写一写。

人物多面描述

名字：＿＿＿＿＿＿＿＿

外貌

性格

语言、动作等

爱好、特长

一件小事

① 塞下曲（其二）

［唐］卢纶

林暗草惊风①，
将军夜引弓②。
平明③寻白羽④，
没⑤在石棱⑥中。

注 释

① 草惊风：草突然被风吹动。
② 引弓：拉弓射箭。
③ 平明：黎明。
④ 白羽：箭尾有羽毛，故有羽箭之称。
⑤ 没：隐没，陷入。这里指箭镞插进。
⑥ 石棱：有棱角的石头。

译文

在林子的深处有风吹动了草，将军以为是什么猛兽，于是拉弓射箭。天亮后寻找这支箭，看射中了什么，发现箭已深深地嵌入石棱中了。

❷ 范仲淹①有志于天下

《宋名臣言行录》

范仲淹二岁而孤②，母贫无依，再适长山朱氏。既长，知其世家③，感泣辞母，去之南都入学舍。昼夜苦学，五年未尝解衣就寝。或④夜昏怠⑤，辄⑥以水沃⑦面。往往饘^{zhān}粥⑧不充，日昃始食，遂大通六经之旨，慨然有志于天下。<u>常自诵曰："当先天下之忧而忧，后天下之乐而乐。"</u>

> "先天下之忧而忧，后天下之乐而乐"表明了范仲淹不为个人得失而悲喜，以天下为己任的高尚情操。

注 释

① 范仲淹：北宋杰出的政治家、文学家。他幼年丧父，家境贫寒。但少有大志，发愤苦读。"先天下之忧而忧，后天下之乐而乐"出自他的名篇《岳阳楼记》，被后人传诵。

② 孤：丧父。

③ 世家：家世。

④ 或：有时。

⑤ 昏怠：困倦。

⑥ 辄：就。

⑦ 沃：浇，这里指洗。

⑧ 饘粥：稠粥。

范仲淹两岁时父亲去世了，因为家里穷，母亲带着他改嫁了长山姓朱的人。到范仲淹懂事以后，母亲把家世讲给他听，他听了非常感动，流着泪拜别母亲到南都入学读书。这期间他每天从早到晚读书，五年都没有脱下衣服睡觉。夜晚疲惫时，他就用凉水洗脸以振奋精神。吃饭方面，他往往连稠粥都吃不上，经常等到日头偏西才去吃饭。范仲淹读通了六经（《诗》《书》《礼》《易》《乐》《春秋》）的全部要义，发愤有志于天下，他常常自己吟诵："应当在天下人忧之前先忧，在天下人享乐之后才享乐。"

③ 王者归来①（节选）

葛 竞

　　里约热内卢奥运会如期而至，此时的中国女排和郎平都已经做好了准备，要在这里一展拳脚了。可刚到里约热内卢，一大堆麻烦就全找上门来了。

　　举办奥运会是一个国家综合实力的展现，就像中国的二〇〇八年北京奥运会，各国运动员来到中国后的衣食住行、训练条件都是世界一流水平的，让全世界都知道了我们中国的实力。然而巴西并非那样富强，在奥运会的举办能力上存在不足，女排队员们连赛前训练的场地都没有。

　　但困难在中国女排队员的眼中都不是问题。姑娘们心里清楚，在每一场比赛中发挥最好的水平才是她们该想该做的事情，但在比赛中，新的麻烦又出现了。

　　那就是中国女排被分到了被称为"死亡之组"的B组，需要与塞尔维亚队、美国队、荷兰队、意大利队

① 本文选自葛竞的《中国女排》。

这几支冠军候选队争夺八强席位。

在比赛中，命运之神就像戏弄中国队一样，让女排姑娘们第一场就输给了荷兰队——一支从未赢过中国女排的队伍。

而在面对塞尔维亚队的时候，因为对方战术和阵容都突然变更，打了中国队一个措手不及，中国女排以 0∶3 的局数比分惨败。这下女排姑娘们都慌了，下一场比赛该怎么打？

而下一场比赛更难打，她们要面对的是美国队，美国可是排球的发源地。郎平知道，这一战势必难打，她很清楚美国队的水平是可以争夺冠军的。果然，中国女排又以 1∶3 的局数比分输给了美国队。

姑娘们回到宿舍后再也忍不住了，个个都大哭起来。她们真的太绝望了。四年前就无缘伦敦奥运会的四强，难道现在要以更差的成绩离开里约热内卢吗？接下来的四分之一决赛，她们要和上届冠军巴西队对战，胜算更小了。

这个时候，郎平推门进来了，手里拿着一沓飞机票。姑娘们看到郎平，心里才算踏实了一点，抽泣的声音低了下去。

郎平看着这帮姑娘，脸上虽然冷静，但心里都快心疼死了。作为一个母亲，有谁能忍心看着自己的孩子绝望地哭泣呢？

"别怕了，我知道你们面临的压力有多大，我也能明白你们现在多么不想去打下一场了，我也给你们买好了回家的机票。"郎平把票分给了各位队员，接着说，"但我对大家就一个要求，那就是别忘了，我们中国女排输球不输人。就算下一场比赛没有任何机会，我们也要拼尽全力打完这场比赛，知道了吗？"

听完郎平的这一番话，女排队员们都停止了啜泣，陷入沉默。她们心里也跟拨浪鼓一样，不知道自己还能不能发挥出最好的水平来面对下一场比赛。

这个时候，朱婷站了起来，跟郎平说："我知道了。虽然不能保证打得赢，但我会尽全力的，不然这几年的保健品就真的白吃了。"

这句话一下子就逗笑了所有的姑娘，郎平也笑着说："你真的是个排球天才啊！就这样吧，你们想清楚了，咱们就去训练，准备最后一场比赛。别忘了，女排精神的核心不是输赢，而是我们一起尽全力拼搏。"

郎平说完这句话就离开了宿舍，而姑娘们这个时候也跟换了一批人一样，心中充满了昂扬的斗志。朱婷第一个打开门，回头跟大家说："走吧，别让郎指导等咱们了！"

对战巴西队的时间终于到了。整个场地里飘满了黄绿色的国旗，响着巴西的国歌，现场的巴西观众似乎已经在为胜利而欢呼了。

中国队在巨大的压力下表现得十分冷静，可比赛的惨烈程度还是超出了郎平的想象，第一局的比赛竟以15：25的比分结束。整个场地内再次响起了巴西国歌，我们中国姑娘们内心可真的是太煎熬了，眼前的一切似乎都在暗示着中国队已经输了。但郎平却意外发现了一件事，并立刻和姑娘们说了一句："稳住，我们现在有赢的机会了。"

这还能有赢的机会吗？女排队员们眉头皱了起来。但无论如何，她们愿意相信郎平的话。

第二局比赛果然有了转机！尤其是朱婷，发挥了巨大的作用。她的每一次扣球都能保证球在最高点以最大力量射出，这一下把巴西队打蒙了。一般情况下，第一局打成那样，对手都会早早放弃，或者因心理防线崩溃而导致错误百出，可这个朱婷怎么越打越冷静了呢?

第二局的尾声马上就要到了，巴西队的核心队员谢拉决定速战速决。在排球被队员高高抛起的瞬间，巴西队的主攻手谢拉拼尽全力地打出一记直线球。然而，中国队的朱婷竟立刻将球拦了下来。

朱婷的举动震惊了谢拉。从来没有人能接下自己的这种球的，这个朱婷到底是什么来头？

但朱婷才没工夫想这些，她在谢拉走神的瞬间，将球垫给队友，带着中国队拿下了第二局比赛的胜利。

场内的观众都沸腾了，尤其是中国的观众，他们完全没想到中国队竟然会在第二局反败为胜！

将一切都看在眼里的郎平知道，骄兵必败这个道理是亘古不变的。第一场的骄傲和第二场的失败必然会让巴西队阵脚大乱，而现在，就是击败巴西队最好的时机。

果然，在第三局和第四局的比赛中，巴西队失误频出，而朱婷却越打越冷静，甚至把整个赛场的节奏都掌控在了自己手中。

一步，两步，起跳，后仰……瞬间绷紧肌肉后扣球！朱婷慢上快打的节奏瞬间击溃了巴西队的防线。一个巴西队员喘着粗气问："这怎么可能防得住？她和所有人的打法都不一样！"

没错，一般的进攻选手都是三步起跳来增加弹跳和击球的力量，但只有朱婷是两步起跳。这样的节奏让对方完全不能适应。而朱婷更强大的一点是，她在扣球的时候，眼睛是睁开的。一般进攻选手在扣球的一瞬间，眼睛都是闭上的，但朱婷却能够睁开眼睛，在扣球的瞬间还能瞄准、打手。这也是巴西队完全无法防御朱婷的原因——朱婷的扣球一定会让对方打手出界。

在接下来的厮杀中，双方激战到了第五局，此时比分14：13，中国队只需要再拿下一分就能战胜巴西队了！

这时，看台上的小男孩吉马雷斯趴在妈妈的怀里哭了。场馆里响起了巴西国歌，黄绿色的人潮此起彼伏，气势之宏大似乎能吞没中国队，仿佛巴西队已经夺得了冠军。

就在这时，郎平悄悄地跟朱婷说了一句："准备后攻。"

朱婷一眼看向巴西队的主攻手谢拉，瞬间明白了郎导的毒辣眼光。在这么慌乱的情况下，谢拉的情绪已经有了很大的起伏，这个时候只要盯紧她，一定能看出她的破绽。朱婷点了点头，回到赛场上。

郎平的直觉是对的，在中国女排多次的追杀下，谢拉的破绽越来越多。终于，在朱婷的一记重扣下，场内的一切都安静了下来。因为没有任何人会想到，本来面临着出局的中国女排，竟然打败了想要卫冕的巴西队。观众台上所有的巴西人都沉默了，黄绿色的国旗不再飘扬。他们不敢相信，巴西队竟然输给了一路都是败绩的中国女排。

女排队员们发疯一般拥向郎平，可郎平只是淡淡地笑着说："我们去把机票退了吧，看来还有两场呢。"

中国女排顽强拼搏、永不放弃的精神值得我们学习！

在中巴之战前，郎平收到了不少好友发来的鼓励的消息。她统一回复："顽强拼搏是中国女排的名字，我们永不放弃。"

童话世界

　　木头人爸爸经历了各种困难，终于实现了对女儿的承诺；快乐王子让燕子把红宝石送给了贫苦人家……童话故事不仅想象奇妙，还向我们传递着温暖和幸福。

　　请同学们阅读本专题的童话故事，了解童话故事的内容，感受童话的奇妙，体会故事中人物真善美的形象。

范文阅读

① 想有一个木头人爸爸

陈丽虹

看到题目，想一想：为什么柳琪想有一个木头人爸爸？

一大早，柳琪就起来了，妈妈答应带她到游乐场去玩呢。上了六年级后，柳琪几乎没再去过儿童乐园，她很想去。

吃完早餐，妈妈却说："柳琪，你在家好好复习功课吧，妈妈要去美容院做美容了。"

"可是您说今天带我去游乐场玩的呀！"柳琪小声地对妈妈说。

"哦，去游乐场？我想还是不去了，抓紧时间复习功课吧，快考试了！"妈妈说。

"您……怎么说话不算数？"柳琪有点不高兴。

"柳琪，听话。妈妈说得对，抓紧

时间复习。"爸爸也在帮妈妈说话。

"你们骗人，我再也不相信你们了。"柳琪一边说一边冲进了自己的房间，把门关得紧紧的。

"这孩子真不懂事。"妈妈生气地走出了家门。

"我约了朋友去钓鱼。"爸爸也拿起钓鱼竿出去了。

家里只剩下了柳琪一个人，她委屈地哭了。柳琪的房间里有一个桃木做的木头人玩具，木头人很丑陋，他手上拿着一个镶着钻石的发夹。柳琪很喜欢这个从路边捡来的木头人玩具，一直把他放在书桌前。这会儿柳琪抱着他，眼泪一大滴一大滴地落在木头人的脸上。

"请把我脸上的泪水擦干，然后送我回木头人王国好吗？"柳琪忽然听到了一个微弱的声音。

"木头人，你活过来了？"柳琪吓得站了起来，把木头人掉到了地上。

木头人竟然会说话，真是太神奇了！

“求求你，别扔下我，请把我送回木头人王国好吗？”木头人哀求柳琪。

“你是谁？”柳琪小心地问。

木头人向柳琪讲述了他的故事。

木头人叫安沐，生活在木头人王国，他有一个美丽的妻子叫桃花，还有一个乖巧的女儿叫安琪，他们靠做木头小工艺品生活。一天，妻子桃花做了一个漂亮的木头发夹别到安琪的头发上，桃花端详着女儿的头发说：“木头发夹很漂亮，可要是我的女儿能别上镶有钻石的发夹，一定更漂亮。我要送一个镶有钻石的发夹给你，宝贝女儿。”

“真的吗？那真是太好了。”安琪很兴奋。

木头房子里，桃花在用木头做着小工艺品。安沐给自己全身涂上香油。

“你要把自己做成香油木头人吗？”桃花笑问安沐。

“我还不是为你说过的话负责。”

木头人王国的生活是什么样的呢？边读边想象画面。

安沐叹了一口气。

"这话怎么说呢？"桃花非常吃惊。

"你说过要送女儿一个镶有钻石的发夹，所以我就想把自己做成香油木头人，引来大鸟把我叼走，这样或许我能到钻石王国去，给女儿找到一颗钻石来做发夹啊。"安沐说。

"哈哈哈……你别逗了，我随口跟孩子说的话哪能当真？"桃花笑弯了腰。

"不，我是认真的，对孩子不能言而无信。"安沐说完走出了木头房子，躺在地上。一只大鸟飞过，叼起香喷喷的安沐飞走了。

飞过了九十九座山，大鸟发现它的猎物只不过是一个硬邦邦的木头人，就把木头人扔进了大河里。

掉进大河，安沐一点儿也不怕，因为木头人是淹不死的。安沐就在河里漂，他希望能漂过九十九条河流，到钻石王国去，可是一条大鱼游了过来，一口把

被大鸟扔进大河里的安沐，又会遇到什么奇妙的事情呢？

他吞了下去。

"完了，我被困在大鱼的肚子里，怎么给女儿找钻石做镶钻的发夹呢？"安沐很悲伤。

想不到，大鱼被渔民的网给网住了，一个铁匠向渔民买了那条大鱼。铁匠剖开大鱼的肚子时发现了安沐，安沐请求铁匠放了他，让他到钻石王国去给女儿找钻石，帮妻子兑现诺言。

铁匠很受感动。铁匠说，他很早就听过"曾子杀猪"的故事，曾子说对孩子要言而有信。

铁匠被安沐的故事所感动，送给他一个镶钻的发夹，这下安沐可以实现对女儿许下的诺言了。

"看来你比曾子有过之而无不及啊！"铁匠感慨之余拿出一个镶钻的发夹送给了安沐。

"这是？"安沐满是疑问。

"这是我要送给心上人的发夹，可等我有了这样一个发夹要送她时，她却走了。"铁匠说着流下了眼泪。

"我不能拿。"安沐说。

"收下吧，快回木头人王国去，把发夹送给你的女儿。"铁匠送走了安沐。

安沐在回家的路上，被一个女妖挡住了去路，女妖很想要安沐手上的镶钻发夹。安沐死也不给，女妖就施了魔法，把安沐变成了不会动的木头人，带回了家。没想到，女妖养的宠物猫也喜欢镶钻发夹，就把木头人和发夹一起偷走了。等女妖发现后就来追猫，慌乱中，猫把木头人藏在了一个老鼠洞里。老鼠又把木头人叼到了大街上……就这样，柳琪在街上拾到了木头人。

原来，一个小姑娘纯真的眼泪能解除女妖的魔法，木头人安沐又能说能动了。

"你真是一个受人敬重的木头人爸爸，我送你回木头人王国。"柳琪说完就把木头人打包，在上面写上"木头人王国桃木街88号安琪收"。

邮走了木头人爸爸，柳琪总是痴痴地想："我真想有一个木头人爸爸。"

安沐为了送给女儿镶有钻石的发夹，被大鱼吃了；铁匠救了他，可他又被女妖施了魔法……这是多么奇异的经历啊！

有时会不知不觉地说出了声。爸爸妈妈看到柳琪这样，以为她学习压力大，生病了，就把柳琪带去看医生。医生说柳琪没有病，可能是童话读多了，爱胡思乱想吧。

直到有一天，妈妈无意中看到了柳琪写的日记"奇遇木头人"，这才知道了她的心事。爸爸妈妈都感到很惭愧。他们意识到，自己真的比不上一个木头人，难怪柳琪想有一个木头人爸爸。

"一定要给柳琪真正的快乐！"爸爸妈妈知道该怎么做了。

想象一下：爸爸妈妈会怎么做？柳琪的生活会有怎样的变化呢？

② 白马　黑马

金　波

草原上有一匹大白马，它的肚子鼓鼓的，人们都知道，它就要当妈妈了。

大家都说，大白马一定会生下一匹很好看很好看的小白马，它的毛儿一定会比它妈妈的更白、更亮。

大家天天盼望着小白马的降生。

有一天夜里，电闪雷鸣，下起了大雨。大白马就要生小马了。许多人冒着雨来看，有的人在家里等着好消息，不肯睡觉。

谁知大白马生下了一匹小黑马！

消息传开，谁听了都"唉"的一声叹口气，然后就说："真没想到生下了一匹小黑马呀！"

小黑马又瘦又小，稀稀拉拉的毛儿乱蓬蓬的。可是，大白马很爱它的孩子，

大白马生下了一匹小黑马，真是太出乎大家的意料了。

无论孩子什么样，妈妈都会无条件地爱他。

每天一次一次地舔着它的毛儿，安安静静地让它吃奶。

小黑马从降生的第一天开始，就享受着妈妈的爱。在这个世界上，它只知道，它有一个好妈妈。

但是，人们总嫌它是一匹小黑马，嫌它长得瘦小，长得丑。

这一天，牧人骑上大白马去牧羊。小黑马舍不得妈妈，也跟着去了。

小黑马跟着大白马走在草原上，不时地听见羊儿在议论："瞧，那匹大白马多漂亮，它怎么会生下这么一匹小黑马呢？真奇怪！"

小黑马自己也觉得很奇怪，就问妈妈："妈妈，你那么白，我为什么这么黑呢？"

妈妈的话给了小黑马信心和快乐！

大白马回答说："黑，又有什么关系呢？只要你长大了有力气，能帮助牧人放好羊，是黑是白并不重要。"

小黑马牢牢记住了妈妈的话。它在

草原上跑来跑去，玩得很开心。

小黑马渐渐长大了，它也能帮助牧人去放羊了。

第一次去放羊，临走的时候，妈妈叮嘱它："小黑马，你要好好看护这些羊，别贪玩，别让羊走失了！"

小黑马答应一声就走了。它走了很远很远，还听见妈妈说："小黑马，别人说你黑，你别在意！"

辽阔的大草原，一眼望不到边，遍野的绿草随风飘来很浓很浓的香味儿。

小黑马记住了妈妈的话，好好看护着羊。

那一夜，草原上天很黑，星星都不见了。又过了一会儿，刮起了风，下起了雨。羊挤来挤去很慌张。小黑马围着这些羊一圈一圈地跑着，整整一夜都没停。

第二天早晨，天放晴了，朝霞闪现在草原的上空。小黑马也披上了一身红红的霞光，它变成了一匹枣红马！

此时的小黑马多么引人注目啊，再也不是原来那个又瘦又丑的小黑马了。

牧人们见了都说："这回小黑马可漂亮了，它变成一匹枣红马了！"草原上的花朵仰起脸儿，向着它微笑。

又一夜，草原上夜色清朗，满天星光闪闪。羊儿睡得很安详。忽然，小黑马听见窸窸窣窣的声音，它跑过去一看，发现了一只狼！它"咳咳咳"一叫，扬起前蹄把野狼赶跑了。

天上的星星看得清清楚楚，它们都夸小黑马勇敢。有好多小星星还纷纷飘落在它的身上，就像给它镶嵌着一颗颗宝石。

牧人们见了，又说："这回小黑马更漂亮了，它变成一匹闪闪发光的马了！"

草原上的羊，都围着它"咩咩咩"地唱起了歌。

又过了好几天，放牧的日子就要结束了，牧人抚摸着它红红的闪着光的皮毛说："你现在再也不是一匹小黑马了，你变成一匹闪闪发光的枣红马了。你是

故事读到这里，你来说一说，小黑马是怎样由故事开始的"小黑马"变成"枣红马"，又由"枣红马"变成"闪闪发光的枣红马"的呢？

一匹最漂亮的马！"

小黑马听了很得意。牧人接着又夸赞它："你现在这么漂亮，你妈妈见了，一定认不出你了！"

小黑马听了很着急，它大声说："那可不行！妈妈要是认不出我，那我还是它的孩子吗？"

这时候，小羊围过来说："那有什么关系呢，你变成了最漂亮的马，这比什么都重要啊！"

"不，不！"小黑马着急地喊起来，"这不重要，不重要。我要让妈妈认识我，我还要做一匹小黑马！"

小黑马急得大哭起来。星星不愿意让它难过，就从它的身上飞走了。霞光不愿意让它难过，也从它的身上飞走了。

这里的想象真奇妙啊！

现在，它又变成一匹小黑马了。

它很高兴，因为它永远是妈妈的好孩子。

它是妈妈的一匹小黑马，这比什么都重要！

③ 快乐王子（节选）

快乐王子的眼睛里噙满了泪水，泪水正顺着他金色的脸颊往下淌。月光下，他的脸那么美，让小燕子对他充满了同情。

"你是谁？"燕子说。

"我是快乐王子。"

"那你为什么哭呢？"燕子问，"你把我淋湿了。"

"当我活着并且有一颗人心的时候，"雕像答道，"我不知道眼泪是什么，因为我住在无忧宫里，那里面忧愁是进不去的。白天我和同伴们在花园里玩耍，晚上我在大殿里领舞。花园周边围着一道巍峨的墙，我却从没有想到要问一问，墙外是怎样的一个天地，我眼前的一切

快乐王子的心是铅做的，他本来不知道眼泪是什么，但当他看到城里的丑恶和苦难时，他落泪了。多么善良的王子啊！

都那么美。大臣们叫我快乐王子，我确实很快乐，如果高兴就是幸福的话。我就这样活着，这样死去。我死了，他们就把我放在这儿，这么高，我的城里的一切丑恶和苦难都收进了我的眼底。虽然我的心是铅做的，但也忍不住，只能哭出来。"

"什么？他不是纯金的？"燕子暗自思忖道。他非常有礼貌，不会把对别人的评论大声说出来。

雕像用低低的、音乐般的声音说道："在远处一条小街上，有一户贫苦的人家。一扇窗开着，透过它，我看见一个女人坐在桌旁。她的脸消瘦憔悴，双手粗糙发红，布满了针眼，因为她是个裁缝。她正在一件绸缎礼服上绣西番莲花，那是王后最可爱的侍女要在下一次宫廷舞会上穿的。房间角落里的一张床上，躺着她生病的儿子。他发烧了，想要吃柑橘。他母亲除了河水之外，没有东西

为了帮助贫穷的女裁缝，快乐王子会怎么做呢？试着想象一下。

可以给他，所以他在哭。燕子，燕子，小燕子，你愿意把我剑柄上的红宝石送过去给她吗？我的脚固定在这基座上，动不了。"

"埃及有人在等我，"燕子说，"我的朋友们正沿着尼罗河飞来飞去，和那朵大莲花谈话。不久，他们就要到那个伟大国王的坟墓里去。国王本人在里面，躺在彩绘的棺木中。他裹在黄色的亚麻布里，身上涂了防腐的香料。他的脖子上围着一根淡绿的翡翠项链，他的双手像枯萎的树叶。"

从王子的话中，可以读出他焦急的心情。

"燕子，燕子，燕子，"王子说，"你就不肯陪我一夜，做一回我的使者？那男孩那么渴，他的母亲那么悲伤。"

"我认为我不喜欢男孩，"燕子答道，"去年夏天，我待在河上的时候，有两个粗野的男孩，磨坊主的儿子，老是向我扔石头。当然，他们从来不曾打中过我。我们燕子飞翔的本领太高了，不可能被打中的。此外，我出身于一个以敏捷闻名的家族。不过，那仍然给人一种无礼的印象。"

可是快乐王子的神情那么悲哀，小燕子觉得很难过。"这儿天气非常冷，"他说，"但我愿意陪你一夜，做一回你的使者。"

"谢谢你，小燕子。"王子说。

于是燕子从王子的剑柄上啄下那一大块红宝石，衔在嘴里，腾空而起，从一片片屋顶上方飞向远处。

他飞过大教堂的塔楼，塔楼上有白色大理石的天使雕像。他飞过王宫，听见王宫里有跳舞的声音，看见一个美丽的姑娘和她的情人走到外面的阳台上来。"星星多么神奇哟，"他对她说，"爱的力量多么神奇！"

"希望我的礼服能及时做好，赶上豪华舞会，"她回应道，"我叫人在上面绣西番莲花，可是那个裁缝懒得很。"

虽然燕子不喜欢男孩，但是他还是答应了王子的请求。燕子成了传递爱的使者，有了非凡的能力。

他从河流上空飞过，看见船桅上挂着灯笼。他飞过犹太人居民区，看见一些年老的犹太人在互相讨价还价，用铜天平称钱币。最后他来到那户贫苦的人家，向屋子里望去。那男孩发着烧，在床上翻来覆去；他母亲趴在桌上睡着了，她太累了。他跳进窗里，把那一大块红宝石放在桌上那女人的针箍^{gū}旁边。然后他绕着床，轻轻地飞着，用翅膀给男孩的额头扇风。"好凉快，"男孩说，"我一定是好些了。"他沉入怡悦的睡眠中去了。

燕子飞回到快乐王子身边，向他叙说了自己做过的事。"真奇怪，"燕子发议论道，"天这么冷，我却感到十分暖和。"

"那是因为你做了一件好事。"王子说。小燕子动起脑筋来，然后就睡着了。他总是一动脑筋就要睡觉。

（张炽恒　译）

赠人玫瑰，手有余香。帮助他人，自己也会觉得温暖幸福。

④ 蜗牛和玫瑰

[丹麦] 安徒生

花园四周环绕着一圈榛子树的树篱，树篱外面是田野和草地。成群的牛羊在草地上啃啮着牧草。花园正中央有一株玫瑰，枝叶繁茂、鲜花盛开。树底下有一只蜗牛。它的硬壳里有一堆东西，那就是它自己。

"等着瞧吧，"它说道，"时候一到，我会比玫瑰、榛子树和牛羊们做出更多的事情来，岂止是开开花、结结果或者是出产点奶。"

"我也对你抱有很大的希望，"玫瑰说道，"请允许我大胆地问：你什么时候能做到呢？"

"我要等待时来运转，"蜗牛说道，"你总是那样性急慌忙，但着急是做不

蜗牛的语言多么豪气，"等着瞧吧""岂止……"，读到这里你有没有对蜗牛能做出什么充满期待和好奇呢？

成事情的。"

第二年，蜗牛还是躺在老地方，在玫瑰下晒太阳。玫瑰又含苞吐蕊开出了鲜花，还是那样鲜艳娇嫩，那样美丽动人。蜗牛把它的半个身子钻出硬壳外面，伸出它的触角探了一遍，然后又缩回硬壳里。

"一切都和去年一模一样，连一点点进步都没有！玫瑰照样开着玫瑰花，不会做更多的事情啦！"它说道。

夏天过去秋天来了，玫瑰仍然结出蓓蕾，绽开鲜花，直到下起了大雪。天变得潮湿寒冷，玫瑰朝着泥土垂下了头，而蜗牛却已经钻进泥土里去了。

新的一年又开始了，玫瑰满树鲜花怒放。蜗牛也从泥土里爬了出来。

"如今你已经变成了一株老玫瑰了，"蜗牛说道，"你很快就会枯萎老死。你把你所有的一切都献给了这个世界，可是究竟有多少用处呢，这个问题我没有时间来不及思考。可是有一点是显而易见的，

年复一年，玫瑰依然用花朵、馨香点缀着这个世界，而蜗牛还是老样子，这里与它前面的豪言壮语形成鲜明对比。

你一点点精力都没有用来使自己兴旺发达起来，否则你就不会像现在这副模样，你会做出比开开花更加轰轰烈烈的大事来。你有什么说法没有？要知道再过不了多久，你就会老朽得只剩下光秃秃的一根枯株了。你明白我的话吗？"

"你是在吓唬我哪，"玫瑰说道，"我倒从来不曾想过。"

"不曾想过？你难道从来就不曾费点神来替自己操心着想？你真的就连一回都不曾弄明白过，你花开花落究竟图点啥？你的花朵究竟是怎样才能开得出来，要花多大的劲头？为什么要这样费劲而不是马虎应付？"

"没有想过，"玫瑰说道，"我的欢乐就在于开花，因为我没有别的本事。太阳晒得那么暖融融，空气那么清爽宜人，吮吸着清澈晶莹的露水和甘甜滋润的雨水，我呼吸着，我生活着！我从泥土里获得了力量，我也从上苍天空那里

我们在索取的同时应该懂得付出。自己快乐，也会给他人带来快乐。

获得了力量。我觉得自己浑身充满了幸福，任何时候总是有一股新的巨大的活力。就是这样，我才总是不断地开花。那就是我的生活，我只能这样地生活！"

"你倒过着无忧无虑的安逸生活！"蜗牛说道。

"的确如此，"玫瑰说道，"我已经得到了上苍的一切恩赐。但是你得到的要比我更多。你是一个善于动脑筋、思想深刻的智者，你才华卓越，必将做出一番惊天动地的事业来使得世界都为之震惊啊！"

"现在我早已没有这样的志向和抱负啦，"蜗牛说道，"那世界与我有什么相干？我同那世界有什么关系？我只消为自己多操点心就足够了，何况要为自己着想已经够我费神劳心啦！"

用心读读玫瑰的话，你从中领悟到了什么？

"可是我们大家都生活在这个世界上，难道不应该把自己最好的东西拿出来奉献给别人吗？我们人人都要各尽其能！不错，我只会开玫瑰花，可是你呢？你得到了那么多，你又奉献给了世界什么呢？你究竟给予了什么？"

"我给予了什么？我打算要给予什么？我厌恶唾弃这种想法。这种想法毫不中用。我才不想把自己赔进去哪！你愿意开玫瑰花那么你就开去吧！榛子树愿意结榛子那么就让它结去吧！牛羊要产奶那就产吧！它们各有各的天地。而我的天地就在我自己的硬壳里！我钻进自己的硬壳里，那里就是我的天地。外面的世界同我没有关系。"

蜗牛说着，钻进了自己的硬壳房子里，还把门也关上了。

"真是可悲，"玫瑰说道，"即使我甘心情愿与世隔绝，我也没有地方可以钻得进去哇。我才不干那样的事，我要一直地开花，让玫瑰花盛开起来。哪怕花瓣掉落下来被风吹走也在所不惜。我有一回看到一朵玫瑰花被夹在一位夫人的诗集里。

你在生活中见过像蜗牛或玫瑰这样的人吗？

还有一朵我的玫瑰花佩戴在一位漂亮的年轻姑娘的胸前。还有一朵玫瑰花被一个初享人生快乐的孩子用嘴亲吻。这真是一种幸福，这使我心里非常舒服，为我送来了真正的好消息。我把这些事情牢记在心，这就是我的生活。"

玫瑰仍旧一门心思地开着花。而蜗牛却躺在自己的硬壳里，懒洋洋地什么事情也不干。这个世界同它毫不相干。

时光好似流水，一年又一年地流逝。

蜗牛变成了泥土里的一撮尘土，玫瑰也化为了尘土，连夹在诗集里当书签的那朵玫瑰花也早已枯萎。而在花园里又有新的玫瑰绽放鲜艳的花朵。在玫瑰底下又躺着新的蜗牛，它仍旧钻进自己的硬壳里去，唾弃这个世界，因为这个世界同它毫不相干。

要不要我们把这个故事从头到尾再讲一遍？不过再讲也不会有什么两样。

（石琴娥 译）

在玫瑰看来，付出就是一种幸福。

⑤ 海的女儿①（节选）

[丹麦]安徒生

夜已经很深了，但是小人鱼没有办法把她的眼睛从这艘船和这位漂亮的王子身上移开。那些彩色的灯笼熄灭了，火箭不再向空中发射了，炮声也停止了。可是在海的深处起了一种嗡嗡和隆隆的声音。她坐在水上，一起一伏地漂着，所以她能看到船舱里的东西。可是船加快了速度，船上的帆都先后张起来了。浪涛大起来了，沉重的乌云浮起来了，远处掣起闪电来了。啊，可怕的大风暴快要到来了！水手们因此都收下了帆。这条巨大的船在这狂暴的海上摇摇摆摆地向前疾驶。浪涛像庞大的黑山似的高涨，它想要折断桅杆。可是这船像天鹅

生动的比喻写出了风暴中的浪涛及船在浪涛中的样子，真可怕啊！

---

① 选入本书时略有删改。

似的，一会儿投进洪涛里面，一会儿又在高大的浪头上抬起头来。

　　小人鱼觉得这是一种很有趣的航行，可是水手们的看法却不是这样。这艘船现在发出碎裂的声音，它粗厚的板壁被冲击来的浪涛打弯了。船桅像芦苇似的在半中腰折断了，后来船开始倾斜，水向舱里冲了进来。这时小人鱼才知道他们遭遇到了危险，她也得当心漂流在水上的船梁和船的残骸。

　　天空马上变得漆黑，她什么也看不见。不过当闪电掣起来的时候，天空又显得非常明亮，使她可以看出船上的每一个人。现在每个人在尽量为自己寻找生路。她特别注意那位王子。当这艘船裂开，向海的深处下沉的时候，她看到了他。她马上变得非常高兴起来，因为他现在要落到她这儿来了。可是她又记起人类是不能生活在水里的，除非他成了死人，否则是不能进入她父亲的宫殿的。

不成，决不能让他死去！所以她在那些漂着的船梁和木板之间游过去，一点也没有想到它们可能把她砸死。她深深地沉入水里，接着又在浪涛中高高地浮出来，最后她终于到达了王子的身边。在这狂暴的海里，他绝没有力量再浮起来。他的手臂和腿开始支持不住了，他美丽的眼睛已经闭起来了。要不是小人鱼及时赶来，他一定会淹死的。她把他的头托出水面，让浪涛载着她跟他一起随便漂流到什么地方去。

天明时分，风暴已经过去了。那条船连一块碎片也没有了。鲜红的太阳升起来了，在水上光耀地照着，它似乎在这位王子脸上注入了生命的色彩。不过他的眼睛仍然是闭着的。小人鱼把他清秀的高额吻了一下，把他透湿的头发理向脑后。她觉得他的样子很像她在海底小花园里的那尊大理石像。她又重新吻

小人鱼冒着生命危险到达王子的身边，王子得救了。

了他一下，希望他能苏醒过来。

现在她看见前面展开一片陆地和一群蔚蓝色的高山，山顶上闪耀着的白雪看起来像睡着的天鹅。沿着海岸是一片美丽的绿色树林，林子前面有一栋房子，她不知道究竟叫作什么，反正总是一个建筑物罢了。那儿的花园里长着一些柠檬和橘子树，门前立着很高的棕榈。海在这儿形成一个小湾，水是非常平静的，但是从这儿一直到那积有许多细沙的石崖附近，都是很深的。她托着这位美丽的王子向那儿游去。她把他放到沙上，非常仔细地使他的头高高地搁在温暖的太阳光里。

钟声从那幢雄伟的白色建筑物中响起来了，有许多年轻女子穿过花园走出来。小人鱼远远地向海里游去，游到冒在海面上的几座大石头的后面。她用许多海水的泡沫盖住了自己的头发和胸脯，好使得谁也看不见她小小的面孔。她在

多么善良的小人鱼，为了救王子，她都忘记了自己的安全。

这儿凝望着，看有谁会来到这个可怜的王子身边。

不一会儿，一个年轻的女子走过来了，她似乎非常吃惊，不过时间不久，她找了许多人来。小人鱼看到王子渐渐地苏醒过来了，并且向周围的人发出微笑。可是他没有对小人鱼做出微笑的表情，当然，他一点儿也不知道救他的人就是她。她感到非常难过，因此当他被抬进那幢高大的房子里去的时候，她悲伤地跳进海里，回到她父亲的宫殿里去了。

（叶君健　译）

小人鱼藏起来了，王子醒了也没有看到她，她默默地离开了。

⑥ 野天鹅①（节选）

[丹麦] 安徒生

这个故事前面的情节是这样的：小公主的十一个哥哥因受恶毒王后的迫害，变成了十一只野天鹅。为了营救哥哥们，她必须保持沉默，并用荨麻搓的线织出十一件长袖的披甲披到那十一只野天鹅的身上。可是现在她被打猎的国王发现并带到了王宫……

当太阳落下去的时候，他们面前出现了一座美丽的都城。国王把她领进宫殿里去，这儿巨大的喷泉在高阔的、大理石砌的厅堂里喷出泉水，这儿所有的墙壁和天花板上都绘着辉煌的壁画。但是她没有心情看这些东西。她流着眼泪，感到悲哀。她让宫女们随意地在她身上穿上宫廷的衣服，在她的头发里插上一些珍珠，在她起了泡的手上戴上精致的手套。

她站在那儿，盛装华服，美丽得炫人的眼睛。整个宫廷的人在她面前都深深地弯下腰来。国王把她选为自己的新娘，虽然大臣一直在摇头，低声私语，

---

① 选入本书时略有删改。

说这位美丽的林中姑娘是一个巫婆，蒙住了大家的眼睛，迷住了国王的心。

可是国王不理这些谣传。他叫乐手把音乐奏起来，叫仆人把最华贵的酒席摆出来，叫最美丽的宫女们在她的周围跳起舞来。艾丽莎被领着走过芬芳的花园，到华丽的大厅里去，可是她嘴唇上没有露出一丝笑容，眼睛里没有发出一点光彩。它们是悲愁的化身。现在国王推开旁边一间卧室的门——这就是她睡觉的地方。房间里装饰着贵重的绿色花毡，形状跟她住过的那个山洞完全一样。她抽出的那一捆荨麻仍旧搁在地上，天花板下面悬着她已经织好了的那件披甲。这些东西是那些猎人作为稀奇的物件带回来的。

善良的艾丽莎虽然身在华丽的王宫，心却是悲愁的，她时刻惦记着哥哥们。

"你在这儿可以从梦中回到你的老家去，"国王说，"这是你在那儿忙着做的工作。现在住在这华丽的环境里，你可以回忆一下那段过去的日子，作为消遣吧。"

当艾丽莎看到这些心爱的物件的时候，她嘴上飘出一丝微笑，同时一阵红晕回到脸上来。她想起了她要解救她的哥哥们，于是吻了一下国王的手。他把她抱得贴近他的心，同时宣布他要举行婚礼。这位来自森林的美丽的哑姑娘，现在做了这个国家的王后。

大臣在国王的耳边偷偷地讲了许多坏话，不过这些话并没有动摇国王的心。婚礼终于举行了。大臣必须亲自把王冠戴到她的头上。他以恶毒藐视的心情把这个狭窄的帽箍紧紧地按到她的额上，使她感到痛楚。不过她的心上还有一个更重的箍子——她为哥哥们而起的悲愁。肉体上的痛苦她完全感觉不到。她的嘴是不能说话的，因为她说出一个字就可以使她的哥哥们丧失生命。不过，对于这位和善的、美貌的、想尽一切方法要使她快乐的国王，她的眼睛露出一种深

为了拯救哥哥们，艾丽莎实际上承受着身体和心灵的双重痛苦。

· 98 ·

沉的爱。啊，她多么希望能够信任他，能够把自己的痛苦全部告诉他啊！然而她必须沉默，在沉默中完成她的工作。因此夜里她就偷偷地从他的身边走开，走到那间装饰得像山洞的小屋子里去，一件一件地织着披甲。不过当她织到第七件的时候，她的麻用完了。

她知道墓地里生长着她所需要的荨麻。不过她得亲自去采摘。可是她怎样能够走到那儿去呢？

"啊，比起我心里所要忍受的痛苦来，我手上的一点儿痛楚又算得了什么呢？"她想，"我得去冒一下险！"

她怀着恐惧的心情，好像正在计划做一桩罪恶的事儿似的，偷偷地在这月明的夜里走到花园里去。她走过长长的林荫道，穿过无人的街路，一直到墓地里去。她默默祈祷，采集着那些刺手的荨麻，然后她把采集到的荨麻带回到宫里去。

文段通过对艾丽莎的心理和动作的描写，表现了她救哥哥的坚定决心。

只有一个人看见了她——那位大臣。当别人正在睡觉的时候，他却起来了。他所猜想的事情现在完全得到了证实：这位王后并不是一个真正的王后，她是一个巫婆，因此她迷住了国王和全国的人民。

他把他所看到的和疑虑的事情都告诉了国王。当这些苛刻的字句从他的舌尖上流露出来的时候，两行沉重的眼泪沿着国王的双颊流下来了。他怀着一颗疑虑的心回到家里去。他在夜里假装睡着了，可是他的双眼一点睡意也没有。他看到艾丽莎怎样爬起来。她每天晚上都这样做，每一次他总是在后面跟着她，看见她怎样走到她那个单独的小房间里不见了。

他的面孔显得一天比一天阴暗起来。艾丽莎注意到这情形，可是她不懂得其中的道理。这使她不安起来，而同时她心中还要为她的哥哥们忍受痛苦！她的

国王也对自己的王后产生了怀疑，他对艾丽莎的态度变化让她很难过，但她为了哥哥不能解释这样做的原因。艾丽莎此时有多痛苦啊！

眼泪滴到她的天鹅绒和紫色的衣服上面。这些泪珠停在那儿像发亮的钻石。凡是看到这种豪华富贵的情形的人，也一定希望自己能成为一个王后。在此期间，她的工作差不多快要完成，只缺一件披甲要织。可是她再也没有麻了，连一根荨麻也没有了。因此她得到墓地里去最后一趟，再去采几把荨麻来。她一想起这孤寂的路途就不禁害怕起来。可是她的意志是坚定的。

虽然采荨麻的路途孤寂、恐怖，但艾丽莎的决心一直没有改变。

艾丽莎去了，但是国王和大臣却跟在她后面。他们看到她穿过铁格子门到墓地里不见了。

"让众人来裁判她吧！"他说。

众人裁判了她：应该用通红的火把她烧死。

人们把她从那华丽的深宫大殿带到一个阴湿的地窖里去，这儿风从格子窗呼呼地吹进来。人们不再让她穿天鹅绒和丝制的衣服，却给她一捆她自己采集

来的荨麻。她可以把头枕在这荨麻上面，
把她亲手织的、粗硬的披甲当作被盖。
不过再也没有什么别的东西比这更能使
她喜爱的了。她继续工作着。在外面，
街上的孩子们唱着讥笑她的歌曲。没有
任何人说一句好话来安慰她。

在黄昏的时候，有一只天鹅的拍翅
声在格子窗外响起来了，她最小的哥哥
来了，他现在找到了他的妹妹。她快乐
得不禁高声地呜咽起来，虽然她知道快
要到来的这一晚可能就是她所能活过的
最后一晚。但是她的工作也只差一点就
快要全部完成了，而且她的哥哥们也已
经到了她的身旁。

现在大臣也来了，和她一起度过这
最后的时刻——因为他答应过国王要这
么做。不过她摇着头，用眼光和表情来
请求他离去，因为在这最后的一晚，她
必须完成她的工作，否则她全部的努力，
她的一切，她的眼泪，她的痛苦，她的

为什么艾丽莎见到最小的哥哥，却只能"高声地呜咽"呢？

102

失眠之夜，都会没有结果。大臣对她说了些恶意的话，终于离去了。不过可怜的艾丽莎知道自己是无罪的。她继续做她的工作。

小老鼠在地上忙来忙去，把荨麻拖到她的脚跟前来，多少帮助她做点事情。画眉鸟栖在窗子的铁栏杆上，整夜对她唱出它最好听的歌，使她不要失掉勇气。

天还没有大亮。太阳还有一个钟头才出来。这时，她的十一位哥哥站在皇宫的门口，要求进去朝见国王。人们回答他们说，这事不能照办，因为现在还是夜间，国王正在睡觉，不能把他叫醒。他们恳求着，他们威胁着，最后警卫来了，是的，连国王也亲自走出来了。他问这究竟是怎么一回事。这时候太阳出来了，那些兄弟忽然都不见了，只剩下十一只白天鹅，在王宫上空盘旋。

所有的市民像潮水似的从城门口向外奔去，要看看这个巫婆被火烧死。一

终于有小老鼠和画眉鸟来帮助这个可怜的姑娘了，接下来又会发生什么呢？

匹又老又瘦的马拖着一辆囚车，她就坐在里面。人们已经给她穿上了一件粗布的丧服。她可爱的头发在她美丽的头上蓬松地飘着；她的两颊像死人一样没有血色；嘴唇在微微地颤动，同时手指在忙着编织绿色的荨麻。她就是在死亡的路途上也不中断她已经开始了的工作。她的脚旁放着十件披甲，现在她正在完成第十一件。众人都在笑骂她。

"瞧这个巫婆吧！瞧她又在喃喃地念什么东西！不，她还在忙着弄她那可憎的妖物——把它从她手中夺过来，撕成一千块碎片吧！"

大家都向她拥过去，要把她手中的东西撕成碎片。这时有十一只白天鹅飞来了，落到车上，围着她站着，拍着宽大的翅膀。众人于是惊恐地退到两边。"这是从天上降下来的一个信号！她一定是无罪的！"许多人互相私语着，但是他们不敢大声地说出来。

即使在死亡的路途上，艾丽莎也没有放弃拯救哥哥的念头！

这时刽子手紧紧地抓住她的手。她急忙把这十一件衣服抛向天鹅，马上十一个美丽的王子就出现了，可是最小的那位王子还留着一只天鹅的翅膀作为手臂，因为他的那件披甲还缺少一只袖子，她还没有完全织好。

"现在我可以开口讲话了！"她说，"我是无罪的！"

众人看见这件事情，不禁在她面前弯下腰来。可是她倒在她哥哥们的怀里，失掉了知觉，因为激动、焦虑、痛楚都一起涌到她心上来了。

"是的，她是无罪的。"最年长的那个哥哥说。

他现在把一切经过情形都讲出来了。当他说话的时候，有一阵香气在徐徐地散发开来，好像有几百朵玫瑰花正在开放，因为柴火堆上的每根木头已经生出了根，冒出了枝子——现在竖在这儿的是一道香气扑鼻的篱笆，又高又大，长

多么神奇的画面呀，这就是童话的奇妙！

精诚所至，金石为开，只要一直坚持，就一定能成功。

满了红色的玫瑰。在这上面，一朵又白又亮的鲜花，射出光辉，像一颗星星。国王摘下这朵花，把它插在艾丽莎的胸前。她苏醒过来，心中有一种和平与幸福的感觉。

（叶君健　译）

阅读链接

《野天鹅》是丹麦作家安徒生创作的童话故事。主人公艾丽莎是个柔弱的女孩，但她却战胜了比她强大得多的王后等有权势的坏人，救出了被王后的魔法变成天鹅的11位哥哥。该作品讲述了一场善与恶的较量，表达了勇气和毅力是战胜邪恶的武器。

　　读了那么多奇妙的童话故事，我们想象的天空更广阔了；认识了那么多善良纯真、勇敢坚强的人物，我们的心灵也变得越来越美好了。

　　请同学们阅读下面三篇童话故事，结合"阅读实践"，继续体会故事的奇妙，感受人物真善美的品质。

① 橘子仙女

汤素兰

　　橘子仙女住在像橘子一样的城堡里。她们是橘子的守护仙女，保护橘树枝繁叶茂，果实累累。

　　橘子仙女妈妈生了两个小仙女。姐姐是在橘树叶儿正绿的时候出生的，名叫绿波；妹妹是在橘子成熟、金橘飘香时出生的，名叫金香。

　　绿波长着一双好看的大眼睛，金香长着一个好看的翘鼻子。

　　仙女妈妈对两个小仙女说："孩子们，你们长大了。从现在起，你们每人管理一片橘子园，看看谁的橘子园管理得好，结的橘子又多又甜。"

妈妈给姐妹俩每人一片橘子园，还给了她们每人一座圆圆的、摆着一圈小椅子的橘子房子。

姐妹俩都希望自己管理的橘子园是最好的。

绿波每天清早就起床为自己的橘子园拔草。天黑了，金香还在为自己的橘子园施肥。她们一刻也不闲着，满头大汗也顾不得擦一擦。

她们的橘子园里，橘子树长得郁郁葱葱。到了橘子树开花的季节，每棵树上的花都开得又多又密。

橘子花甜蜜的芬芳吸引了蜜蜂小公主。

蜜蜂小公主飞到绿波仙女的橘子园，对绿波仙女说："绿波仙女，你园子里的花真香！让我飞进来闻闻花香，采采花蜜吧！"

绿波仙女说："不行！这是我的橘子园，我不许别人飞进来！"

绿波仙女把蜜蜂公主赶走了。

蜜蜂公主飞到金香仙女的橘子园，对金香仙女说："金香仙女，你园子里的花真香！让我飞进来闻闻花香，采采花蜜吧！"

金香仙女说："好啊，欢迎你飞进来！这满园的花香，你想闻多久就闻多久；这满园的花蜜，你想采多少就采多少吧！"

蜜蜂公主带领成百上千只小蜜蜂飞进了金香仙女的橘子园。她们闻花香，采花蜜，在金香仙女的橘子园里玩得很开心。

花儿开过之后，橘子树开始挂果了。绿油油的小橘子，像一串串绿色的小灯笼。

月圆之夜，蝈蝈和蚱蜢在橘子园外面的草地上举行音乐会。住在森林、草地、河边的小动物都来了。小动物们挤在草地上听蝈蝈唱歌，看蚱蜢穿上长长的绿纱裙跳舞。

绿波仙女和金香仙女也喜欢蝈蝈和蚱蜢的音乐会，也和大家一起唱啊跳啊，玩得很开心。

最开心的还是十个穿橘色紧身衣的小精灵，据说他们是橘子精灵。谁也不知道他们平时住在哪里，只有当橘子挂果的季节，他们才会出现。他们喜欢手拉着手跳舞，从一个橘子园跳到另一个橘子园。

今天晚上，他们被蝈蝈的歌声吸引，跳出橘子园，来到草地上和大家一起参加音乐会。

突然，一片乌云飞过来遮住了月亮，天空变暗了。

接着，轰隆隆！轰隆隆！一阵雷声滚过。沙沙沙！沙沙沙！豆大的雨点落下来。

音乐会没法开了。绿波仙女和金香仙女立即跑回自己圆圆的橘子房里。小动物们赶紧跑回自己的窝里。小昆虫们急忙藏到草叶下面。

十个橘子精灵无家可归，被大雨浇成了落汤鸡。

十个橘子精灵冒着大雨去敲绿波仙女的门："绿波仙女，大雨把我们淋湿了，让我们进你的房子躲躲雨吧！"

"不行！你们的脚上尽是泥，会把我的地板弄脏的！"绿波仙女说。

"绿波仙女，我们跳舞跳累了，你家有那么多小椅子，让我们进来躺一躺，歇歇脚吧。"

"不行！你们全身湿透了，会把我的小椅子弄脏的！"绿波仙女说。

十个橘子精灵冒着大雨去敲金香仙女的门："金香仙女，大雨把我们淋湿了，让我们进来躲躲雨吧！"

"赶紧进来吧！"金香仙女立即打开门，让十个橘子精灵走进来。

金香仙女用毛巾把十个橘子精灵身上的雨水擦干。

金香仙女让十个橘子精灵在十张小椅子上躺得舒

舒服服的，还给他们盖上橘黄色的小毯子。

金秋十月，橘子成熟了。仙女妈妈来检查孩子们的橘子园。

绿波仙女的橘子园里，橘子很少。

金香仙女的橘子园里，果实累累。

最奇怪的是，剥开绿波仙女橘子园里的橘子，那些橘子根本没有瓣，只是圆圆的一团果肉。谁想吃这样的橘子还得用刀子切呢，真不方便！

金香仙女的橘子园里的橘子呢，每个都有整整齐齐的十个瓣，尝起来那个甜哟，从嘴里一直甜到你心头。你吃了还想吃，让你想忘都忘不掉！

② 蔷薇别墅的老鼠

王一梅

老小姐蔷薇独自住在城郊的一幢别墅里，她很少说话，曾经收养过蜗牛、鸟、狗和一个年轻的男人……但是，他们只是在别墅里养好他们的伤口，然后就离开了，再也没有回来过。

一个冬天，蔷薇小姐收养了一只老鼠。老鼠的名字叫班米，他最大的爱好就是搬别人的米。所以，他是一只不受欢迎的老鼠，一直流浪了很多年。为了结束这种生活，他拖着他的小皮箱敲开了蔷薇别墅的门。

蔷薇小姐看了看老鼠破旧的皮箱，皮箱的四个滑轮已经少了一个，看起来再经不起拖拉了。于是，蔷薇小姐说："如果你保证不咬坏我的木栅栏，不咬坏我的窗帘，我同意你住在这里。"

班米保证自己不咬木栅栏和窗帘，如果牙齿实在痒痒了，他可以到屋外找一些高粱秆之类的嚼一嚼。

蔷薇小姐觉得班米至少会住到明年春天，所以她准备了足够吃整个冬天的面包和果酱。当她和班米面对面坐在餐桌旁的时候，她很高兴这个冬天有了一个伙伴。

班米把自己的房间安排在地窖里，这是他自己的选择。尽管这样，他那些野外的田鼠朋友仍然称呼他是"住在别墅里的班米"。

到了春天，班米再也不愿意离开地窖了，他太喜欢那里的瓶瓶罐罐了。他把别人的米搬回来，装到那些罐子里，他还用瓶子酿米酒。他不再和蔷薇小姐一起坐在餐桌旁吃饭，他更加喜欢在地窖里把自己灌得大醉。

直到有一回，蔷薇小姐到地窖里来取果酱，发现班米直挺挺地躺在地窖的楼梯旁一动也不动。蔷薇小姐摇着头说："哦，可怜的班米，好久没有看见你了，但是，我知道你一直就住在这里。尽管你有些缺点，但我也不会把你丢出去喂猫，我会好好埋葬你。"

蔷薇小姐在一簇洁白的蔷薇花下面挖了一个小小的坑，然后拎着班米长长的尾巴，准备把他埋葬在这里。这时候，班米醒过来了，他看见蔷薇小姐流泪的眼睛。班米惊呆了，他从来没有想过，会有人为老鼠的死流眼泪。

班米决定改变自己的生活方式，他要好好地陪伴蔷薇小姐。

可是,黑猫皮拉突然出现了。作为一只猫,皮拉最大的缺点是不会轻声走路,因为这个,他一辈子没有抓住过老鼠。

他对蔷薇小姐说:"我是一只碌碌无为的猫,现在我老了,没有人愿意收留我,请你留下我吧。"

蔷薇小姐说:"我理解你,但是,我这里已经住了一只老鼠,我不希望我的别墅里天天发生战争。"

皮拉很生气,他开始发脾气。半夜里,他大声地在别墅的屋顶上走路,他让高大的身影顺着月光投射在别墅的地板上。但是黑夜里最让人害怕的是孤独,皮拉的这些举动,蔷薇小姐并不在意。

皮拉就在别墅的篱笆上蹿来蹿去,把蔷薇花瓣打得满天飞。在拍打蔷薇花的时候,皮拉把自己的爪子弄伤了。

蔷薇小姐把皮拉抱进别墅,取出白纱布,把他受伤的四只黑爪子一层一层包起来。

班米在这时候开始收拾自己的皮箱,他对蔷薇小姐说:"我又要去流浪了。我走了以后,您让皮拉住进来,他比我更加适合您。"

班米伸出他的手，他戴了一副小小的白手套，和皮拉缠满纱布的爪子拉了拉，然后就离开了蔷薇别墅。

许多年以后，班米经过了很多地方，他酿造的米酒常常让猫喝醉，但是自己再也没有醉过。他想念着蔷薇小姐。他突然很担心黑猫和蜗牛、鸟、狗一样，养好了伤就离开蔷薇别墅。

他焦急地回到蔷薇别墅，看见那只走路很大声的黑猫皮拉静静地坐在蔷薇花下面，花瓣一片一片落在黑猫身上，但是黑猫仍然一动也不动。

皮拉，这只从来没有抓住过老鼠的猫看着老鼠班米，眼睛里流出泪水。

看着蔷薇花最后一片花瓣落下来，班米明白他已经再也见不到蔷薇小姐了。

他，流浪了许久的老鼠班米，也静静地坐在蔷薇花旁边，流着眼泪，就像许多年以前蔷薇小姐为他流泪一样。

③ 露珠项链

冰 波

在小虫里面，长得最丑的要算小蜘蛛了。

蟋蟀、纺织娘，还有蚂蚱，她们都穿着漂亮的裙衫，特别瞧不起小蜘蛛，总说："黑不溜秋的，小蜘蛛最丑！"

就连毛毛虫也瞧不起小蜘蛛，她说："我将来会变成花蝴蝶的，她小蜘蛛变什么呀？"

小蜘蛛当然很难过，所以她总是不敢和她们一起玩，独自躲在角落里织网。

"我自己织网玩儿吧。"小蜘蛛这样想。

小蜘蛛能织很好的网，又整齐又有弹性。

有一天，小蜘蛛早上醒来，忽然发现她的网上缀满了星星点点的露珠。这些露珠被太阳一照，都闪出了绚丽的色彩，看起来是那样的美丽。

小蜘蛛的心儿"咚咚"跳着，想："我能把它们收集起来吗？太阳会把它们晒没的，得把它们放到阴凉的地方去晾着……"

小蜘蛛很小心地把一串串的露珠连着丝一起拆下来，轻轻地拿到野花的叶子下挂着。

"晾着，晾着，它们会变成真的珠子吧？"她这样想着，一直在旁边守护着，不走开一步。

这样过了三天。小蜘蛛用脚尖很轻地碰了一下露珠。

"啊，它没有掉下来！"她惊喜极了。

她又稍稍重一点儿弹了一下露珠。

"叮……"露珠发出一声清脆而细微的声响。

"天哪，它们变成真珠子了！"小蜘蛛叫出声来，心儿"咚咚"地跳得好快。

她仔仔细细地把珠子收下来。一、二、三，啊，一共有三串哪！她把三串珠子结好，做成了三串项链。

小蜘蛛多喜欢她的项链啊，她轻轻地抚摸它们。"不过我太丑了，戴它们好可惜啊。"她想。

小蜘蛛把三串项链分别送给了蟋蟀、纺织娘和蚂蚱。她们戴着项链，变得更美了。流光溢彩的项链，使她们美得像新娘子。

毛毛虫没有得到项链，难过得要滴下泪来。

小蜘蛛说："别难过，下次我再给你做。等你变成蝴蝶了，再戴项链不是更好吗？"

毛毛虫说："嗯。"

小蜘蛛走开了。她说："再见，我去织网了。"

小蜘蛛驼着背、在地上爬的样子依然很丑。

可是，蟋蟀、纺织娘、蚂蚱和毛毛虫这次都没有嘲笑小蜘蛛。

她们看见，小蜘蛛又在一个角落忙活着，她还要织最好的网，晾最美的珠子。

日积月累

现实的世界是有限度的，想象的世界是无涯际的。

——卢梭

在所有人当中，儿童的想象力最丰富。

——麦考莱

但凡人能想象到的事物，必定有人能将它实现。

——儒勒·凡尔纳

活动一

童话中的哪些地方表现了奇妙的想象？请摘录相关词句写在下面的记录卡片上。

《橘子仙女》

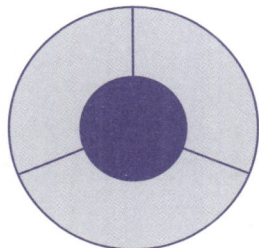

《蔷薇别墅的老鼠》

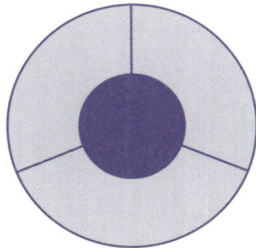

《露珠项链》

活动二

阅读时，你知道每篇童话的主要人物是谁吗？他们有怎样的品质？请把你的阅读所得和小伙伴们交流一下，并填写在下方的小转盘里吧。

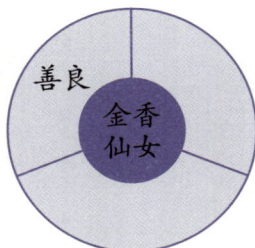

善良　金香仙女

《橘子仙女》

《蔷薇别墅的老鼠》

《露珠项链》

读童话时，我们不仅能感受到童话奇妙的想象，还能感受到人物真善美的品质。你还知道童话中哪些真善美的人物形象？可以写在下面。

人物：
故事：

人物：
故事：

真善美

人物：
故事：

人物：
故事：

中国精神

中国精神是中华民族的灵魂，它植根于中华民族的发展历程中，彰显出强烈的民族凝聚力与时代感召力，鼓舞着一代又一代的中华儿女奋发向上，积极进取。

阅读本组文章，感受中国精神，从我做起，从现在做起，做奋发向上、积极进取的新时代的建设者和接班人！

① 我们的哨所

李　瑛

三面是海，一面是山，
我们的哨所雄踞在山巅；
白天，太阳从门口踱过，
夜晚，花似的繁星落满窗前。

我们的哨所太陡太陡，
浪涛像在我们的胸膛飞卷；
我们的哨所太高太高，
仿佛它就要飞上青天。

虽然这哨所又小又险，
我们却感到宽阔又平安；
我们双脚踏稳地面，
把山作墙垣，海作庭院。

从山上垂下一条小路，

和祖国的条条大道接连；

为回答祖国的叮嘱，

我们挥手，用一缕炊烟。

一面是山，三面是海，

山海紧偎着我们观察班。

祖国对我们满怀期望，

我们献给她一颗赤胆！

阅读链接

　　哨所，是指警戒分队或哨兵所在的处所。哨所通常驻扎或设立在边境或其他需要警戒的敏感地区，以发现情况、处置情况、上报情况为基本任务，主要负责边防的防卫、防务，保证国家领土不受侵害，还有防止和打击非法出入境等任务。

❷ 生死考验前　他义无反顾[1]

鄢光哲

2010年3月16日上午，"全国公安系统一级英雄模范"沈战东同志先进事迹报告会在北京人民大会堂三楼小礼堂举行。报告团成员的报告，感动了现场的所有听众。

2010年1月30日零时30分，河南省郑州市公安局特巡警支队特警四大队民警沈战东因连续工作劳累过度，牺牲在新疆工作第一线。这一天，是他28岁的生日。这一天，是他新婚后的第55天。

随着报告团的讲述，沈战东的形象浮现在听众眼前，感动着现场的每一个人。

河南省郑州市公安局特巡警支队政委李连生，回忆了沈战东从特警新兵到全能队员的成长历程。身高刚一米七、体重不到60公斤、身体条件并不突出的沈战东，凭借坚忍的意志和辛勤的努力，在强手如林的反恐突

---

① 选入本书时略有删改。

击队中，迅速成长为 5 名全能队员之一。

在生命的最后两年中，沈战东参加了全国特警 4 次大规模跨区域作战。"经历了数十次生和死的考验，每一次他都义无反顾，冲锋在前。"李连生说。

"战东牺牲后的第二天，我和战友们依然循着战东生前的巡逻路线再次出发。当点到战东的名字时，所有战友齐声高喊：'到！'"当沈战东的战友冯鹏飞说到这里时，全场掌声热烈，经久不息。

沈战东和妻子王晖从相识、相知到相恋，一起走过了一千多个日子；从新婚、离别到永别，他却只留给妻子短短 55 天。

原定于 2008 年 5 月举行的婚礼，因为执行汶川特大地震的抢险救灾任务和奥运安保任务两次推迟。"2009 年 7 月，在我的工作生活完全稳定后，我们定好 10 月 10 日举行婚礼，我想这次应该没什么问题了。谁知，第三次婚期又泡汤了。果然，当他告诉我要去新疆执行任务时，我对他说：'你去吧！我在家等你！'"王晖说到这里时，在场许多听众都泪流满面，会场工作人员也把头侧向一边擦拭眼泪。讲述过程中一直泪流不止的王晖，此时更是泣不成声。

抗震救灾、奥运安保……从北京之夏到高原寒冬，从四川盆地到新疆边陲，沈战东的步伐从未停止过，直到他倒下的前一刻。

同是 28 岁，同是 80 后，河南省郑州电视台记者王卓，用记者的视角感知英雄。

"28 岁的短暂一生，让我看到了中华民族优良传统在 80 后这代人身上得到了延续；让我看到了经历过系统教育和严格训练的 80 后普通青年成了钢铁战士；让我看到了 80 后的一代人已经担当起了国家和人民对他们的期望。"王卓动情地说。

北京市公安局巡特警总队的王晨旭，和沈战东一样，都是 80 后，也刚刚结婚。"沈战东对工作的痴迷程度让我特别敬佩。他的事迹会让人们重新认识我们 80 后，重新认识我们特警。他的事迹，也会鼓舞、激励我们，干好今后的工作，走好今后的从警之路。"

沈战东走了，但他的足迹已深深铭刻在人们心中。沈战东走了，但他的精神将永远活在人们心中。

《宝葫芦的秘密》

张天翼

推荐语

　　《宝葫芦的秘密》是一部带有梦幻色彩的童话故事。拥有一个宝葫芦是很多孩子的梦想，它可呼风唤雨，它能变化多端，它能帮助人们实现愿望。同学们，你是不是也想有这样一个宝葫芦呢？故事中的王葆很幸运地得到了宝葫芦，宝葫芦帮他游泳、钓鱼、做模型、看电影……然而，很多的麻烦和痛苦也相伴而来……

　　让我们走进这本书，一起探究宝葫芦的秘密吧！你会发现，每一个孩子都有一颗善良的心。

作者简介

　　张天翼（1906—1985），原名元定，号一之，祖籍湖南湘乡，出生于江苏南京。中国著名作家。主要作品为小说与儿童文学。他的小说以讽刺和幽默见长，代表作有短篇小说《华威先生》《包氏父子》，长篇小说《鬼土日记》等；他的童话在中国儿童文学史上占有重要位置，代表作有《大林和小林》《宝葫芦的秘密》等。

内容梗概

　　小学生王葆一直梦想得到一个宝葫芦，可以在学习上碰到困难或在生活中遇到不顺利的时候，让宝葫芦帮他实现各种愿望。

　　一天，他真的得到一个宝葫芦，自己的愿望也通过宝葫芦一一实现了：钓到鱼、做成高级的模型、完成作业……真是要什么有什么，想什么就成什么。王葆大喜过望，有了这个宝葫芦后，他在学校的表现是突飞猛进的，这让同学们大为惊诧。宝葫芦更帮助他在泳池中大显神威，轻易获得了参加校队的机会。生活仿佛变得那么完美。

可是，王葆逐渐发现这个宝葫芦原来不分青红皂白，只懂盲目服从，屡屡让王葆哭笑不得，最后更令他在数学考试中铸成大错！王葆越来越苦恼，见到同学绕着走，甚至不敢面对父亲……

王葆的故事告诉我们：不劳而获的生活，并不能给人带来真正的幸福。

精彩片段

桶里的半桶水也涨到了大半桶。各色各样的鱼在那里游着，有的我认得，有的我认不得。有几条小鲫鱼活泼极了，穿梭似的往这里一钻，往那里一钻。鲤鱼可一本正经，好像在那里散步，对谁也不大理会。

最叫我高兴的是，还有一批很名贵的金鱼。有两条身上铺满了一点点白的，好像镶上了珍珠。还有两条——眼睛上长两个大红绣球，一面游一面漂动。我再仔细一瞧，才发现还有几条金鱼黑里透着金光，尾巴特别大，一举一动都像舞蹈似的，很有节奏。

那个葫芦——那真是个道地的宝葫芦！——也舞蹈似的晃动了两下："这么着行不行，王葆？"

"那还不行？好极了！"

我的话还没说完，忽然"格咕噜"一声，宝葫芦跳到了我手上，还像不倒翁那么摇了几摇，似乎是对我点头："我从此以后就属于你了。我立誓要为你谋利益，处处替你打算。请你相信我，我什么事都能合你的意。我是你的忠仆，你可以靠我得到你的幸福。你是我的主人，我可以靠你发挥我的作用。咱俩是分不开的，不是吗？"

…………

我一骨碌爬起来，拎起桶来要走。可是我的手软软的。

我一瞧桶里的鱼——真奇怪，就忽然想起食品店里的熏鱼来了。一会儿又想到了卤蛋，还附带想起了葱油饼和核桃糖。这些个东西我向来就挺喜欢。

思路刚刚一展开，地下就忽然冒出了一个纸包——油汪汪的。打开一看：熏鱼！……一转眼又发现两三个纸包，就恰恰都是我挺喜欢的那几样东西。

…………

我把宝葫芦掏出来，又使劲往河里一扔。可它好像碰上了顶头风似的，在空中画了个半圆，落到了小路上。又一蹦，就往我身上扑过来。我拿手把它拍开，它又跳了几跳，终于跳到我的脚边。它说："反正你没法儿把我甩掉。随你往哪儿扔，我都不在乎。"

真是！我怎么踢它，摔它，它可总死乞白赖要滚回我这儿来。它老是跟着我。除非拿刀子来劈……

刚这么一想，我手上忽然就沉甸甸地来了一把劈柴的刀。

"好，管你是打哪儿拿来的，我先使了再说！"

一下子——"啪！"对准宝葫芦就是一家伙。

同志们知道，这时候我是在气头上，所以完全不去考虑会有什么后果。这么一个神奇的活宝贝——又会说话，又会揣摩人家的心思，又会打别人手里给我搬东西来，又扔它不掉，——你如今竟满不在乎地就那么一刀！就那么简单？……要是在平日，我准会要这么想一想的。

可是当时我一点也没有考虑，就是那么一刀。

阅读小贴士

　　在阅读故事时，哪些情节让你觉得是神奇的、不可思议的？请把它们画出来，写上批注，并展开想象，感受一下其中的奇妙。

　　你觉得王葆是个怎样的孩子？请画出文中描写他动作、语言、心理的句子，用心品味，在书中做出批注。

我伴你读

活动一 我爱阅读

阅读计划表

时间	故事章节	完成情况
第 1 晚		
第 2 晚		
第 3 晚		
第 4 晚		
第 5 晚		
第 6 晚		
第 7 晚		

活动二 阅读记录

宝葫芦帮王葆实现了一些愿望，但也带来了很多烦恼。请大家把宝葫芦帮王葆实现的愿望和给他带来的烦恼填在葫芦里吧。

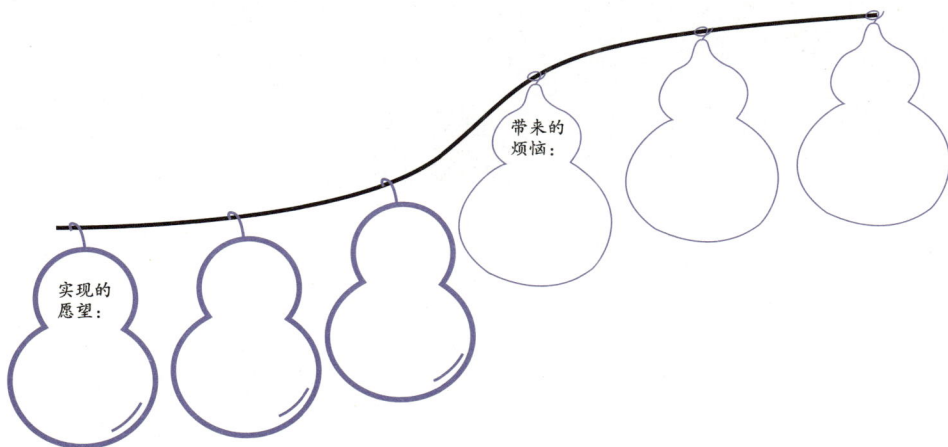

带来的烦恼：

实现的愿望：

活动三　小剧本表演

选择故事中的一个场景，自创一个小剧本，然后和同学按照剧本演一演吧。演的时候要注意人物的语言、动作、神态哟！

《宝葫芦的秘密》小剧本

时间：		地点：	场景：
角色：		服装：	道具：
旁白：			
对白：			

敬 启

为编好这本书，我们与收入本书的作品（含图片）作者进行了广泛联系，得到了各位作者的大力支持。在此，我们表示衷心的感谢。但是，由于个别作者地址不详，虽经多方努力，仍无法取得联系。敬请各位有著作权的作者尽快与我们联系，以便我们支付稿酬，并致谢忱！

我们还要感谢使用本书的师生们。希望你们在使用本书的过程中，能够及时把意见和建议反馈给我们，对此，我们深表谢意，并将给予一定奖励。让我们携起手来，共同完成本书的建设工作。

联 系 人：梁老师　刘老师

联系电话：010-58022100-6362

联系邮箱：ztxx2008@sina.com

网　　址：http://www.ywztxx.com

地　　址：北京市海淀区知春路7号致真大厦A座18层

图书在版编目（CIP）数据

探索与发现 / 李凤君主编. — 上海：上海教育出
版社, 2021.12
ISBN 978-7-5720-0810-8

Ⅰ.①探⋯ Ⅱ.①李⋯ Ⅲ.①阅读课—小学—教学参
考资料 Ⅳ.①G624.233

中国版本图书馆CIP数据核字（2021）第260866号

本书部分文字作品的版权由中国文字著作权协会代理及转付稿酬，
电话：010-65978917，传真：010-65978926，E-mail：wenzhuxie@126.com

责任编辑　李光卫
封面设计　陈丽娟　王艺霖
著作权人　北京华樾教育科技有限公司

探索与发现

李凤君　主编

出版发行　上海教育出版社有限公司
官　　网　www.seph.com.cn
地　　址　上海市闵行区号景路159弄C座
邮　　编　201101
印　　刷　河北泓景印刷有限公司
开　　本　720×1010　1/16　印张 36
字　　数　400千字
版　　次　2021年12月第1版
印　　次　2021年12月第1次印刷
书　　号　ISBN 978-7-5720-0810-8/G·0626
定　　价　168.00元（全四册）

如发现质量问题，请向本社调换　　021-64373213

《探索与发现》阅读资源

—— 使用说明 ——

亲爱的同学，这是我们精心为你编写的素养提升丛书。当你打开这套书时，一段愉快而有意义的阅读时光便开始了！

　　《探索与发现》这套书是由小学语文统编教材主编崔峦老师领衔、多位特级教师共同编写，适合 9 至 10 岁儿童阅读，共有 4 册，每册分为"经典诵读""专题阅读""整本书阅读"三大板块。

经典诵读

　　"经典诵读"板块有 5 ～ 6 篇古诗文。你可以利用零散时间读一读，也可以利用晨读时间与同学共读，还可以扫码收听名家配乐朗诵。

扫码收听

1 野望（节选）

[唐] 王绩

牧人驱犊①返，
猎马带禽②归。
相顾无相识，
长歌怀采薇③。

注 释

①犊：小牛，这里指牛群。
②禽：鸟兽，这里指猎物。
③采薇：采摘野菜。薇，一种植物。相传周武王灭商后，伯夷、叔齐不愿做周的臣子，隐居首阳山，采薇而食，最后饿死，后以"采薇"代指隐居不仕。

注释

译 文

牧人驱起着牛群回村，猎马上带着诸多猎物归来。环顾四周没有认识的人，我长啸高歌，真想隐居在山冈！

译文

"专题阅读"板块一般由"范文阅读""组文阅读""自由阅读"三部分组成。

❀ 范文阅读：

精选名家名篇，内容生动有趣，富含智慧，能激发情感，具有审美与文化熏陶价值。文章中的批注紧扣学习要点，希望能引发你的思考和感悟。

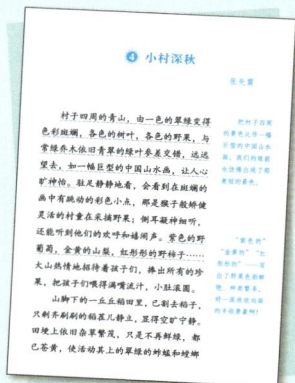

《探索与发现》第 1 册

❀ 组文阅读：

围绕一个主题将多篇文章组合在一起。针对这几篇文章，我们还设计了阅读实践活动，启发你一边阅读一边思考。如：《探索与发现》第 1 册中的"专题阅读一"围绕"乡村意趣"这个主题精选了 3 篇文章，在阅读实践活动的引领下，相信你会感受到更多的乡村情趣。

1 打开微信扫一扫，开通会员

扫描下方二维码，开通会员账号。

2242172634469

素养文库注册二维码

发现

朋友圈

直播

扫一扫

附近

小程序

扫一扫

微信 通讯录 发现 我

2 素养文库使用介绍

开通会员后，可使用导读视频、古诗文音频、阅读留痕功能。

文小酷，上午好！

🔥 HOT

导读视频
内容丰富活泼，激发阅读兴趣

古诗文音频
经典诵读，跟着音频快乐读

阅读留痕
趣味读书，沉浸体验

一起读书

点击观看轻松有趣的视频，开启阅读之旅

点击收听专业朗读，伴随音乐诵读经典

点击完成阅读留痕，为阅读之旅增加奇趣体验

导读视频

《螳螂捕蝉，黄雀在后》

古诗文音频

内容丰富活泼，激发阅读兴趣

经典诵读，跟着音频快乐读

阅读留痕

趣味读书，沉浸体验

🌸 自由阅读：

这部分文章可自主阅读，也可与同学合作阅读。部分文章添加批注，提醒你在某些地方可以停下来想一想。

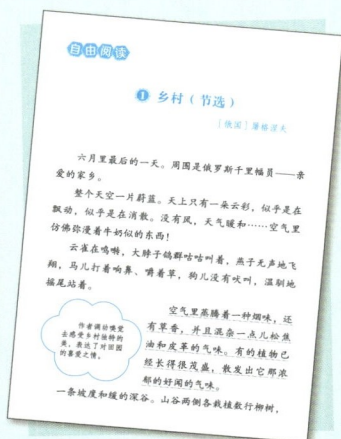

自由阅读

1 乡村（节选）

［俄国］屠格涅夫

六月里最后的一天。周围是俄罗斯千里幅员——亲爱的家乡。

整个天空一片蔚蓝。天上只有一朵云彩，似乎是在飘动，似乎是在消散。没有风，天气暖和……空气里仿佛弥漫着牛奶似的东西！

云雀在鸣啭，大脖子鸽群咕咕叫着，燕子无声地飞翔，马儿打着响鼻、嚼着草，狗儿没有吠叫，温驯地摇着尾巴站着。

> 作者调动嗅觉
> 去感受乡村特有的
> 气味，表达了对田园
> 的喜爱之情。

空气里蒸腾着一种烟味，还有草香，并且混杂一点儿松焦油和皮革的气味。有的植物已经长得很茂盛，散发出它那浓郁的好闻的气味。

一条坡度和缓的深谷。山谷两侧各栽植数行柳树，

整本书阅读

每个分册都向你推荐了一本好书。你可以借助"推荐语""作者简介""内容梗概""精彩片段""阅读小贴士""我伴你读"等展开整本书的阅读。相信你会喜欢上它们。

推荐语

《十万个为什么》是家喻户晓的儿童科普文学作品，内容丰富多彩，堪称"小百科全书"，深受广大青少年的喜爱。本书从星子内部分成六站，每到一站都会针对一些常见的事物提出问题，并用生动活泼的语言，深入浅出地将生活中的小秘密逐一揭秘。书中一个个新奇有趣的知识，会让你感受到世界的五彩缤纷与千变万化。

如果你想知道流水的秘密，如果你想了解水的作用，如果你在生活和学习中遇到疑难问题……那就看看这本书吧！相信书中一定有你想要的答案！

精彩片段

为什么穿上冰刀不能在地板上滑行？

我们总是会问："穿上冰刀为什么不可以在地板上滑行呢？"可能有人会说："原因是冰又滑又硬，但地板却不是很硬很滑。"但有一种又滑又硬的石板地，冰刀还是无法在上面滑行。

其实在人在滑冰的时候，脚下的冰面因为冰刀的压力融化，就会有一层水出现在冰刀和水之间。这层水就是润滑剂，削弱了冰刀与冰之间的阻力。因此，我们可以在冰上滑行，而不能在地板上滑行。

内容梗概

《十万个为什么》是一本科普书，内容包罗万象，融汇古今。

在书中，作者提出了许多看似简单，却不那么容易回答的问题。比如：为什么我们要吃肉？什么材料最坚固又最柔韧？有没有硬的液体？不碎的玻璃是什么样的？这些小问题深深地吸引了作者，也会引起我们的深思。

这本书不仅内容有趣，语言也非常生动。作者以"为什么"的形式提出问题，用通俗生动的语言将抽象、深奥、枯燥的科学知识形象而浅近地表达了出来。

阅读小贴士

阅读像《十万个为什么》这样的科普书，你可能会遇到一些不理解的科学术语。这时候要运用学过的方法，试着去理解。对于个别不理解的内容也不必停止阅读，也许读完文章你就会豁然开朗。

读完后可以想一想：这本书讲得有道理吗？关于这个问题，有什么新的研究成果吗？可以查阅相关资料辅助阅读，这样会让你更深入地理解文中讲到的知识。

一本书就是一个五彩缤纷的世界。请你捧起书尽情地阅读吧，去感受书中的精彩，体验不一样的生活！

图书在版编目（CIP）数据

探索与发现 / 李凤君主编. — 上海：上海教育出
版社, 2021.12
ISBN 978-7-5720-0810-8

Ⅰ.①探… Ⅱ.①李… Ⅲ.①阅读课—小学—教学参
考资料 Ⅳ.①G624.233

中国版本图书馆CIP数据核字（2021）第260866号

本书部分文字作品的版权由中国文字著作权协会代理及转付稿酬，
电话：010-65978917，传真：010-65978926，E-mail：wenzhuxie@126.com

责任编辑　李光卫
封面设计　陈丽娟　王艺霖
著作权人　北京华樾教育科技有限公司

探索与发现

李凤君　主编

出版发行　上海教育出版社有限公司
官　　网　www.seph.com.cn
地　　址　上海市闵行区号景路159弄C座
邮　　编　201101
印　　刷　河北泓景印刷有限公司
开　　本　720×1010　1/16　印张 36
字　　数　400千字
版　　次　2021年12月第1版
印　　次　2021年12月第1次印刷
书　　号　ISBN 978-7-5720-0810-8/G·0626
定　　价　168.00元（全四册）

如发现质量问题，请向本社调换　　021-64373213

探索与发现 ①

1.《野望（节选）》

（1）王绩是哪个时期的诗人？（　）

A. 唐朝

B. 宋朝

C. 明朝

D. 清朝

（2）对这首诗的理解错误的是哪一项？

（　）

A. 这首诗表达了诗人孤独、苦闷的心情。

B. 诗的最后一句，流露出诗人想隐居避世的意向。

C. 这首诗表达了诗人对田园生活的喜爱之情。

D.“牧人驱犊返，猎马带禽归”用质朴的语言描写了薄暮中所见的景物。

2.《稻田》

（1）本诗作者是____时期的____。（　）

A. 唐朝

B. 宋朝

C. 杜甫

D. 韦庄

（2）判断：作者描绘了一幅优美恬淡的水田风光图，诗中流露出作者的愉悦之情。（　）

3.《禾熟》

（1）“粗了”的意思是什么？（　）

A. 大致了却。

B. 粗浅的认识。

C. 大致了解。

D. 过于粗糙。

（2）诗中能表现出老牛悠闲的是哪一句诗？（　）

A. 百里西风禾黍香。

B. 鸣泉落窦谷登场。

C. 老牛粗了耕耘债。

D. 啮草坡头卧夕阳。

4.《客中初夏》

（1）“更无柳絮因风起”的下一句是什么？（　）

A. 四月清和雨乍晴。

B. 南山当户转分明。

C. 惟有葵花向日倾。

D. 惟有荷花映日红。

（2）这首诗描写了____时节____的景色。（　）

A. 初夏

B. 盛夏

C. 雨后

D. 风后

5.《蒹葭（节选）》

（1）“蒹”和“葭”都指什么？（　）

A. 中药。

B. 芦苇。

C. 藻类植物。

D. 蕨类植物。

（2）诗中哪一句描写了"蒹葭"的样子？

（　　）

A. 蒹葭苍苍，白露为霜。

B. 所谓伊人，在水一方。

C. 溯洄从之，道阻且长。

D. 溯游从之，宛在水中央。

6.《螳螂捕蝉，黄雀在后》

（1）螳螂委身曲附，欲取蝉，而不知____在其傍也；黄雀延颈，欲啄螳螂，而不知____在其下也。（　　）

A. 麻雀

B. 黄雀

C. 人

D. 弹丸

（2）"螳螂捕蝉，黄雀在后"这个故事蕴含着生活中的道理，以下理解哪一项是错误的？（　　）

A. 比喻做事目光短浅。

B. 做事不仅要想到眼前的利益，还要顾到身后的隐患。

C. 做事要深思熟虑，考虑后果。

D. 告诉我们不要去捕捉小动物，要保护它们。

二 乡村意趣

1.《田园乐（其四）》

（1）这首诗的作者是____时期的____。

（　　）

A. 唐朝

B. 宋朝

C. 王维

D. 陆游

（2）本诗中的三、四句描写了怎样的生活？（　　）

A. 恬淡

B. 欢愉

C. 凄婉

D. 忙碌

2.《四时田园杂兴（组诗）》

（1）判断：《四时田园杂兴》中，"兴"的读音是 xīng。（　　）

（2）《春日田园杂兴》一诗中，从动态描写的角度描绘田园风光的是哪一句？（　　）

A. 高田二麦接山青。

B. 傍水低田绿未耕。

C. 桃杏满村春似锦。

D. 踏歌椎鼓过清明。

3.《清平乐·检校山园，书所见》

（1）"东家"的意思是什么？（　　）

A. 东边的住客。

B. 姓"东"的人家。

C. 房屋的主人。

D. 邻家。

（2）一个"偷"字生动地写出了孩子们什么样的情态？（　　）

A. 聪明可爱

B. 活泼顽皮

C. 顽劣成性

D. 懵懂无知

4.《小村深秋》

（1）文章第1自然段主要从哪方面写出了小村深秋的景色之美？（　　）

A. 颜色

B. 形状

C. 味道

D. 气势

（2）文中第5自然段描写了＿＿＿场景，通过作者的描写，想象热闹的场面，能感受到农家人＿＿＿的心情。（　　）

A. 晒谷

B. 打糍粑

C. 喜悦

D. 忙碌

5.《年年依旧的菜园（节选）》

（1）文章第1自然段主要写了菜园里蔬菜的哪个特点？（　　）

A. 数量多。

B. 颜色多。

C. 品种多。

D. 形状多。

（2）对本文理解不正确的是哪一项？（　　）

A. 本文深情地回忆了自己与外祖父母在农村生活时一起耕种小菜园的情景。

B. 本文刻画了外祖父母勤劳、质朴、热爱生活的人物形象。

C. 本文表达了作者对劳动者的热爱与赞美。

D. 本文表达了作者对外祖父母和童年往事的怀念之情。

6.《"风扇"记趣》

（1）因为山谷特别的地理特征和它的＿＿＿＿＿，家乡人美其名曰"风扇"。（　　）

A. 特殊形状

B. 人烟稀少

C. 古老的传说

D. 夏季的凉爽

（2）作者最喜欢"风扇"里的哪种食物？（　　）

A. 三月泡

B. 葛绊虫

C. 猫眼串

D. 马奶果

7.《邀请》

（1）作者依次描写了村子里哪三个季节的景色？（　　）

A. 春天

B. 夏天

C. 秋天

D. 冬天

（2）判断：作者在文中多次发出邀请——"请到我们村里来吧"，表达了作者对村子的喜爱和赞美之情。（　　）

8.《抢春水》

（1）题目"抢春水"指的是在____这一天抢____。（　　）

A. 立春

B. 春分

C. 春天的水

D. 山尖融化的冰雪

（2）判断："抢春水"作为"我们"山村里的一个习俗，寄托了人们对新的一年的希冀，表达了人们对美好生活的向往，也承载了"我"美好的童年时光。（　　）

9.《四月，柑子开花的时候》

（1）"清甜的柑子花香，把她们的歌声也____甜了。"请将句子补充完整。（　　）

A. 熏

B. 酿

C. 染

D. 变

（2）文章最后一段主要起什么作用？（　　）

A. 总结全文，表达柑子开花时作者的喜悦心情。

B. 表达了作者对柑子花的赞美。

C. 与首段呼应，使文章结构完整。

D. 引发读者思考，使读者产生兴趣。

10.《山里的时光》

（1）全文按什么顺序描写了山里的时光？（　　）

A. 时间顺序

B. 方位顺序

C. 事情发展顺序

D. 植物生长顺序

（2）判断："夏天，山里的瓜果都排队成熟。"这句话是第5自然段的中心句。这句话的意思是山里的所有瓜果都是在夏天成熟的。（　　）

11.《山村》

（1）下面词语书写错误的是哪一项？（　　）

A. 堰塞

B. 遮蔽

C. 寂寞

D. 唱议

（2）"一个孩子说，'你看，山顶都够到天了，那儿就是天边。'"这句话与第1自然段的关系是什么？（　　）

A. 首尾呼应

B. 前后呼应

C. 点明中心

D. 承上启下

12.《春天吹着口哨》

（1）全文从春天的视角出发，依次对____、____、____、____进行描写。（　）

A. 柳树上的嫩叶

B. 杏树上的小花

C. 新翻的泥土

D. 在天上飘着的风筝

（2）描写春风时，作者调动各种感官去感受并展开想象，比如触觉、听觉和____，把春风写得形象可爱。（　）

A. 味觉

B. 直觉

C. 视觉

D. 嗅觉

13.《乡村（节选）》

（1）"空气里蒸腾着一种烟味，还有草香，并且混杂着一点儿松焦油和皮革的气味。有的植物已经长得很茂盛，散发出它那浓郁的好闻的气味。"这句话充分调动了哪种感官去感受乡村独特的美？（　）

A. 视觉

B. 嗅觉

C. 触觉

D. 听觉

（2)对于文章理解不正确的是哪一项？（　）

A. 文章描写了一个普通乡村傍晚时的景

色，使一幅具有鲜明俄罗斯民族特色的生活画面在读者面前徐徐展开。

B. 这篇作品从天空、气息写到田野、农舍，再写到人的活动，语言质朴，让读者产生身临其境的感觉。

C. 整篇文章让读者感受到作者对故乡风景的热爱之情。

D. 整篇文章让读者感受到俄罗斯春季的乡村风光，表达了作者对故乡的热爱之情。

14.《失去的草篮》

（1）"我"的草篮是爷爷用_____，用_____编织的。（　）

A. 温暖而粗大的双手

B. 柔软而细腻的双手

C. 故乡柔软的柳条

D. 家乡翠绿的树枝

（2）"我深深地怀念那只草篮。"这句话表达了作者对爷爷、对故乡怎样的情感？（　）

A. 喜爱

B. 怀念

C. 赞美

D. 歌颂

15.《小小山村》

（1）小山村坐落在哪里？（　）

A. 山坡上

B. 山脚下

C. 山谷里

D. 群山之中

（2）"家家户户像贴在半山腰上。""贴"这个字生动形象地体现了小山村的房子的什么特点？（　　）

A. 结实牢固

B. 宏伟美丽

C. 高大壮观

D. 依山而建

16.《故乡的芦苇（节选）》

（1）在这篇文章中，作者依次回忆了与故乡的芦苇有关的哪三件事？（　　）

A. 摘芦叶做哨子吹。

B. 用芦叶折小船玩。

C. 在芦苇丛中抓纺织娘。

D. 在芦苇丛中捉迷藏。

（2）与文章最后一个自然段所表达的含义不相符的是哪一个选项？（　　）

A. 团结力量大。

B. 众人拾柴火焰高。

C. 单丝不成线，独木不成林。

D. 经一番挫折，长一番见识。

17.《乡村的瓦》

（1）"瓦松"为"我"治好的是什么病？（　　）

A. 感冒

B. 恶性疟疾

C. 牙疼

D. 头疼

（2）第4自然段写出了"瓦"的对称

和____的特点。（　　）

A. 排列紧密

B. 干净

C. 结实

D. 美观

三 探索与发现

1.《黄河象》

（1）黄河象的骨架有什么特点？（　　）

A. 高大

B. 矮小

C. 破碎

D. 粗壮

（2）最后一个自然段依次向我们介绍了什么？（　　）

A. 化石的挖掘。

B. 化石的发现。

C. 根据化石做的猜想。

D. 化石被挖出时的样子。

2.《琥珀珠》

（1）文章第5自然段中作者把"透亮的黄色珠子"比作"晚秋浸过霜的菊花瓣"和"大海刚洒下的一滴泪珠"，上述句子依次描写了珠子的____和____。（　　）

A. 颜色

B. 形状

C. 味道

D. 大小

（2）琥珀珠的故事歌颂了小蜜蜂的什么精神？（　）

A. 热爱生命

B. 勇敢无畏

C. 默默无闻

D. 任劳任怨

3.《鸟类不认恐龙做祖宗了》

（1）最早的鸟即始祖鸟出现在什么时期？（　）

A. 白垩纪

B. 三叠纪

C. 侏罗纪

D. 寒武纪

（2）"就拿迅猛龙来说吧，它只有火鸡般大小，是肉食性的，身上长有羽毛，爪子十分尖利。"这句话运用了什么说明方法？（　）

A. 举例子

B. 打比方

C. 列数字

D. 下定义

4.《翅膀，为了天空的进化（节选）》

（1）"优胜劣汰是地球生物生存和演变的基本规则。"这句话是谁说的？（　）

A. 法布尔

B. 达尔文

C. 爱迪生

D. 马克思

（2）昆虫高超的飞行技术背后的秘密是什么？（　）

A. 越小的飞行昆虫，其飞行机制越复杂。

B. 昆虫体积小，比较容易飞起来。

C. 翅膀比较大。

D. 翅膀启动的频率比较高。

5.《纳米技术走进生活（节选）》

（1）本文使用了哪种说明方法，让我们对纳米技术更加了解？（　）

A. 列数字

B. 打比方

C. 举例子

D. 作比较

（2）以下对纳米技术描述不正确的是哪一项？（　）

A. 防晒霜通常含有二氧化钛和氧化锌的纳米颗粒。

B. 利用纳米技术可以使废水变清。

C. 在衣服中添加二氧化硅纳米粒子可以用于防水。

D. 纳米管在人体内是很难被排出的。

6.《徜徉在人体里的小小机器人（节选）》

（1）"徜徉"一词的正确读音是什么？（　）

A. cháng yáng

B. tǎng yáng

C. tǎng yǎng

D. cháng yǎng

（2）微型机器人和传统机器人的最大差别在于哪一方面？（　　）

A. 价格低廉。

B. 体积小。

C. 功能强大。

D. 适用范围广。

7.《中国"嫦娥奔月"》

（1）文章使用了神话传说作为开篇的好处是什么？（　　）

A. 让读者了解中国神话。

B. 紧扣题目。

C. 增加文章字数。

D. 激起读者的兴趣。

（2）"嫦娥四号"探测器携带了一个18厘米长的密封圆柱形容器，里面装有生物，下列哪一选项的生物不在其中？（　　）

A. 4 种植物的种子

B. 蚊子

C. 酵母

D. 果蝇卵

8.《嫦娥奔月　梦想启程》

（1）火箭发射前，准备工作中最关键、最危险的一项工作是什么？（　　）

A. 对仪器设备单独进行测试。

B. 地勤保障部门对发射设备进行调试。

C. 给火箭加注低温推进剂液氢。

D. 气象保障部门开通气象情报网和天气预测网。

（2）"远远地，发射场有铿锵的声音传过来，在四面青山环绕的山谷间激荡。"从"铿锵""激荡"这两个词可以感受到工作人员怎样的心情？（　　）

A. 平静

B. 激动

C. 难过

D. 紧张

9.《爬上陆地的鱼》

（1）文章第几自然段介绍了总鳍鱼的进化过程？（　　）

A. 2

B. 3

C. 4

D. 5

（2）"鱼也能上陆吗？这真是天大的怪事。"文章一开头就使用问句，这样写有什么好处？（　　）

A. 能够快速理解题意，使读者很快就能理解作者意图。

B. 能够极大地激发读者的阅读期待。

C. 可以将文章刻画得更有画面感。

D. 对文章主体进行简要地描述，勾起读者回忆。

10.《化石吟》

（1）题目"化石吟"中"吟"的意思是什么？（　　）

A. 朗诵。

B. 鸣叫。

C. 歌唱。

D. 吟诵。

（2）"逝去万载的世界又重现，沉睡亿年的石头说了话。"句中"沉睡亿年的石头"指的是什么？（　）

A. 普通沙石

B. 化石

C. 建筑用的石头

D. 泥土

11.《地球诞生的故事》

（1）"地球是怎样诞生的？"文章一开篇就使用问句，这样写的好处是什么？（　）

A. 体现作者孤陋寡闻。

B. 能够极大地激发读者的阅读期待。

C. 可以将文章刻画得更有画面感。

D. 对文章主体进行简要地描述，勾起读者回忆。

（2）读了这篇文章，你认为以下说法错误的是哪一项？（　）

A. 德国哲学家康德和法国科学家拉普拉斯认为，宇宙太空中原本有许多尘埃，由于引力作用，它们渐渐凝聚成一些大大小小的尘埃团，围绕着同一个中心旋转，后来就变成了太阳、地球和它的行星兄弟们。

B. 法国博物学家布丰认为，地球是太阳和一颗彗星碰撞后，飞溅到太空中的物质冷却形成的。

C. 苏联地球物理学家施密特认为，太阳穿过一团浓密的星云，把这个星云里的物质俘获过来，围着自己转，就形成了这些行星。

D. 天文学家达尔文的看法是太阳系原本是一团星云，在自身引力作用下慢慢收缩，星云中心形成了原始太阳，星云外部形成星云盘。

12.《蚊子和无痛注射针》

（1）"疟疾"的正确读音是什么？（　）

A. nuè jí

B. lüè jí

C. nüè jí

D. niè jí

（2）文章中说科学家们"另辟蹊径"，这里"另辟蹊径"具体指的是什么？（　）

A. 从蚊子的口器上寻找答案。

B. 从蚊子吸血里的分泌物入手。

C. 从蚊子的吸血方式入手研究。

D. 从蚊子腿开始研究。

13.《世界最高峰上的奇迹》

（1）科学考察队古生物学考察小组的成员，在藏族翻身农奴的指点下，发现了两块化石，它们依次是____和____。

（　）

A. 一种动物的脊椎骨化石

B. 古代一种巨鸟或一种爬行类动物的脚印化石

C. 黄河象的化石

D. 始祖鸟的化石

（2）判断：珠穆朗玛恐龙既然是海生的，那么它的蛋怎么会产在海拔八千多米的世界最高峰上呢？原因是地壳变迁。（　　）

14.《蜘蛛比人类还能吃》

（1）_____处于食物链顶端，简直是无所不吃。（　　）

A. 蜘蛛

B. 老虎

C. 人类

D. 鲨鱼

（2）下列说法错误的是哪一项？（　　）

A. 栖息在自然和半自然生境中的森林和草地里的蜘蛛捕食的猎物量远比其他生物群落多。

B. 农田蜘蛛的捕食量相对较小。

C. 过度管理的农田不适合蜘蛛栖息。

D. 如何除掉农田里的蜘蛛是科学家努力的研究方向。

15.《在外星农场种地》

（1）研究人员用三种土壤进行了作物种植实验，分别是_____、_____、_____。
（　　）

A. 普通的盆栽土

B. 模拟的月球土

C. 模拟的火星土

D. 模拟的土星土

（2）判断：要想在火星上吃到新鲜蔬菜和水果，除了利用土壤种植，没有其他的方法了。（　　）

16.《意想不到的恐龙秘事（节选）》

（1）最聪明的恐龙是哪一种？（　　）

A. 慈母龙

B. 霸王龙

C. 伤齿龙

D. 赫氏近鸟龙

（2）文章向我们介绍了恐龙的好多秘密，哪一项不是真的？（　　）

A. 第一只恐龙是个小矮子。

B. 恐龙的体温很复杂。

C. 恐龙的叫声不威猛。

D. 恐龙都会飞。

17.《大象和绵羊能成为好朋友吗？》

（1）"大象和绵羊能成为好朋友吗？"题目使用问句，这样写的好处是什么？以下哪种说法是错误的？（　　）

A. 更好地体现文章的中心。

B. 引起读者兴趣。

C. 提高文章吸引力。

D. 引发读者思考。

（2）小象和绵羊能成为好朋友是因为

什么？（　　）

A. 因为它们都脱离了群体，它们把对方当作是依靠。

B. 小象觉得和绵羊很投缘。

C. 小象想吃绵羊。

D. 绵羊想找小象保护它。

四 整本书阅读

《十万个为什么》

（1）这本书的作者是____作家____。

（　　）

A. 苏联

B. 中国

C. 米·伊林

D. 列夫·托尔斯泰

（2）判断：水是不会发生爆炸的。（　　）

参考答案

一、经典诵读

1.《野望（节选）》

（1）A

（2）C

2.《稻田》

（1）AD

（2）对

3.《禾熟》

（1）A

（2）D

4.《客中初夏》

（1）C

（2）AC

5.《蒹葭（节选）》

（1）B

（2）A

6.《螳螂捕蝉，黄雀在后》

（1）BD

（2）D

二、乡村意趣

1.《田园乐（其四）》

（1）AC

（2）A

2.《四时田园杂兴（组诗）》

（1）错　解析：正确读音是 xìng。

（2）D

3.《清平乐·检校山园，书所见》

（1）D

（2）B

4.《小村深秋》

（1）A

（2）BC

5.《年年依旧的菜园（节选）》

（1）C

（2）C　解析：本文主要是回忆自己年幼时与外祖父母在一起生活的时光，并未直接体现出作者对劳动者的热爱与赞美。

6.《"风扇"记趣》

（1）D

（2）B

7.《邀请》

（1）DBA

（2）对

8.《抢春水》

（1）AD

（2）对　解析："抢春水"是"我们"山村里的一个习俗，寄托了人们对新的一年的希冀，表达了人们对美好生活的向往。作者也通过回忆"抢春水"表达了自己对美好的童年时光的怀念。

9.《四月，柑子开花的时候》

（1）C

（2）A　解析：文章最后一段以"柑子开花"进而延伸至"心也在开花"，表达了作者的喜悦之情。

10.《山里的时光》

（1）A

（2）错　解析：夏天很多瓜果成熟，但不代表所有瓜果都成熟了。

11.《山村》

（1）D　解析：正确书写是"倡议"。

（2）B

12.《春天吹着口哨》

（1）ABDC

（2）C

13.《乡村（节选）》

（1）B

（2）D　解析：整篇文章让读者感受到俄罗斯夏季的乡村风光，表达了作者对故乡的热爱之情。

14.《失去的草篮》

（1）AC

（2）B

15.《小小山村》

（1）C

（2）D

16.《故乡的芦苇（节选）》

（1）ABC

（2）D　解析：文章最后一个自然段

描写了芦苇是根连根，叶挨叶，结成一个集体，不怕风吹雨打。"团结力量大；众人拾柴火焰高；单丝不成线，独木不成林"都是关于团结的谚语，D选项是关于成长的谚语。

17.《乡村的瓦》

（1）B

（2）A

三、探索与发现

1.《黄河象》

（1）A

（2）BADC

2.《琥珀珠》

（1）AB

（2）B

3.《鸟类不认恐龙做祖宗了》

（1）C

（2）A

4.《翅膀，为了天空的进化（节选）》

（1）B

（2）A

5.《纳米技术走进生活（节选）》

（1）C

（2）D　解析：纳米管在人体内很容易被排出。

6《徜徉在人体里的小小机器人(节选)》

（1）A

（2）B

7.《中国"嫦娥奔月"》

（1）D

（2）B

8.《嫦娥奔月　梦想启程》

（1）C

（2）B

9.《爬上陆地的鱼》

（1）C

（2）B

10.《化石吟》

（1）D

（2）B

11.《地球诞生的故事》

（1）B

（2）D　解析：这是天文学家戴文赛的看法。

12.《蚊子和无痛注射针》

（1）C

（2）A　解析："另辟蹊径"本指另外开辟一条路，这里指的是科学家不按照传统的研究方法，而是从别的研究角度入手对蚊子进行研究。

13.《世界最高峰上的奇迹》

（1）BA

（2）对　解析：由于地壳运动，在千万年历史演变中，陆地变成海洋，海洋成为陆地。

14.《蜘蛛比人类还能吃》

（1）C

（2）D　解析：如何改善农田环境以利于蜘蛛的栖息繁衍，从而提高蜘蛛对农田害虫的自然控制效果，这应该是科学家努力研究的方向。

15.《在外星农场种地》

（1）ABC

（2）错　解析：要想在火星上吃到新鲜的蔬菜和水果，除了利用土壤种植，还有很多方法。如水培、气雾栽培。

16.《意想不到的恐龙秘事（节选）》

（1）C

（2）D

17.《大象和绵羊能成为好朋友吗？》

（1）A

（2）A

四、整本书阅读

《十万个为什么》

（1）AC

（2）错

探索与发现 ❷

一 经典诵读

1.《咏蚕》

（1）这首诗的作者是____代的____。

（　）

A. 宋

B. 唐

C. 蒋贻恭

D. 王安石

（2）诗中体现人们心中充满怨恨的是哪一句？（　）

A. 辛勤得茧不盈筐。

B. 灯下缲丝恨更长。

C. 著处不知来处苦。

D. 但贪衣上绣鸳鸯。

2.《鹭鸶》

（1）这首诗的作者是____代的____。

（　）

A. 宋

B. 唐

C. 蒋贻恭

D. 郑谷

（2）判断：这首诗突出了鹭鸶惊艳的形貌。（　）

3.《北陂杏花》

（1）为"纵"选择正确的解释。（　）

A. 放纵。

B. 竖着的。

C. 即使。

D. 放走。

（2）判断：这首诗前两句写景状物，后两句议论抒情。（　）

4.《鹦鹉》

（1）下面哪句诗是"只为从前解言语"的后一句？（　）

A. 幽禽兀自啭佳音。

B. 玉立雕笼万里心。

C. 不为今后不得言。

D. 半生不得在山林。

（2）为"幽禽"选择正确的解释。（　）

A. 安静的鸟。

B. 住在山谷里的鸟。

C. 鸡。

D. 鹦鹉。

5.《玄鸟（节选）》

（1）判断：《玄鸟》选自《诗经》。（　）

（2）为"商"选择正确的解释。（　）

A. 商朝。

B. 商人。

C. 经商。

D. 商的始祖契。

6.《翠鸟移巢》

（1）为"下巢"选择正确的解释。（　）

A. 从巢里下来。

B. 把窝做低。

C. 把窝拿下来。

D. 到巢的下边去。

（2）判断：此文写的是鸟，实则讽喻了人。（　）

二 诗韵飘香

1.《飞鸟集（节选）》

（1）《飞鸟集》的作者是＿＿（国家）的＿＿。（　）

A. 印度

B. 中国

C. 郑振铎

D. 泰戈尔

（2）"如果你因失去了太阳而流泪，那么你也将失去群星了。"这句话告诉我们什么道理？（　）

A. 生活中越在乎失去，失去的就越多。

B. 要用乐观的态度看待失去的东西。

C. 不在乎失去，就会失去更多。

D. 我们要把握机遇，不轻易失去。

2.《睡吧，小小的人》

（1）诗中"稳稳地笼罩着你"的事物，不包括下面哪一项？（　）

A. 夜的光

B. 花的香

C. 母的爱

D. 我的情

（2）"他张开慈爱的两臂"中的"他"指的是什么？（　）

A. 父亲

B. 母亲

C. 上天

D. 大地

3.《绿叶》

（1）作者认为谁是绿叶永恒的保姆？（　）

A. 树枝

B. 细雨

C. 风

D. 森林

（2）作者想要借助此诗赞美绿叶怎样的特点？（　）

A. 顽强生长

B. 热爱自然

C. 开朗

D. 乐观

4.《秋色——芝加哥洁阁森公园里》

（1）是谁在叶间爬出爬进？（　）

A. 枫叶

B. 燕子

C. 熊

D. 松鼠

（2）判断：诗人展开丰富的联想，运用恰切的比喻，把秋天的景物描写得生动形象。（　）

5.《稠李树》

（1）请给"璀璨"选择正确的读音。

( )

A. cuǐ càn

B. chuǐ càn

C. cuǐ chàn

D. cuǐ càn

（2）结合全诗内容，想一想，"为她深情地歌唱"这一句中是谁在为稠李树唱歌？（ ）

A. 太阳

B. 小溪

C. 小鸟

D. 风

6.《古松》

（1）文章中说"松鼠"的尾巴像什么？

（ ）

A. 毛球

B. 雨伞

C. 剪刀

D. 狗尾草

（2）整首诗中诗人想要赞美古松的什么精神？（ ）

A. 舍己为人、乐于助人

B. 坚强不屈、默默奉献

C. 大公无私、德高望重

D. 大义凛然、鞠躬尽瘁

7.《雨景》

（1）判断：全诗既描写了雨景，又寄寓了诗人的感情。（ ）

（2）首句"我心爱的雨景也多着呀"

在全诗中起什么作用？（ ）

A. 点明主旨

B. 概括总结

C. 提出观点

D. 引出下文

8.《寻梦者》

（1）梦会开出什么样的花来？（ ）

A. 娇妍

B. 鲜红

C. 金色的

D. 桃色的

（2）"金色的贝"藏在哪里？（ ）

A. 天上的云雨里

B. 青色的大海里

C. 海上的风涛里

D. 九年的冰山里

9.《树的感觉》

（1）下面哪个词语不是"抚慰"的近义词。（ ）

A. 安抚

B. 安慰

C. 斥责

D. 劝慰

（2）文中的树先后经历了____、____、____这样几个过程，感受到了做树的美好。（ ）

A. 一粒种子

B. 一棵树

C. 小树苗

D. 死亡

10.《海风的颜色》

（1）诗歌题目"海风的颜色"在全诗中起到了什么作用？（　）

A. 表达情感

B. 点明中心

C. 吸引读者

D. 设置悬念

（2）结合诗歌内容想一想，海风是什么颜色的？（　）

A. 白色

B. 人们心情的颜色

C. 五颜六色

D. 透明的，没有颜色

11.《小草》

（1）春天来了，苏醒了的小草有什么样的变化？（　）

A. 长大了

B. 粗壮了

C. 变绿了

D. 枯萎了

（2）诗人通过对小草的描写，抒发了什么样的感情？（　）

A. 怀念冬天

B. 厌恶冬天

C. 对小草的敬佩

D. 向往春天，热爱大自然

12.《这是一个坏天气……》

（1）"微光闪闪"中的"微光"是什么发出的光？（　）

A. 路灯

B. 星光

C. 妈妈的小灯

D. 手电

（2）"金黄的卷发波浪一般冲荡着甜美的面庞"，这是对女孩的什么描写？（　）

A. 神态描写

B. 外貌描写

C. 动作描写

D. 比喻

13.《水仙》

（1）诗歌中作者把水仙想象成了什么？（　）

A. 女子

B. 仙子

C. 儿童

D. 仙女

（2）诗人展开想象，把水仙花当作"女子"来写，表现出了诗人对水仙花怎样的情感？（　）

A. 喜爱与赞美之情

B. 敬佩之情

C. 难忘之情

D. 怀念之情

14.《小花的信念》

（1）"它们相信"中的"它们"指谁？（　）

A. 小花

B. 石块

C. 石子路

D. 阳光

（2）选出不属于"小花的信念"的一项。

（　　）

A. 石块也会发芽。

B. 石块会在阳光和树影间。

C. 石块会粗糙地微笑。

D. 石块会露出善良的牙齿。

15.《蒲公英》

（1）"太阳真阔气，大把的金币撒满一草地"中的"金币"指什么？（　　）

A. 金币

B. 蒲公英黄色的花

C. 蝴蝶

D. 小朋友

（2）"咱们家"是指谁家？（　　）

A. 读者的家

B. 蒲公英的家

C. 太阳的家

D. 作者的家

16.《咏水仙》

（1）判断：题目中的"咏"是赞美、歌咏的意思。（　　）

（2）诗歌最后一节中"这景象便在脑海中闪现"，"这景象"指什么？（　　）

A."万花摇首"跳舞的欢欣景象

B. 水仙花向前伸展的景象

C. 水仙花遍地盛开的景象

D. 一大片的水仙花

17.《繁星（节选）》

（1）"繁星闪烁着……"在这一节诗歌中，作者依次用了词语____、____、____将星星当作人来描写。（　　）

A. 对语

B. 沉默

C. 颂赞

D. 闪烁

（2）"泪泉""血雨"这些词表示什么含义？（　　）

A. 受伤了

B. 激烈的斗争

C. 哭泣

D. 辛苦的付出

18.《春水（节选）》

（1）判断：《春水》的作者是冰心。（　　）

（2）"柳花飞时，燕子来了……"一节表达了作者什么情感？（　　）

A. 对迷人景色的赞美。

B. 对时光流逝的感慨。

C. 对春天的喜爱。

D. 对燕子和芦花洁白的赞美。

19.《夜》

（1）诗歌中反复出现的是下列哪一句话？（　　）

A. 河水悄悄流入梦乡了。

B. 溪水轻轻地歌唱。

C. 夜来了，寂静笼盖周围。

D. 闪着银色光芒。

（2）"夜来了"，下列选项中哪一项与夜的氛围不符合？（　）

A. 松林失去喧响。

B. 夜莺沉寂了。

C. 长脚秧鸡不住地欢唱。

D. 四周寂静，只听得溪水歌唱。

20.《我热爱秋天的风光》

（1）诗歌中反复出现的是哪一句话？
（　）

A. 我热爱秋天的风光。

B. 我仰望秋天。

C. 我静静沐浴。

D. 秋天像一条深沉的河流在歌唱。

（2）作者把"秋天"想象成了什么？
（　）

A. 安静的河流

B. 唱歌的小女孩

C. 唱歌的河流

D. 快乐的河流

21.《夜步十里松原》

（1）"高擎着他们的手儿"，其中"他们的手儿"指什么？（　）

A. 人的手

B. 树枝

C. 作者的手

D. 观景人的手

（2）整首诗歌形象地写出了夜晚十里

松原的____之美（　）。

A. 寂静

B. 寂寞

C. 幽暗

D. 恐怖

22.《再别康桥》

（1）"作别"是什么意思？（　）

A. 告别

B. 打招呼

C. 挥手

D. 问好

（2）全诗表达了诗人再别康桥时什么样的心情？（　）

A. 喜爱、赞美

B. 向往

C. 依依不舍

D. 怀念

23.《假如生活欺骗了你》

（1）本文作者是____国____。（　）

A. 俄

B. 普希金

C. 苏联

D. 叶赛宁

（2）对这首诗的理解，下面不正确的是哪一项？（　）

A. 这是一首哲理抒情诗。

B. 诗人鼓励我们要正确对待失意与挫折。

C. 诗歌告诉我们要敢于同挫折作斗争。

D. 诗歌引导我们用乐观的态度面对生

活、面对挑战。

24.《雨后》

（1）诗中哪一节是全诗的总写？（ ）

A. 第一节

B. 第二节

C. 第三节

D. 第四节

（2）判断："小哥哥摔倒后非常生气。"这种说法正确吗？（ ）

三 动物朋友

1.《猫婆（节选）》

（1）作者最开始对猫的态度如何？（ ）

A. 喜欢

B. 憎恨

C. 珍惜

D. 讨厌

（2）文章结尾处的"视猫如命"与开头的"我挺讨厌猫的"形成了巨大反差，突出了作者对猫的喜爱，是什么让作者改变了对猫的态度？（ ）

A. 小猫的可爱，让人心生疼惜之情。

B. 小猫软乎乎的。

C. 小猫活泼，喜欢四处乱跑。

D. 小猫可以抓老鼠。

2.《白猫王子七岁（节选）》

（1）"如今情况不同了。"这一句在文中起到了什么作用？（ ）

A. 总结作用

B. 点明中心

C. 抒发情感

D. 引出下文

（2）"难道是有什么心事不成？"这一反问句，表现出作者对白猫王子的什么感情？（ ）

A. 无奈与厌烦

B. 厌恶与憎恨

C. 关爱与在乎

D. 喜爱与怀念

3.《小动物们（节选）》

（1）文章描述的是哪一种小动物？（ ）

A. 猫

B. 狗

C. 鸽子

D. 小鸡

（2）作者依次从____、____、____、____等几个方面介绍鸽子的特点。（ ）

A. 羽毛

B. 头

C. 嘴

D. 眼

4.《大雁》

（1）大雁的家乡在哪里？（ ）

A. 北方

B. 南方

C. 东方

D. 西方

（2）判断：大雁筑巢、产卵、喂养小

雁等活动都是在南方进行的。（ ）

5.《狮子（节选）》

（1）"它拍击地面，它晃动鬃毛，扭动脸部皮肤……"，这是对狮子的什么描写？（ ）

A. 语言描写

B. 神态描写

C. 心理描写

D. 动作描写

（2）作者用大象、河马、骆驼等动物与狮子进行对比，突出狮子身姿的什么特点？（ ）

A. 过大

B. 矮壮

C. 匀称、健美

D. 不成比例

6.《蜗牛》

（1）蜗牛喜欢什么样的土地？（ ）

A. 干燥、坚实、松软

B. 潮湿、松软、肥沃

C. 坚实、肥沃、湿润

D. 干燥、松软、肥沃

（2）"任你把我踢到什么地方，我有把握在命运放逐我的土地上重新站立起来……这最普通的食粮。"这句话说明了蜗牛的什么品质？（ ）

A. 随遇而安

B. 顽强不屈

C. 不争不抢

D. 甘于奉献

7.《老猫（节选）》

（1）"我"的猫为什么叫"虎子"？（ ）

A. 身上有虎皮斑纹，虎虎有生气。

B. 经常被打扮得像小老虎。

C. 它是虎年出生的。

D. 小猫的叫声像老虎。

（2）"除了暴烈咬人以外，它还有另外一面，这就是温柔敦厚的一面"，这句话在文中起到什么作用？（ ）

A. 点明主旨

B. 抒发感情

C. 承上启下

D. 设置悬念

8.《鸽子》

（1）那像"白手帕""小雪球"的东西是什么？（ ）

A. 鸽子

B. 雪球

C. 手帕

D. 云彩

（2）为什么结尾作者说"望着它们，我心里也挺高兴……"？（ ）

A. 看到鸽子能和同伴在一起，平安躲过这场暴风雨，心里为它们高兴。

B. 因为雨过天晴，彩虹即将出现。

C. 因为鸽子很可爱，很招人喜欢。

D. 因为家里太温暖了，让人心情愉悦。

9.《蝌蚪（节选）》

（1）请选出"踌躇"的正确读音。（　）

A. chí chú

B. chóu chú

C. shòu chú

D. zhí zhú

（2）蝌蚪居住的地点由洋瓷面盆转移到池塘了，体现了什么？（　）

A. 体现了作者和小朋友对蝌蚪的喜爱，既希望它们回到原生环境自由成长，又舍不得与它们分开。

B. 体现了作者和小朋友对蝌蚪的厌恶、漠不关心。

C. 体现了小蝌蚪生命力的顽强，不惧困难，迎难而上。

D. 体现了作者的童真和幼稚。

10.《刘家猫园（节选）》

（1）与"我"打招呼的是谁？（　）

A. 布偶猫

B. 白猫

C. 暹罗猫

D. 加菲猫

（2）判断："爷爷猫"和"孙子猫"给作者一家带来的欢乐是让人无法忘怀的。（　）

11.《田野里的蜜蜂》

（1）蜂王在什么时候繁殖？（　）

A. 三月

B. 二月

C. 四月

D. 五月

（2）文章处处可见作者对蜜蜂的什么感情？（　）

A. 愧疚不安

B. 憎恶

C. 喜爱、赞美

D. 厌烦

12.《巩乃斯的马（节选）》

（1）"我"在什么情景下见到了马群？（　）

A. 下雨前

B. 雨后

C. 暴雨冲打下

D. 暴风时

（2）从"这无可替代的伟大的马群，这古战场的再现"这句话中我们可以体会到什么？（　）

A. 巩乃斯草原夏日迅猛的暴雨让人害怕。

B. 马群气势吓人，令人望而生畏。

C. 暴雨打击下的马群气势磅礴，令人震撼，有的像尖兵，有的像临危不惧的大将，让人感觉仿佛回到了古战场。

D. 牧人管不住马群，令人害怕，感觉像是回到了古战场一样。

13.《一只惊天动地的虫子（节选）》

（1）"它这一停，仿佛是一个指挥着千军万马的将军在酝酿着什么重大决策。"其中"仿佛"不可以换成什么词？
（　　）

A．例如

B．好像

C．如同

D．犹如

（2)作者笔下的虫子有着怎样的品格？
（　　）

A．一丝不苟

B．认真

C．顽强

D．懦弱

14.《绿毛龟》

（1）"四大奇龟"不包括哪种龟？（　　）

A．白玉龟

B．巴西龟

C．蛇形龟

D．绿毛龟

（2）下面哪个句子是对绿毛龟的外形描写？（　　）

A．如绿豆般的眼

B．闪电般缩进硬壳

C．头颅从绿毛里伸出来

D．触手濡湿

15.《狼王的复仇（节选）》

（1）狼王的儿子是怎么死的？（　　）

A．摔死的

B．被黑熊咬死的

C．被日本兵打死的

D．战死的

（2）从第6自然段的细节描写中，你体会到了狼王和秃毛怎样的心情？选出不正确的一项。（　　）

A．悲伤

B．愤怒

C．仇恨

D．惊慌

16.《香歌的故事（节选）》

（1）判断：文中香歌和妈妈的对话是在提醒人类应该善待动物、保护动物。
（　　）

（2）"摇篮里，住着许许多多可爱的精灵。"这里的"精灵"指的是什么？
（　　）

A．鱼

B．鸟

C．鲸

D．泛指各种生物

四　整本书阅读

《一匹叫淖尔的枣红马》

（1）此书的作者是_____，书中选入了他发表的_____篇短篇小说。（　　）

A．沈石溪

B．毛云尔

C．12

D．20

（2）文中哪些事例让你体会到了"我"

对大兵的深厚情谊？选出不恰当的一项。（　　）

A. 大兵不见，苦苦寻找。

B. 因父亲要用大兵招待表哥而怒打表哥。

C. 为救大兵寻山地草场。

D. 跟大兵一起玩耍。

参考答案

一、经典诵读

1.《咏蚕》
（1）BC

（2）B 解析："灯下缫丝恨更长"意思是深夜里剥茧缫丝，心中的恨意比丝长，足见恨意之深。

2.《鹭鸶》
（1）BD

（2）错

3.《北陂杏花》
（1）C

（2）对 解析：本诗前两句写的是景，后两句诗人借景抒情，表达自己的政治理想与高尚情操。

4.《鹦鹉》
（1）D

（2）D

5.《玄鸟（节选）》
（1）对

（2）D 解析：本诗中的"商"指的是商的始祖契。注释中有提示。

6.《翠鸟移巢》
（1）B

（2）对 解析：翠鸟为了保护自己的孩子，一味地把窝往下挪，却忽视了"被人掏走"的隐患。讽喻了父母对子女溺爱、娇惯，到头来是害了他们。

二、诗韵飘香

1.《飞鸟集（节选）》
（1）AD

（2）B 解析：这句富含哲理的诗，告诉我们要用乐观的态度看待失去的东西。（读文章时要关注旁边的批注。）

2.《睡吧，小小的人》
（1）D

（2）C 解析：上一句中提到"睡在上天的怀里"，所以，下一句中的"他"指的是上天。

3.《绿叶》
（1）C

（2）A 解析：最后一句"生命，哪怕是细小到一片叶子，也在顽强地展示着自己的力"，表达了作者对绿叶顽强生命力的赞美。

4.《秋色——芝加哥洁阁森公园里》
（1）D

（2）对 解析：比如诗歌第一节就运用了比喻。

5.《稠李树》
（1）D

（2）B 解析：在这一节诗中，主语是"小溪"，即"小溪扬起碎玉的浪花……

为她深情地歌唱"。

6.《古松》

（1）D

（2）B　解析：从"微笑""屹立"等词可以看出古松的坚强不屈；从"庇护""关心"等词可以感受到古松的奉献精神。

7.《雨景》

（1）对

（2）D

8.《寻梦者》

（1）A

（2）B

9.《树的感觉》

（1）C

（2）ACB

10.《海风的颜色》

（1）B

（2）B　解析：诗歌最后一小节中提到海风说："人们的心情是什么颜色，我就是什么颜色的！"根据这句诗可知。

11.《小草》

（1）C

（2）D　解析：诗人通过对小草的描写，抒发了他对春天的向往和对大自然的热爱之情。

12.《这是一个坏天气……》

（1）C

（2）B

13.《水仙》

（1）A

（2）A　解析：作者赋予水仙如此动人的"女子"形象是为了表达对水仙的喜爱之情。

14.《小花的信念》

（1）A

（2）B　解析：由"它们相信，最后，石块也会发芽，也会粗糙地微笑，在阳光和树影间露出善良的牙齿"一句可知，B选项只是石块"露出善良的牙齿"的背景。

15.《蒲公英》

（1）B

（2）D

16.《咏水仙》

（1）对　解析："咏"表示歌咏的意思，代表一类文学体裁。

（2）A

17.《繁星（节选）》

（1）ABC

（2）D　解析："泪泉""血雨"都是"成功的花"盛开的条件。因此它们代表着成功背后付出的努力。

18.《春水（节选）》

（1）对

（2）B

19.《夜》

（1）C

（2）C

20.《我热爱秋天的风光》

（1）D

（2）C

21.《夜步十里松原》

（1）B

（2）A　解析：诗人通过视觉、听觉感受到夜晚十里松原的寂静之美。此外，还写了太空、明星等景象，更衬托了松原的沉静、深邃之美。

22.《再别康桥》

（1）A

（2）C　解析：此诗是徐志摩著名的诗篇之一，抒写了诗人故地重游，再别康桥时依依不舍的情感体验。

23.《假如生活欺骗了你》

（1）AB

（2）C　解析：诗歌中没有体现同挫折作斗争的内容。

24.《雨后》

（1）A

（2）错　解析：从后文的"欢喜""兴奋和骄傲"可看出小哥哥并不生气。

三、动物朋友

1.《猫婆（节选）》

（1）D

（2）A　解析：文章结尾处的"视猫如命"与开头的"我挺讨厌猫的"形成了巨大反差，最初是小猫的可爱吸引了作者，在后面的相处中他对小猫越发地怜爱，对猫的态度也发生了彻底转变。

2.《白猫王子七岁（节选）》

（1）D

（2）C　解析：文中将白猫王子当作人进行描写，一句"难道是有什么心事不成？"表露了作者对白猫王子的在乎和关爱，通读全文我们也能感受到这一点。

3.《小动物们（节选）》

（1）C

（2）BDCA

4.《大雁》

（1）A

（2）错　解析：第3自然段开头"到了春深时节，它们的家乡渐渐暖和起来"一句可知，本段中大雁所进行的大部分活动都是在北方发生的。

5.《狮子（节选）》

（1）D

（2）C

6.《蜗牛》

（1）C

（2）B

7.《老猫（节选）》

（1）A

（2）C

8.《鸽子》

（1）A

（2）A 解析：通读全文，可以知道作者是为了鸽子而高兴，被鸽子的情谊所触动。

9.《蝌蚪（节选）》

（1）B

（2）A 解析：结合上下文可知，小蝌蚪生存环境的改变是因为作者和小朋友对蝌蚪的喜爱与不舍，希望给它们创造一个舒适自然的生存环境。

10.《刘家猫园（节选）》

（1）C

（2）对

11.《田野里的蜜蜂》

（1）D

（2）C 解析：从文中作者对蜜蜂的描写以及运用的修饰性词句不难看出作者对蜜蜂的喜爱和赞美。

12.《巩乃斯的马（节选）》

（1）C

（2）C

13.《一只惊天动地的虫子（节选）》

（1）A

（2）C 解析：文中将这小虫子比作伟大的战士，并说它是一个身子小小却背负着伟大梦想的英雄。

14.《绿毛龟》

（1）B

（2）A

15.《狼王的复仇（节选）》

（1）C

（2）D 解析：第6自然段的动作描写突出了狼王和秃毛悲伤、愤怒的心情，恨意明显，并无一点惊慌的体现。

16.《香歌的故事（节选）》

（1）对

（2）D 解析：文中第2自然段介绍这些精灵有的大，有的小，有的美，有的丑……各种各样，由此我们可以判断，这里指的应该是各种生物，而不是单纯的某一种。

四、整本书阅读

《一匹叫淖尔的枣红马》

（1）BC

（2）D 解析：文中没有写"我"和大兵一起玩耍的情节。

探索与发现 ③

一 经典诵读

1.《宿甘露寺僧舍》

（1）将诗句补充完整："要看银山____，开窗放入____。"（　）

A. 拍金浪

B. 拍天浪

C. 大江来

D. 大江去

（2）朗读这首诗应该用什么样的语气？（　）

A. 哀怨、悲伤的语气

B. 轻快、明丽的语气

C. 高昂、豪放的语气

D. 沉郁、悲壮的语气

2.《十七日观潮》

（1）将诗句补充完整："晴天摇动____底，晚日浮沉____中。"（　）

A. 清江

B. 轻江

C. 急浪

D. 疾浪

（2）判断：这首诗描写的是农历八月十七日观钱塘江大潮时的壮观景象。（　）

3.《江上》

（1）诗句中"沙鸥拍拍飞"的意思是

什么？（　）

A. 拍拍手掌，惊飞岸边的沙鸥。

B. 沙鸥飞起，发出拍拍的声音。

C. 沙鸥挥动翅膀飞翔的样子。

D. 沙鸥比翼齐飞的样子。

（2）对于本诗的理解，正确的是哪一项？（　）

A. 诗句描写了明月当空，渔人划着小船，打鱼归来的情景。

B. 诗句描写了月明之夜，有人划着小船穿过芦花的情景。

C. 第一句是动态描写，写出了夜归人划船归来的急切心情。

D. 第二句是静态描写，写出江畔人家的清幽与静谧。

4.《大河赋（节选）》

（1）以下哪一处景物不是本诗中出现的？（　）

A. 黄河

B. 昆仑

C. 积石

D. 长江

（2）对于本诗的理解，不正确的是哪一项？（　）

A. 游览了百川的宏伟壮丽，没有什么河流比黄河更美。

B. 黄河在极为陡峭的昆仑山下形成潜

流，是一条壮阔雄浑的大河。

C. 大大小小的石头堆积在一起，湍急的黄河从积石中流出。

D. 诗句豪迈充盈，境界宏大，表达出作者对自然的崇尚，对山川的钟情。

5.《前赤壁赋（节选）》

（1）这首诗的作者是____代____。（　　）

A. 唐

B. 宋

C. 苏轼

D. 杜牧

（2）对于诗歌的理解，不正确的是哪一项？（　　）

A. 在皎洁的月光的照耀下，雾气笼罩着江面，天光、水色连成一片，正所谓"秋水共长天一色"。

B. 听任苇叶般的小船在茫茫万顷的江面上自由漂动，多么辽阔呀！

C. 大江非常浩渺，犹如漂浮在广阔的宇宙中。

D. 写出人在浩渺宇宙间茫茫然，孤苦无依的感受。

二 一步一景一世界

1.《日出（节选）》

（1）作者是在哪里看到了最雄伟、最瑰丽的日出景象？（　　）

A. 高山之巅

B. 大海之滨

C. 万仞高空

D. 广袤草原

（2）请将下列选项按日出的先后顺序排序____、____、____、____。（　　）

A. 红带慢慢扩大，像一片红云，一片红海了。

B. 一线微明如同一条狭窄的暗红色长带。

C. 墨蓝色云霞里矗起一道细细的抛物线。

D. 它晶光耀眼，火一般鲜红，火一般强烈。

2.《松堂游记》

（1）本文是按照什么顺序写的？（　　）

A. 时间顺序

B. 空间顺序

C. 事情发展顺序

D. 游览顺序

（2）对于这篇游记理解不正确的是哪一项？（　　）

A. 本文采用了时空交错的构思技巧，使得整个文章脉络清晰，布局井然。

B. "堂后一座假山，石头并不好，堆叠得还不算傻瓜"中的"傻瓜"，说的是假山的建造者头脑比较灵活，不怎么傻。

C. 文中写松堂高大，作者不直说，却说自己小，用的是衬托的手法。

D. "云越来越厚，由它吧，懒得去管了。"

这句话从另一个角度写了秋夜之美，表达了作者想看月亮又看不着的无可奈何的心情。

3.《苏州漫步（节选）》

（1）全文是按照什么顺序进行描写的？（　）

A. 时间顺序

B. 空间顺序

C. 事情发展顺序

D. 游览顺序

（2）第2自然段留园中部的景物是重点描写的内容，作者依次从____、____、____三个方位，描写了观察到的不同景物。（　）

A. 东

B. 南

C. 前

D. 后

4.《天然湖与果子沟》

（1）天然湖与果子沟在哪儿？（　）

A. 新疆天山

B. 山东泰山

C. 云南大理

D. 四川盆地

（2）判断：作者按照春、夏、秋、冬的顺序写出了果子沟的独特风景。（　）

5.《三亚落日》

（1）本文按照什么顺序描写了三亚落日的美景？（　）

A. 时间顺序

B. 空间顺序

C. 事情发展顺序

D. 游览顺序

（2）文章的第4自然段主要写了什么？（　）

A. 大海在日落时的光彩。

B. 落日轻快迅速地沉入水中。

C. 落日慢慢下沉的变化。

D. 落日染红了海与天。

6.《美洲之夜》

（1）选出与其他短语结构不一致的一项。（　）

A. 馥郁的微风

B. 淡蓝的月光

C. 孤独的星辰

D. 美洲之夜

（2）第3自然段描写地上美景时，作者抓住了哪些事物来具体描绘？它们依次是____、____、____、____。（　）

A. 月光

B. 小河

C. 白桦树

D. 草原

7.《观莲拙政园》

（1）哪一座园林不是中国四大名园之一？（　）

A. 北京颐和园

B. 河北承德避暑山庄

C. 江苏苏州留园

D. 江苏扬州个园

（2）文章是按什么顺序写的？（　　）

A. 时间顺序

B. 空间顺序

C. 事情发展顺序

D. 逻辑顺序

8.《五彩池》

（1）下列句子中与"你能不为这无比奇美的景致啧啧叫绝吗？"意思不同的是哪一句？（　　）

A. 你不能不为这无比奇美的景致啧啧叫绝。

B. 你为这无比奇美的景致啧啧叫绝。

C. 你不能为这无比奇美的景致叫绝。

D. 你怎能不为这无比奇美的景致叫绝。

（2）第 4 自然段中"五彩池之所以令人特别赞叹，还在于她那奇妙的地理位置"这句话的作用是什么？（　　）

A. 总结全文

B. 承上启下

C. 点明中心

D. 引出下文

9.《山阴道上》

（1）作者在山阴道上依次看到了哪些美景？（　　）

A. 山冈

B. 河水

C. 白云

D. 落日

（2）第 1 自然段作者的游览顺序特别清晰，请你来排排序。（　　）

A. 瞭望野景

B. 来到路亭里

C. 穿过路亭

D. 停步石桥

10.《我爱生趣园》

（1）这篇习作是按什么顺序写的？（　　）

A. 时间顺序

B. 空间顺序

C. 游览顺序

D. 事情发展顺序

（2）请按作者游览的顺序给下列的景物排排序。（　　）

A. 小树林

B. 小桥

C. 水池

D. 小瀑布

三 少年啊，少年

1.《匡衡勤学》

（1）下列词语翻译有误的是哪一项？（　　）

A. 不逮：抓不住。

B. 邑人：同乡。

C. 遂：终于。

D. 大姓：有名望的家族。

（2）下列选项中，对文章的理解分析

有误的是哪一项？（　　）

A. 匡衡凿穿与邻居家的墙壁，是因为家庭贫穷，夜晚没有烛光读书。凿穿墙壁，光照过来，就能让自己继续读书了。

B. 本文主要讲了匡衡凿壁借光、做工不要工钱而求借书读两件事。

C. 匡衡凿壁借光，主动创造条件来学习，他勤奋好学的精神值得我们学习。

D. 我们要学习匡衡凿壁借光的行为，勤奋努力学习。

2.《怀素写字》

（1）怀素是_____代的书法家。（　　）

A. 唐

B. 宋

C. 元

D. 明

（2）判断：怀素写字的秘诀在于他有不怕吃苦、勤学苦练的精神。（　　）

3.《小英雄雨来（节选）》

（1）鬼子逼迫雨来带路，雨来把鬼子带到了哪里？（　　）

A. 埋伏圈

B. 地雷阵

C. 村子里

D. 地道里

（2）文章给三个部分起了小标题，后两个小标题的拟定采用了哪种方法？（　　）

A. 按时间顺序拟小标题。

B. 按地点转换的顺序拟小标题。

C. 引用原文中的词语或短句做小标题。

D. 概括各部分主要内容拟小标题。

4.《小侦察员》

（1）本文介绍的小英雄是谁？（　　）

A. 王二小

B. 信子

C. 一耕

D. 挑子

（2）根据文章内容，请将小标题重新排序。（　　）

A. 打探情报

B. 痛恨鬼子

C. 给鬼子下药

D. 弄清许多敌情

5.《我们家的男子汉（节选）》

（1）小男子汉对父亲的崇拜体现在哪儿？（　　）

A. 爸爸特别高大。

B. 爸爸会做所有的事。

C. 爸爸会教育别人。

D. 爸爸会做好吃的饭。

（2）"他对父亲的崇拜"这一部分中，他突然低下了脑袋的原因是什么？（　　）

A. 被"我"训骂了。

B. 意识到自己做了错事。

C. 意识到爸爸不在自己身边，想爸爸了。

D. 不想理"我"。

6.《铜号和一张脸》

（1）文章的主人公是____，他对铜号的态度是____。（　　）

A. 小挑子

B. 小嘎子

C. 他喜欢号，走到哪里都带着号

D. 他觉得号就是自己，号音就是他的脸

（2）文章结尾处，小挑子有了新号，他不用的原因是什么？（　　）

A. 因为他不喜欢那个新号。

B. 因为他已经能把旧号吹得不走音了，旧号里倾注着他的汗水和心血。

C. 因为他还没有学会新铜号的吹法。

D. 因为新的铜号他用得不习惯。

7.《迷路》

（1）雪弟并没有被阿爹"吃生活"，"吃生活"在文中指什么？（　　）

A. 维持生活。

B. 带孩子出去玩耍。

C. 父母打小孩。

D. 回家吃饭。

（2）按照文章故事的发展为下面的小标题排排序。（　　）

A. 遇到好心人

B. 雪弟迷路了

C. 雪弟回家

D. 阿爹找到雪弟

8.《无法道歉》

（1）第 10 自然段中"擦""偷偷瞧"

表现出小弟弟的什么心理？（　　）

A. 着急

B. 恐惧

C. 心虚

D. 紧张

（2）用下面的哪一个短语作为文章结尾部分的小标题最合适？（　　）

A. 人赃俱获

B. 大获全胜

C. 真相大白

D. 永远的遗憾

9.《我的朋友容容（节选）》

（1）第一部分中容容的蟋蟀为什么不唱歌？（　　）

A. 因为它们都是"三枪"。

B. 因为它们没吃饱。

C. 因为它们都受伤了。

D. 因为它们都是雄性。

（2）第二部分"金铃子的故事"还可以换成什么小标题？（　　）

A. 饲养昆虫

B. 珍贵的礼物

C. 容容念书

D. 蟋蟀的故事

10.《曹迪民先生的故事》

（1）曹迪民先生长大了想干什么？（　　）

A. 当剃头师傅

B. 当老师

C. 当警察

D. 当搓澡师傅

（2）文章写了关于曹迪民先生的四件事，请按顺序进行排列。（　　）

A. 怕狗

B. 曹迪民先生的理想

C. 立志要好好读书

D. 在课堂上小便

11.《两个小孩子》

（1）作者通过对姐弟俩哪一处的细致描写，写出了两个小孩子的灵气可爱？

（　　）

A. 眼睛

B. 鼻子

C. 嘴巴

D. 头发

（2）对文章理解错误的是哪一项？（　　）

A. 姐弟俩是普通劳动者的孩子，过着幸福的生活。

B. 姐弟俩活泼可爱，给作者的生活带

来了欢乐。

C. 姐弟俩小小年纪就非常懂事，让作者非常感动。

D. 作者从秋红身上看到了祖国光辉灿烂的未来，并为之欣喜。

四 整本书阅读

《老人与海》

（1）判断：选文中作者运用了语言、动作及心理描写刻画了老人面对困难时，不退缩、不放弃、有自信、不服输的精神。（　　）

（2）老人最后凭借什么战胜了大马林鱼？（　　）

A. 坚强的体魄

B. 顽强的意志

C. 时间上的拖延

D. 其他人的帮助

参考答案

一、经典诵读

1.《宿甘露寺僧舍》

（1）BC

（2）C 解析：云雾弥漫在枕边，山峰环绕在身旁，大风席卷松林之声，山谷哀鸣之声好像从床底袭来……从这首诗的释义看，朗读时应该用高昂、豪放的语气。

2.《十七日观潮》

（1）AC

（2）错 解析：这首诗的题目是"十七日观潮"，描写的是农历八月十七日观看钱塘江大潮时的景象。

3.《江上》

（1）C

（2）B 解析：诗中描写的是月明之夜，有人划着小船穿过芦花的情景，第一句是静态描写，第二句是动态描写。

4.《大河赋（节选）》

（1）D

（2）C 解析：诗中的"积石"是山名，指山势高峻的积石山，C选项对于"积石"的解读是错误的。

5.《前赤壁赋（节选）》

（1）BC

（2）D 解析：诗中充满豪气和乐观，并没有孤苦无依的感受。

二、一步一景一世界

1.《日出（节选）》

（1）C

（2）BACD

2.《松堂游记》

（1）D

（2）B 解析："堂后一座假山，石头并不好，堆叠得还不算傻瓜"中的"傻瓜"，说的是假山的建造者心思巧妙，堆叠得别具一格，灵巧而不呆板。

3.《苏州漫步（节选）》

（1）D

（2）ABC

4.《天然湖与果子沟》

（1）A

（2）错 解析：文中只描写了果子沟的春天和秋天，并没有写夏天和冬天。

5.《三亚落日》

（1）A

（2）C

6.《美洲之夜》

（1）D

（2）ABDC

7.《观莲拙政园》

（1）D

（2）B

8.《五彩池》

（1）C

（2）B

9.《山阴道上》

（1）BACD

（2）BCDA

10.《我爱生趣园》

（1）C

（2）ABCD

三、少年啊，少年

1.《匡衡勤学》

（1）A

（2）D　解析：我们要学习凿壁借光的精神，而不是学习匡衡的这种行为。

2.《怀素写字》

（1）A

（2）对

3.《小英雄雨来（节选）》

（1）B

（2）C

4.《小侦察员》

（1）B

（2）BADC

5.《我们家的男子汉（节选）》

（1）B

（2）C

6.《铜号和一张脸》

（1）AD

（2）B　解析：小挑子为了吹好那把旧号，每天都去林子里练气，把喉咙都练肿了。在他的执着勤奋下，终于能把旧号吹得不走调了，这把旧号倾注着他所付出的汗水和心血。

7.《迷路》

（1）C

（2）BADC　解析：文章最开始是写雪弟迷路了，接着迷路的雪弟遇到了一位好心的老人，老人带雪弟来到了苏州河，在这里小伙伴们发现了雪弟，阿爹也找到了雪弟，最后雪弟回家了。

8.《无法道歉》

（1）C

（2）D　解析：真相大白后，"我"想方设法去找小贩道歉，最终却没有实现。所以这里用"永远的遗憾"作为小标题最为合适。

9.《我的朋友容容（节选）》

（1）A

（2）B

10.《曹迪民先生的故事》

（1）A

（2）BDAC　解析：作者回忆了与曹迪民先生打电话时了解到的四件小事，按顺序分别是："曹迪民先生的理想""在课堂上小便""害怕狗"和"立志要好好读书"。

11.《两个小孩子》

（1）A

（2）C 解析：文中并没有关于姐弟俩懂事的描述，所以C选项是错的。

四、整本书阅读

《老人与海》

（1）对

（2）B 解析：老人与大马林鱼进行了几天的较量，最终用他的勇敢与顽强战胜了大马林鱼。

探索与发现 ❹

一 经典诵读

1.《题弟侄书堂（节选）》

（1）这首诗的作者是唐代的哪一位诗人？（　　）

A. 杜牧

B. 杜荀鹤

C. 杜甫

D. 杜光庭

（2）本诗中与"莫等闲，白了少年头，空悲切"有异曲同工之妙的是哪一句？（　　）

A. 少壮不努力，老大徒伤悲。

B. 黑发不知勤学早，白首方悔读书迟。

C. 少年辛苦终身事，莫向光阴惰寸功。

D. 窗竹影摇书案上，野泉声入砚池中。

2.《紫薇花》

（1）诗中"艳阳人"指的是什么？（　　）

A. 红色的太阳。

B. 晴朗的天。

C. 在艳阳春天里开的花。

D. 穿着鲜艳衣服的人。

（2）判断："不占园中最上春"赞扬了紫薇花不与园中诸芳争艳的谦逊品质，展现出紫薇花高贵不凡的气质与淡雅的风骨。（　　）

3.《梅花绝句二首（其二）》

（1）对诗句中"高标逸韵"的意思，解释正确的是哪两项？（　　）

A. 高标准的韵味。

B. 高尚的气节。

C. 俊逸的风韵。

D. 超过标准的音节。

（2）诗句中"高标逸韵君知否"的后一句是什么？（　　）

A. 正是橙黄橘绿时。

B. 正是河豚欲上时。

C. 正是层冰积雪时。

D. 正是长安落花时。

4.《送人赴安西》

（1）判断：这是一首送朋友赴边疆卫国驱敌的诗。（　　）

（2）下列对这首诗的内容叙述不正确的是哪一项？（　　）

A. 全诗先写友人的英雄风采。

B. 从报国、思乡的角度讴歌了友人的美好心灵。

C. 此诗意在慰勉友人勿在离别之时悲哀。

D. 告诉友人，尽快结束战争，最好是别"经秋"。

5.《幼学琼林（节选）》

（1）"立雪程门"讲了____和____的故事。（　　）

A. 苏章

B. 游酢

C. 杨时

D. 杨万里

（2）判断：用"立雪程门"比喻求学心切和对有学问的长者的尊敬。（　）

6.《管宁割席》

（1）"又尝同席读书，有乘轩冕过门者，宁读如故，歆废书出看"中"尝"的意思是什么？（　）

A. 曾经。

B. 品尝。

C. 偿还。

D. 尝试。

（2）"管宁割席"可以看出管宁是怎样一个人？（　）

A. 是一个和朋友相处不好，不加强团结的人。

B. 是一个淡泊名利、不事权贵的人。

C. 是一个做事专心的人。

D. 是一个很奢侈、随意破坏公物的人。

二 高尚品质

1.《芙蓉楼送辛渐（其二）》

（1）____送客不能醉,寂寂____明月心。请将诗句补充完整。（　）

A. 高楼

B. 楼阁

C. 寒江

D. 江河

（2）对诗意的理解，选出分析有误的一项。（　）

A. 这是一首送别诗。

B. 这首诗主要写了辛渐在芙蓉楼为王昌龄饯别时的情景。

C. 前一句用"丹阳城南"，后一句用"丹阳城北"，形式上构成回环往复的节奏感。

D. 全诗融情入景，借景抒情，表达了对朋友的深情厚谊。

2.《塞下曲（其一）》

（1）判断："晓战随金鼓，宵眠抱玉鞍"写出了军旅生活的辛苦。（　）

（2）诗中哪一句借用傅介子慷慨复仇的故事，表现诗人甘愿赴身疆场、为国杀敌的雄心壮志？（　）

A. 五月天山雪，无花只有寒。

B. 笛中闻折柳，春色未曾看。

C. 晓战随金鼓，宵眠抱玉鞍。

D. 愿将腰下剑，直为斩楼兰。

3.《梅花绝句二首（其一）》

（1）陆游是哪个朝代的诗人？（　）

A. 宋

B. 唐

C. 元

D. 明

（2）对下列诗句的理解中，哪一项分析有错误？（　）

A. 第三、四两句，诗人运用了比喻的手法，写诗人愿化出千亿个自己，这样，每树梅花前都有个赏梅的放翁。

B. 第一句中"坼晓风"突出了梅花不畏严寒的傲然情态。

C. "雪堆遍满四山中"这句诗的意思是放眼四顾，树树梅花开遍山野，犹如山中落满了皑皑的白雪，极为壮观。

D. 全诗用"身千亿"和"一放翁"就把诗人对梅花的爱慕之情写尽写透了。

4.《被停职的英雄》

（1）文中的主人公朱莉从事什么工作？
（   ）

A. 司机

B. 邮递员

C. 信息员

D. 分类员

（2）朱莉被警察局授予什么称号？（   ）

A. 劳动模范

B. 勇敢市民

C. 环保卫士

D. 爱岗敬业

5.《危急时，他挺身而出》

（1）世界上第一位为原子弹研制而献身的人是谁？（   ）

A. 居里夫人

B. 邓稼先

C. 斯巴达克

D. 斯洛达

（2）对本文内容的叙述，理解有误的是哪一项？（   ）

A. 第一位为原子弹研制而献身的人，他的名字叫斯洛达。

B. 第二次世界大战中，大量的法国和加拿大的科技人员，协助美国展开原子弹研制工作。

C. 就在两块核材料即将相撞的时候，斯洛达挺身而出，毅然伸出双手将它们分离开来。

D. 斯洛达用生命保住了大家的安全。这种舍己为人的精神令人感动。

6.《最后一颗子弹》

（1）判断：每年清明节，奶奶都要到市郊的烈士陵园去扫墓。（   ）

（2）"奶奶一直把一颗珍贵的子弹缝在衣服的袖子里。"奶奶这么做的原因是什么？选出不正确的一项。（   ）

A. 如果放在枪里，她怕战斗的时候一不留神打光了。

B. 缝在袖子里才是最保险的。

C. 因为这是爷爷留给她的礼物，她不能丢。

D. 因为奶奶要在最后关头把这颗子弹留给自己。

7.《血色雕塑》

（1）"生于斯长于斯的中华民族的英雄啊"中"斯"的意思是哪一项？（   ）

A. 这，这里

B. 于是，就

C. 劈，砍

D. 尽

（2）对本文内容的叙述，不正确的是哪一项？（ ）

A. 雕塑的主体，是一群美丽的女子。

B. 她们在弹尽粮绝时，挽着受伤的战友投江。

C. 故事发生在1938年的某一天。

D. 半个世纪后，八个美丽的女子的后代塑造了这座雕塑。

8.《寻访"最后一代的挑山工"》

（1）本文与课文《挑山工》是同一个作者，作者的名字叫____。（ ）

A. 叶圣陶

B. 冯骥才

C. 张天翼

D. 贾平凹

（2）作者"寻访'最后一代的挑山工'"的真正目的是什么？（ ）

A. 获取更多挑山工的讯息。

B. 故地重游。

C. 抢救一种中华文化。

D. 对挑山工感到好奇。

9.《桡夫子》

（1）题目"桡夫子"中的"桡"是____，"桡夫子"是____。（ ）

A. 姓

B. 船桨

C. 童话里的摆渡人

D. 受雇为人划桨的船夫

（2）判断：桡夫子推一趟桡子"每人拿得到四五万元"，收入非常高。（ ）

10.《暴风雨中的大力神（节选）》

（1）"暴风雨中的大力神"指的是谁？（ ）

A. 张明明

B. 张玉滚

C. 爷爷

D. 乡亲们

（2）"呀，你说什么话呢！我不能丢下你啊！"这是什么描写？（ ）

A. 动作描写

B. 语言描写

C. 神态描写

D. 心理描写

11.《记张自忠将军》

（1）本文是一篇散文，作者是谁？（ ）

A. 吕叔湘

B. 邹韬奋

C. 梁实秋

D. 梁漱溟

（2）以下对文章内容的叙述，不正确的是哪一项？（ ）

A. 张自忠将军的司令部是一栋民房，是真正的茅茨土屋。

B. 张将军不健谈，更不善应酬。

C. 第 4 自然段中, 夜晚"我"听到的"轰隆轰隆"声是敌人夜袭我军。

D. 我军经常过河袭击敌人, 张将军也常亲自过河督师。

12.《采蒲台的苇》

(1) 文中第 2 自然段的段落结构是什么?（ ）

A. 总分

B. 总分总

C. 分总

D. 并列

(2) 这是一篇借物赞人的文章, 请你指出采蒲台的苇和文中白洋淀人民有什么共同点。（ ）

A. 坚韧

B. 诚信

C. 勤俭

D. 美丽

13.《塞下曲（其二）》

(1) 诗句"平明寻白羽"中"平明"指的是什么时候?（ ）

A. 白天

B. 黎明

C. 傍晚

D. 深夜

(2) 对诗文的理解, 选出分析有错误的一项。（ ）

A. 草惊风: 草把风惊动。

B. "暗"字既透露了朦胧的夜色, 又渲

染出黑乎乎的森林。

C. 这首诗写的是李广善射的故事, 他出猎时, 错把草丛中的石头当作老虎, 拉弓射箭, 箭头竟然被射入石头中。

D. "平明寻白羽, 没在石棱中"的意思是到了黎明寻找这支箭, 看射中了什么, 发现箭已深深地嵌在石棱中了, 体现了将军射艺高超, 臂力惊人。

14.《范仲淹有志于天下》

(1)《范仲淹有志于天下》这篇文章选自哪本书?（ ）

A.《宋名臣言行录》

B.《列子》

C.《西京杂记》

D.《书林纪事》

(2) "先天下之忧而忧, 后天下之乐而乐"是范仲淹所作的哪篇文章中的名句?（ ）

A.《岳阳楼记》

B.《宋名臣言行录》

C.《西京杂记》

D.《书林纪事》

15.《王者归来（节选）》

(1) 文章描写的是中国女排参加在哪儿举办的奥运会比赛?（ ）

A. 伦敦

B. 里约热内卢

C. 巴黎

D. 北京

（2）判断："顽强拼搏是中国女排的名字，我们永不放弃"是对中国女排比赛中表现出的精神的精练总结。（　）

三 童话世界

1.《想有一个木头人爸爸》

（1）判断：本文是一篇童话故事。（　）

（2）柳琪为什么想有一个木头人爸爸？（　）

A. 因为木头人爸爸很爱她。

B. 因为木头人爸爸对孩子言而有信。

C. 因为木头人爸爸带她去旅游。

D. 因为木头人爸爸从来不训斥她。

2.《白马　黑马》

（1）小黑马好好看护羊群，整整一夜都没停，第二天早晨，小黑马变成了什么？（　）

A. 小白马

B. 小黑马

C. 枣红马

D. 小斑马

（2）这个故事告诉了我们哪些道理？（　）

A. 外表不是最重要的，关键是内心。

B. 要脚踏实地把事情做好。

C. 一个人长相不重要，重要的是我们能不能做好本职工作。

D. 听妈妈的话，想变成什么颜色就可以变成什么颜色。

3.《快乐王子（节选）》

（1）快乐王子是一个什么样的人？（　）

A. 富有正义感

B. 邪恶

C. 善良、有爱心

D. 小气

（2）这篇童话给我们怎样的启示？选出错误的一项。（　）

A. 帮助别人，是一种快乐。

B. 人的价值在于奉献。

C. 做事要坚持到底。

D. 要做一个富有爱心的人。

4.《蜗牛和玫瑰》

（1）判断：玫瑰为自己能够吸收阳光雨露，能够从泥土中获得力量，能够不断地开出鲜艳的花朵而感到幸福。（　）

（2）对文章寓意的理解哪一项是错误的？（　）

A. 蜗牛象征着那种只想到个人的利益，眼高手低，自以为是，一事无成，只会空谈的人。

B. 玫瑰象征着那种从一点一滴做起，为实现人生价值而不断努力的实践者；也象征着热爱生活，并为人们带去幸福和欢笑的奉献者。

C. 所有的生命最终都要以死亡的形式结束，所以用生命为这个世界带来幸福和美好是一文不值的，根本没有必要。

D. 所有的生命最终都要以死亡的形式结束，但是能为这个世界带来幸福和美好的人生是更有意义的。

5.《海的女儿（节选）》

（1）《海的女儿》的作者是谁？（　　）

A. 安徒生

B. 格林兄弟

C. 叶圣陶

D. 罗尔德·达尔

（2）选出对文章内容的理解错误的一项。（　　）

A. 要不是小人鱼及时赶来，王子一定会淹死的。

B. 王子不知道是小人鱼救了自己，他以为是年轻的女子救了自己。

C. 小人鱼把王子救起后没有立马走开，而是看到王子被抬到大房子里才回到宫殿。

D. 王子感谢小人鱼的救命之恩。

6.《野天鹅（节选）》

（1）艾丽莎的十一个哥哥变成了什么？（　　）

A. 野天鹅

B. 怪鸟

C. 麻雀

D. 夜莺

（2）艾丽莎用什么织成披甲送给哥哥们，才使他们重新变成了人？（　　）

A. 荨麻

B. 野草

C. 玫瑰花

D. 四叶草

7.《橘子仙女》

（1）橘子仙女的主要任务是什么？（　　）

A. 看护果园，不让外来人员入内。

B. 保护橘树枝繁叶茂，果实累累。

C. 保护橘子树，不准蜜蜂来采蜜。

D. 看护果园的果实，不让人偷走。

（2）橘子精灵到金香仙女的橘子房去躲雨，她是怎么做的？选出和文章内容不符的一项。（　　）

A. 金香仙女让橘子精灵赶快进来。

B. 金香仙女用毛巾把橘子精灵身上的雨水擦干。

C. 金香仙女怕橘子精灵脚上的泥巴把地板弄脏，不让他们进来。

D. 金香仙女让橘子精灵舒舒服服地躺在椅子上，还给他们盖上橘黄色的小毯子。

8.《蔷薇别墅的老鼠》

（1）下列哪种动物不是蔷薇小姐收养过的？（　　）

A. 蜗牛

B. 老鼠

C. 狐狸

D. 黑猫

（2）对文章内容描述错误的是哪一项？（　　）

A. 皮拉这只从来没有抓住过老鼠的猫，看着老鼠班米，眼睛里流出泪水。

B. 看着蔷薇花最后一片花瓣落下来，班米明白，他已经再也见不到蔷薇小姐了。

C. 流浪了许久的老鼠班米也静静地坐在蔷薇花旁边，流着眼泪，就像许多年以前蔷薇小姐为他流泪一样。

D. 班米经过了许多地方，他酿造的米酒常常让猫和自己喝醉。

9.《露珠项链》

（1）下列哪种动物不是故事中提到的？（ ）

A. 蟋蟀

B. 纺织娘

C. 蚂蚱

D. 萤火虫

（2）小蜘蛛把项链分别送给了谁？（ ）

A. 蟋蟀

B. 纺织娘

C. 蚂蚱

D. 毛毛虫

四 中国精神

1.《我们的哨所》

（1）哨所三面是____，一面是____。（ ）

A. 平原

B. 山

C. 海

D. 河

（2）诗的开头和结尾在结构上是什么关系？（ ）

A. 承上启下

B. 首尾呼应

C. 总结全文

D. 引出下文

2.《生死考验前　他义无反顾》

（1）在生命的最后两年中，沈战东参加了全国特警几次大规模跨区域作战？（ ）

A. 四次

B. 三次

C. 两次

D. 一次

（2）因为执行任务，沈战东几次推迟婚期？（ ）

A. 一次

B. 两次

C. 三次

D. 四次

五 整本书阅读

《宝葫芦的秘密》

（1）《宝葫芦的秘密》的作者是____，这是一个____故事。（ ）

A. 张天翼

B. 任溶溶

C. 童话

D. 寓言

（2）宝葫芦不仅帮王葆实现了____，也带来了____。（ ）

A. 缺点

B. 愿望

C. 优点

D. 烦恼

参考答案

一、经典诵读

1.《题弟侄书堂（节选）》

（1）B

（2）C　解析：虽然前三个选项都是勉励读书、珍惜时间的诗句，但是前两个选项不是这首诗的诗句。

2.《紫薇花》

（1）C

（2）对

3.《梅花绝句二首（其二）》

（1）BC

（2）C

4.《送人赴安西》

（1）对

（2）C　解析：这是一首送朋友赴边疆卫国驱敌的诗。诗人对友人英姿勃发、舍身报国、不计名利的行为极为赞赏，并进一步设想友人戍守边疆一定会产生思乡之念，最后祈盼早日荡平虏寇，还边境以安宁。全诗充满爱国主义豪情。

5.《幼学琼林（节选）》

（1）BC

（2）对　解析：旧指学生恭敬受教，现指尊敬师长，比喻求学心切和对有学问的长者的尊敬。出自《宋史·杨时传》。

6.《管宁割席》

（1）A

（2）B

二、高尚品质

1.《芙蓉楼送辛渐（其二）》

（1）AC

（2）B　解析：这首诗是王昌龄在芙蓉楼给辛渐饯别，借助明月表达了对朋友的深情厚谊。

2.《塞下曲（其一）》

（1）对

（2）D

3.《梅花绝句二首（其一）》

（1）A

（2）A　解析：第三、四两句，诗人运用了想象、夸张的手法写愿化出千亿个自己，这样，每树梅花前都有一个赏梅的放翁，淋漓尽致地表达了诗人对梅花的痴爱之情。

4.《被停职的英雄》

（1）B

（2）B

5.《危急时，他挺身而出》

（1）D

（2）B　解析：第二次世界大战中，大量的英国和加拿大的科技人员，协助美国展开原子弹研制工作。

6.《最后一颗子弹》

（1）对

（2）C

7.《血色雕塑》

（1）A

（2）D

8.《寻访"最后一代的挑山工"》

（1）B

（2）C　解析：从"这正是这些年来那种抢救中华文化常有的情感，竟然已经落到挑山工的身上"等句子中，体现得比较明显。

9.《桡夫子》

（1）BD

（2）错

10.《暴风雨中的大力神（节选）》

（1）B

（2）B

11.《记张自忠将军》

（1）C

（2）C　解析：文中有"这炮声是天天夜里都有的，敌人和我军只隔着一条河，到了黑夜敌人怕我们过河偷袭，所以不时地放炮吓吓我们，表示他们有备，实际上是他们自己壮胆。"

12.《采蒲台的苇》

（1）A

（2）A

13.《塞下曲（其二）》

（1）B

（2）A　解析：应该是草突然被风吹动。

14.《范仲淹有志于天下》

（1）A

（2）A

15.《王者归来（节选）》

（1）B

（2）对

三、童话世界

1.《想有一个木头人爸爸》

（1）对

（2）B

2.《白马　黑马》

（1）C

（2）ABC

3.《快乐王子（节选）》

（1）C

（2）C

4.《蜗牛和玫瑰》

（1）对

（2）C

5.《海的女儿（节选）》

（1）A

（2）D　解析：王子不知道救自己的是小人鱼，还以为是那个年轻的女子。

6.《野天鹅（节选）》

（1）A

（2）A

7.《橘子仙女》

（1）B

（2）C　解析：金香仙女赶快让橘子精灵进来，用毛巾把橘子精灵身上的雨水擦干，让橘子精灵舒舒服服地躺在椅子上，还给他们盖上橘黄色的小毯子。

8.《蔷薇别墅的老鼠》

（1）C

（2）D　解析：班米酿造的米酒常常让猫喝醉，但自己再也没有醉过。

9.《露珠项链》

（1）D

（2）ABC

四、中国精神

1.《我们的哨所》

（1）CB

（2）B

2.《生死考验前　他义无反顾》

（1）A

（2）C

五、整本书阅读

《宝葫芦的秘密》

（1）AC

（2）BD